交流发电机

汽车仪表架

汽车发动机ECU

汽车空调压缩机

双音喇叭

发动机散热器风扇

前雾灯

前照灯
驻车灯

前转向灯

汽车前照灯

后转向灯
制动灯
倒车灯
后雾灯

汽车熔丝
和继电器盒

车轮转速传感器
用于ABS系统控制

蓄电池

ABS控制单元

汽车电气设备分布

右后门模块

导航天线

泊车辅助
ECU

转向盘上控制模块

多媒体收放机

阳光/雨水
传感器

音响放大器

右前门
模块

组合仪表 转向盘下
转换模块

偏航率
传感器

多功能显示屏

右刮水器ECU

空调控
制单元

气囊
ECU

轮胎压力
监测ECU

左刮水器ECU

左后轮胎压力
监测传感器

右前组合灯模块

左前门
模块

左后门模块

发动机舱控制盒

自动变速器ECU

座椅控制单元

发动机ECU

车身防盗
报警模块

驾驶人车门控制面板

左前组合灯模块

智能控制盒

CAN高速网电控单元

CAN车身网电控单元

转向前
照灯控
制单元

CAN舒适网电控单元

LIN网电控单元

左前轮胎压力监测传感器

ESP电控单元

雪铁龙汽车电控单元和车载网络

哈佛 H6 电源系统电路图

电动汽车整车控制系统

新工科·普通高等教育汽车类系列教材

汽车电器与电子控制技术
第 5 版

丛书主编　王海林　蔡兴旺

本书主编　吴伟斌　杜灿谊

副　主　编　蔡位子　侯俊伟　王　斌　喻菲菲

参　　编　曾祥坤　龚永康　陈　晓　李　雯
　　　　　　刘志军　周　俊

主　　审　蔡兴旺

机械工业出版社

本丛书分《汽车构造与原理（上册　发动机）》《汽车构造与原理（下册　底盘　车身）》《汽车电器与电子控制技术》《新能源汽车技术》《智能网联汽车技术》5 册，以及相应的实训（网络出版物）。本丛书以乘用车为主，将汽车的构造与原理有机融合，系统地介绍了现代汽车的结构、工作原理、日常使用维护、常见故障与部分主要检查调整以及拆装等内容，突出了现代汽车电子控制技术及新一代高压共轨电控柴油机、直喷汽油机、可变气缸控制、车辆动态集成控制、车载网络、智能起动系统、新能源汽车和智能网联汽车等新结构、新技术的介绍。

本书共 12 章，内容包括汽车电源系统、汽车仪表及警示系统、汽车照明系统及信号装置、汽车空调系统、汽车防盗系统、汽车影音与导航系统、车载网络系统、汽车其他电气设备、汽车总电路、电动汽车动力蓄电池系统、电动汽车驱动电机及其控制系统和电动汽车整车控制系统。

本书可作为普通高等院校应用型本科汽车类各专业的专业课教材，也可以作为高职高专、成教、职大、中专技校及汽车培训机构的参考教材。

本书配有 PPT 课件免费赠送给采用本书作为教材的教师，可登录 www.cmpedu.com 注册下载。本书配有大量视频资料，生动、形象地展示了现代汽车各总成与零部件的构造、工作原理、拆装与部分检查调整，读者可通过扫文前教学资源中的二维码进行观看。

图书在版编目（CIP）数据

汽车电器与电子控制技术/吴伟斌，杜灿谊主编. —5 版. —北京：机械工业出版社，2023.1

新工科·普通高等教育汽车类系列教材

ISBN 978-7-111-71804-8

Ⅰ.①汽…　Ⅱ.①吴…　②杜…　Ⅲ.①汽车-电气设备-高等学校-教材②汽车-电子控制-高等学校-教材　Ⅳ.①U463.6

中国版本图书馆 CIP 数据核字（2022）第 189071 号

机械工业出版社（北京市百万庄大街 22 号　邮政编码 100037）
策划编辑：宋学敏　　　　　责任编辑：宋学敏
责任校对：潘　蕊　张　征　封面设计：张　静
责任印制：常天培
北京机工印刷厂有限公司印刷
2023 年 3 月第 5 版第 1 次印刷
184mm×260mm · 14.75 印张 · 2 插页 · 368 千字
标准书号：ISBN 978-7-111-71804-8
定价：49.80 元

电话服务　　　　　　　　　网络服务
客服电话：010-88361066　　机　工　官　网：www.cmpbook.com
　　　　　010-88379833　　机　工　官　博：weibo.com/cmp1952
　　　　　010-68326294　　金　书　网：www.golden-book.com
封底无防伪标均为盗版　　机工教育服务网：www.cmpedu.com

前　言

由王海林、蔡兴旺、刘仁鑫、吴伟斌、杜灿谊、李锦等教授主编的"汽车构造与原理"系列丛书从 2004 年出版到 2019 年，历经 3 次修订，不断完善和改进，受到全国广大师生的认可和好评，其中《汽车构造与原理实训》《汽车构造与原理（上册　发动机)》被教育部评为"普通高等教育'十一五'国家级规划教材"，《汽车构造与原理实训》还被评为普通高等教育精品教材。

近年来，随着汽车专业教学改革的不断深入，大量本科院校不断转型，着力于加强技术技能型人才的培养，加上汽车新技术和新结构不断涌现，为了适应新形势下汽车相关专业教学改革需要，对原系列丛书进行第 4 次修订。本次修订，根据现行的教学需求重新组织了教材构架形成了新工科背景下的"汽车构造与原理"系列丛书（以下简称"本丛书"）。

本丛书分《汽车构造与原理（上册　发动机)》《汽车构造与原理（下册　底盘车身)》《汽车电器与电子控制技术》《新能源汽车技术》《智能网联汽车技术》5 册，以及相应的实训（网络出版物）。本丛书以乘用车为主，将汽车的构造与原理有机融合，系统地介绍了现代汽车的结构、工作原理、日常使用维护、常见故障与部分主要检查调整以及拆装等内容，突出了现代汽车电子控制技术及新一代高压共轨电控柴油机、直喷汽油机、可变气缸控制、车辆动态集成控制、车载网络、智能起动系统、新能源汽车和智能网联汽车等新结构、新技术的介绍。教材编写主要突出以下理念：

1）以国家教育事业发展"十四五"规划为指导，以社会需求为目标，从学生学习视角组织教材内容。

2）以问题为导向和体例，突出技术应用能力为主线，着力提高学生应用水平、实践技能、创新能力和综合素质。

3）理论紧密结合实践，教材配套相应的实训（网络出版物），围绕汽车结构原理学习的需要，组织学生自己动手检索资料，进行汽车和零部件拆装、拆解和部分检测，培养学生的动手能力、劳动观念、团队协作和创新精神。

4）精简和删除陈旧内容，将学科、行业的新标准、新知识、新技术、新成果写入教材。注重传授获取知识和创新知识的方法，同时注重知识的传承，梳理技术发展的脉络，体现追求卓越的科学精神。

5）按照学生的认知规律进行教材设计，由感性至理性，实用性、实践性、科学性、先进性、思想性、趣味性、人文交融性相结合，尤其注意融入社会主义的思想导向和价值观。

6）教材风格新颖、活泼、通俗、精练，多采用图表，重要内容配备了相关视频。教材配套了课件和教师参考资料等，方便教学和学生自学。

本丛书由王海林、蔡兴旺两位教授担任主编。

本书为《汽车电器与电子控制技术》，由吴伟斌、杜灿谊教授担任主编，蔡位子、侯俊伟、王斌、喻菲菲担任副主编，蔡兴旺教授担任主审。编写分工为：吴伟斌（第12章）、杜灿谊（绪论和第2章）、王斌（第1章）、蔡位子和刘志军（第10章）、侯俊伟和周俊（第11章）、喻菲菲（第9章）、曾祥坤（第6、7章）、龚永康（第4、5章）、陈晓（第8章）、李雯（第3章）。

本书在编写及视频、课件制作过程中，得到了广东省教育厅、广州汽车工业集团有限公司、机械工业出版社、清华大学、华南理工大学、华南农业大学、江西农业大学、韶关学院、广东技术师范大学、温州大学、广东科贸职业学院、顺德东升汽车修理厂、广州智维电子科技有限公司、深圳市风向标科技有限公司等单位和个人的大力支持与帮助，在此深表感谢。本书参考了国内外一些工厂、研究所、大专院校的产品图样和试验研究资料，在此谨致深切的谢意。

本书涉及面广，疏忽谬误之处在所难免，敬请同行专家和广大读者批评指正。

编 者

缩略语

ABS——防抱制动系统

ASR——驱动防滑系统

AT——自动变速器

BIC——电池信息采集器

BMS——电池管理系统

BLIS——盲点信息系统

CAN——控制器局域网

CCS——电子巡航系统

CID——车载信息终端系统

CPU——中央处理器

DSP——数字信号处理

DOD——可变排量技术/放电深度

DSC——动态稳定控制系统

ECU——电子控制单元

EIS——电子点火系统

FWD——续流二极管

GPS——全球卫星定位系统

IGBT——绝缘栅双极型晶体管

MOSFET——电力场效应晶体

OBD-Ⅱ——第二代车载自诊断系统

PFC——功率因素校正

PWM——脉冲宽度调制

PTC——正的温度系数

RFID——无线射频识别

SRS——辅助约束系统（安全气囊）

SOC——荷电状态

SOF——蓄电池功能状态

SOE——动力蓄电池的能量状态

SOH——健康状态

SOFC——固体氧化物燃料电池

SOS——故障及安全状态

TCS——牵引力控制系统

UDS——统一诊断服务

VCU——整车控制器

VIN——车辆识别代码

VSAS——车辆防盗报警系统

VSC——电子车身稳定系统

教学资源

为方便教师教学和学生自学，本书根据实际教学过程的内容安排配备了教学资源，见下表。同时，在正文中设置了"温馨提示"栏目，以提示教师教学和学生自学过程中进行观看。

第1章　汽车电源系统

序号	名　称	二维码	序号	名　称	二维码
1.1	蓄电池整体从车上拆卸		1.5	发电机分解与装配	
1.2	蓄电池的检查		1.6	发电机的基本结构与工作原理	
1.3	蓄电池充电		1.7	发电机的检查	
1.4	发电机整体从车上拆卸		1.8	发电机调节器检查	

第2章　汽车仪表及警示系统

序号	名　称	二维码	序号	名　称	二维码
2.1	汽车仪表板结构认识		2.3	汽车仪表与警示系统拆装与检测	
2.2	汽车HUD平视显示				

第3章　汽车照明系统及信号装置

序号	名　称	二维码	序号	名　称	二维码
3.1	汽车照明及信号装置的拆装与调整		3.2	汽车新型照明方式	

（续）

第3章　汽车照明系统及信号装置

序号	名　　称	二维码	序号	名　　称	二维码
3.3	汽车转向信号装置结构原理				

第4章　汽车空调系统

序号	名　　称	二维码	序号	名　　称	二维码
4.1	汽车空调压缩机的拆装		4.6	H型膨胀阀结构原理	
4.2	摆盘式空调压缩机工作原理		4.7	汽车空调暖风与通风系统结构原理	
4.3	涡旋式空调压缩机工作原理		4.8	自动空调传感器的拆装与检测	
4.4	变排量空调压缩机工作原理		4.9	汽车空调系统制冷剂的充注	
4.5	热力膨胀阀结构原理				

第5章　汽车防盗系统

序号	名　　称	二维码	序号	名　　称	二维码
5.1	汽车防盗系统拆装与车钥匙匹配		5.2	防盗系统结构认识	

第6章　汽车影音与导航系统

序号	名　　称	二维码	序号	名　　称	二维码
6.1	汽车影音系统基本组成		6.3	手机GPS导航	
6.2	汽车影音与导航系统拆装与检测				

（续）

序号	名　称	二维码	序号	名　称	二维码
第7章　车载网络系统					
7.1	大众汽车车载网络系统组成		7.4	宝马E60汽车车载网络系统	
7.2	大众汽车车载网络数据交换		7.5	宝马F01/F02汽车车载网络系统	
7.3	大众汽车车载网络故障码读取				
第8章　汽车其他电气设备					
8.1	电动刮水器的拆装		8.3	ACC智能自适应巡航控制系统组成	
8.2	电动后视镜的拆装				
第9章　汽车总电路					
9.1	汽车电路识别、接线与检测				
第10章　电动汽车动力蓄电池系统					
10.1	比亚迪e5纯电动汽车动力蓄电池结构认识		10.4	比亚迪e5纯电动汽车充电系统组成与结构认识	
10.2	电动汽车动力蓄电池检测		10.5	电动汽车充电系统检测	
10.3	电动汽车动力蓄电池更换		10.6	电动汽车充电	

（续）

第11章 电动汽车驱动电机及其控制系统

序号	名　称	二维码	序号	名　称	二维码
11.1	驱动电机拆装		11.3	驱动电机及其控制系统检测	
11.2	驱动电机控制器结构				

第12章 电动汽车整车控制系统

序号	名　称	二维码	序号	名　称	二维码
12.1	电动汽车整车控制系统组成		12.2	电动汽车整车控制系统检测	

目　录

绪　论

知识点 1　汽车电器设备的发展概述

随着汽车工业与电子工业的不断发展，为满足消费者在汽车节能、安全、舒适、便捷等方面对汽车性能所提出的更高要求，在现代汽车上，电子技术的应用越来越广泛。目前，汽车上使用的电子装置成本一般已达整车成本的 20% 左右，有些品牌的高档乘用车甚至达到了 30% 以上，在高档豪华乘用车上更是占到 50% ~ 60%，汽车已由单纯的机械产品向高级的机电一体化产品方向发展。汽车电子技术成为现代汽车的重要组成部分，其性能的好坏直接影响到汽车的动力性、经济性、可靠性、安全性和舒适性，电子化、智能化、网络化也成为现代汽车发展的重要标志之一。

1. 汽车电子技术的发展阶段

汽车电子技术是汽车技术与电子技术相结合的产物。汽车电子化是汽车技术发展进程中的一次重要革命，汽车电子化的程度被看作是衡量现代汽车水平的重要标志之一。汽车电子技术的发展可分为以下四个阶段。

第一阶段，从 20 世纪 50 年代初到 60 年代末，主要着重于开发单一的电子零部件，改善汽车某些机械部件的性能，使用电子装置代替传统的机械部件。此阶段具有代表性的电子器件有整流器、电压调节器、晶体管无触点点火装置等。

第二阶段，从 20 世纪 70 年代初到 80 年代中期，主要是开发汽车各系统专用的独立控制部分，电子装置被应用在某些机械装置无法解决的复杂控制功能方面，如发动机控制系统、防抱制动（ABS）系统等。

第三阶段，从 20 世纪 80 年代中期到 90 年代中期，随着大规模集成电路技术的快速发展和计算机在控制技术方面的应用，主要是开发可完成各种功能的综合系统及各种汽车整体系统的计算机控制，如集发动机控制与自动变速器控制为一体的动力传动系统控制，防抱制动与防滑转控制系统等。

第四阶段，从 20 世纪 90 年代中期开始，主要研究、开发车辆的智能控制技术和网络控制技术，更好地实现控制的实时性、可靠性以及各控制系统之间的资源共享和协调控制，使汽车更加自动化、智能化，如汽车自动驾驶系统、汽车自动导航及巡航系统。

2. 汽车电子技术应用的优越性

由于电子技术、信息技术等新技术的发展和应用，汽车电子控制在控制的精度、范围、适应性和智能化等多方面有了较大的发展，实现了汽车的全面优化运行。因此，在降低排放污染、减少燃油消耗、提高安全性和舒适性等方面，电子控制汽车有着明显的优势。

（1）**减少汽车修复时间**　汽车电气设备的故障约占汽车总故障的1/3。由于汽车机构比较复杂，零部件比较多，工作环境不可控，加上人为的因素，所以汽车的可靠性差，无故障间隔时间短。随着电气设备在汽车零部件中比例的增加，电气设备的故障率还会提高。由于电子控制汽车均装有自诊断系统，提高了故障诊断的速度和准确性，从而缩短了汽车的修复时间，带来了很好的社会效益和经济效益。

（2）**节油**　汽车发动机采用电子综合优化控制，与传统的化油器式发动机相比，可以节约燃油消耗10%～15%。汽车是一个较复杂的多参数控制的机械，而且环境条件随机变化。对其采用电子控制后，计算机可以对控制对象的有关参数进行适当采样，然后进行数据处理，最终控制汽车的执行机构，这样便可使汽车在最佳工况下工作，以达到节油目的。

（3）**减少空气污染**　用传感器控制的发动机空燃比闭环控制，可以保证空燃比处于理论空燃比附近工作。若加装废气再循环的三元催化净化等装置，不但可以节约燃油，而且废气中碳氢化合物的体积分数可降低40%，氮氧化合物的体积分数可降低60%左右，减少了空气污染。

（4）**减少交通事故**　电子技术在汽车安全方面得到应用后，使整车的安全性能大幅度提高。交通事故主要由人的主观因素和客观因素所造成，减少人的主观因素造成事故的电子装置有：防止酒后驾车和驾驶人瞌睡的电子装置、检查人的心理状态和反应时间的电子装置等；减少由于客观原因造成事故的电子装置有：电子控制制动防滑装置、汽车主要参数报警装置和安全气囊等。

（5）**提高乘坐舒适性**　汽车的舒适性包括平顺性、噪声控制、空气温度和湿度调节以及居住性等。通常所说的乘坐舒适性，主要是指乘员对振动的适应程度。振动主要是由路面、轮胎、发动机和传动系统通过不通途径传递到人体，其振动的幅度和频率对人体影响较大。采用电子技术后，可以根据汽车的运行情况和路况适时控制减振器的阻尼等参数，从而提高乘坐舒适性。车内温度、湿度、灯光等，可根据环境条件及人的要求自动控制在合适的程度。

知识点2　汽车电子技术的应用

汽车电子技术主要包括汽车仪表、汽车安全、舒适性控制和通信与智能化系统。

（1）**仪表方面**　汽车仪表包括电子转速表、电子车速里程表、电子燃油表、多功能综合屏幕显示等。

（2）**安全方面**　汽车安全包括电控安全气囊、防盗报警系统、电控安全带、电控前照灯系统、雷达防撞系统等。安全气囊（SRS）是一种在汽车碰撞事故中保护乘员，减轻伤害的被动安全保护装置。安全气囊能够在二次碰撞发生前，在<40ms的时间内在乘员和汽车内部结构之间打开一个充满气体的袋子，避免或减缓乘员上体与转向盘、仪表板、风窗玻璃等的二次碰撞，特别对头部和颈部有明显的保护。

（3）**舒适方面** 汽车舒适性控制包括中央门锁系统、电动门窗与电动天窗系统、电动座椅、电动后视镜与电动除霜系统、汽车音像系统、自动空调等。

（4）**通信与智能化方面** 汽车通信与智能化包括卫星导航与定位系统、车载电话与车载网络系统、安全维护与监控系统、故障自诊系统、电动汽车整车控制与管理系统等。

知识点3 汽车电子技术的发展趋势

（1）**传感器技术** 随着汽车电子化发展，自动化程度越高，对传感器的依赖程度也就越大。汽车用传感器的种类多样化和使用数量的增加，使得传感器朝着多功能化、集成化、智能化和微型化方向发展。因此研制新型、高精度、高可靠性和低成本的传感器是十分必要的。未来的智能化集成传感器，不仅要能提供用于模拟和处理的信号，而且还能对信号进行放大和处理。同时它还能自动进行时漂、温漂和非线性的自校正，具有较强的抵抗外部电磁干扰的能力，保证传感器信号的质量不受影响，即使在特别严酷的使用条件下仍能保持较高的精度。它还应具有结构紧凑、安装方便的优点，从而免受机械特性的影响。

（2）**微处理器技术** 微处理器的出现给汽车仪表带来了革命性的变化，世界汽车工业的微处理器用量激增，由从前单一的仪器逐步发展为多用途、智能化仪表，不但可以很精确地把汽车上所有的待测量都检测出来，分别显示和打印需要的结果，而且还有运算、判断、预测和引导等功能。

（3）**车联网技术** 车联网技术是物联网技术的行业深度应用，对实现智能交通将发挥重要作用。智能交通系统的开发将与电子、卫星定位等多个交叉学科相结合，能根据驾驶人提供的目标资料，向驾驶人提供距离最短而且能绕开车辆密度相对集中处的最佳行驶路线。它装有电子地图，可以显示出前方道路并采用卫星导航——从全球定位卫星获取沿途天气、车流量、交通事故、交通堵塞等各种情况，自动筛选出最佳行车路线。

在现代汽车上，电子技术的应用越来越广泛，汽车已经由单纯的机械产品发展为高级的机电一体化产品，成为所谓的"电子汽车"。未来汽车的发展必然随着汽车电子技术的进步而日新月异，信息化、网络化、智能化、人性化控制是汽车电子控制技术必要的发展方向。

知识点4 汽车电器与电子系统的特点

汽车电气如同人体神经，遍布全车。任何一条电路、一个插头或一个电器出问题，会立即影响到汽车的某个性能或功能，严重的直接影响到汽车的动力性、经济性、可靠性、安全性、排气净化及舒适性，甚至无法起动和行驶。统计表明，汽车电气部分所出现的故障占汽车全部故障的30%以上。学习和研究汽车电气设备的作用、原理、结构和使用检修方法，对于从事汽车方面的工作具有十分重要的意义。

汽车经过一百多年的发展，发展最快的当属汽车电气设备。汽车发展的最初阶段，除了点火系统外几乎没有其他电气设备。到20世纪初至20世纪70年代末期，汽车电子装置逐步代替机械部件。20世纪70年代末期以后，计算机开始在汽车上应用，迅速实现了对汽车各个部分诸多功能的集中智能控制（图0-1）。

现代汽车电气设备，按其用途大致可分为五大类。

（1）**供配电设备** 供配电设备主要包括电源（蓄电池、发电机等）、熔断器、继电器、导线和插接器等，给用电设备提供工作所需的电能。

图 0-1　汽车电气设备

（2）**用电设备**　用电设备是将电能转换成其他形式能的设备。例如，起动机、电动机、电动刮水器、电磁驱动器和各种电泵等，把电能转换成机械能；各种照明灯、指示与警告灯、闪光器等，把电能转换成光能；汽车喇叭、蜂鸣器、音响等，将电能变成声能；电磁离合器、继电器等，把电能变成磁能；点火器与加热器等，把电能转换成热能。

（3）**信号采集设备**　信号采集设备是指用来完成信号提取并将信号转换成电量（电阻、电压、电流）的设备，也称为传感器。例如，汽车上的温度传感器、压力传感器、转速传感器、振动传感器等。

（4）**信号处理设备**　信号处理设备也称为电子控制单元（ECU），是用以完成信号接收、处理（逻辑运算、比较、放大）并将处理结果（处理后的信号）输出的设备。例如，汽车各电子控制单元的计算机（单片机）。

（5）**检测显示设备**　检测显示设备是指完成人机对话的各种仪表和显示屏。

汽车众多电气设备与机械装置往往紧密相连，难以分割，如汽车电子燃油喷射系统、ABS等已经在前面相关章节中进行了叙述，这里不再重复。本书侧重于其他电气设备，如电源系统、防盗装置、音响、仪表、灯光、车载网络、全车电路、电动汽车动力电池、驱动电机和整车控制等内容。

学习汽车电气设备，首先应该掌握其以下基本特点：

（1）**低电压**　汽车上的用电设备额定电压有12V和24V两种（乘用车一般采用12V、大型柴油机货车一般采用24V）。21世纪初，有些车开始采用42V系统。

（2）**直流电**　汽车电气设备采用直流电主要是由于汽车蓄电池为直流电源。

（3）**并联**　各用电设备之间基本上采用并联连接，工作电压相同，各系统和各部件之间互不影响。

（4）**单线制**　一般电源和各用电设备之间分别用一根导线连接，而用车架、车身、发动机机体等金属机体充当电源和各用电设备之间的另一根导线。少数重要设备也有单独双线连接。

（5）**负极搭铁**　采用单线制时，电源（蓄电池和发电机）的一个电极必须与充当公共导线的车架、车身、发动机机体等金属机体相连接，俗称"搭铁"，若电源的负极与金属机体相连接，就称为"负极搭铁"，反之则称为"正极搭铁"。我国和大多数国家一样规定采用"负极搭铁"。

（6）**网络控制**　由于汽车智能化的要求，多数用电设备的工作电流控制已不是由单一的开关信号控制，而是由具有一定逻辑关系的多个信号来控制的。网络控制由传感器、电子控制单元（ECU）和执行器组成，传感器采集各种信号提供给ECU，ECU再通过计算分析去控制执行器执行某种功能。这些控制装置构成一个网络，所以称为网络控制。

第1章　汽车电源系统

【本章内容架构】

```
                        第1章　汽车电源系统
     ┌──────────┬──────────┬──────────┬──────────┬──────────┐
 1.1 汽车      1.2 汽车      1.3 汽车      1.4 充电       1.5 电源系
 蓄电池        发电机        电压调节器     指示及过       统的使用
                                          电压保护       维护与常
                                                        见故障
     │            │            │            │            │
1.蓄电池的构造  1.硅整流发电机  1.电压调节器的  1.充电指示灯控  1.蓄电池的使用
2.蓄电池的工作   的类型及型号    调压原理       制电路         与维护及常见
  原理         2.硅整流发电机  2.电压调节器的  2.电源系统的保   故障
3.其他改进型蓄   的构造        结构及工作原    护           2.交流发电机及电
  电池         3.硅整流发电机   理                          压调节器的使用
4.蓄电池的容量   的工作原理                                  维护与常见故障
  与型号
```

【学习目标要求、重点与难点】

序号	学习目标要求	学习重点	学习难点
1	掌握汽车电源系统的作用及组成	√	
2	掌握蓄电池的基本结构、工作原理及其分类	√	
3	理解蓄电池的容量及型号	√	
4	掌握交流发电机的结构及工作原理	√	√
5	掌握电压调节器的类型、结构及工作原理	√	√
6	理解充电指示电路原理	√	
7	理解过电压保护电路原理	√	
8	学会电源系统的基本使用与维护	√	
9	理解电源系统的常见故障产生原因		√
10	学会辨认汽车蓄电池各组成部分	√	

【引入案例】

　　某大众乘用车，起动性能变差，发动机中低速运转时，开前照灯显示充电指示灯亮，请分析故障可能原因。

　　汽车电源系统主要由蓄电池和发电机并联组成，还包括电压调节器、充电指示及过电压保护电路等，它们负责向汽车点火系统、起动系统、各指示灯、信号发射装置等全车电气设备供电（图1-1）。

　　在发动机起动时，蓄电池向起动机、点火系统以及燃油喷射系统等用电设备供电。当发动机低速运转或不运转时，发电机发出电压很低或不发电，由蓄电池向全车电气设备供电。

　　当发动机转速大于一定值时，由发电机向全车电气设备供电，并同时给蓄电池充电。

图1-1　蓄电池与发电机并联电路

当汽车上的用电设备所需功率超过发电机的额定功率时，蓄电池和发电机共同向用电设备供电。另外，蓄电池还相当于一个容量很大的电容器，可以吸收电路中的瞬时过电压，以保持汽车电路电压相对稳定，保护电子元件不被破坏。对于汽车防盗系统和汽车电子控制系统等，蓄电池还是其不间断的电源。

【温馨提示】

　　蓄电池整体从车上拆卸视频请扫教学资源1.1对应的二维码🔲进行观看。

1.1　汽车蓄电池

　　蓄电池的主要功用是向起动机供电。当发动机起动时，蓄电池在5～10s内为起动机连续提供强大的起动电流，汽油发动机一般为200～600A，柴油发动机一般为500～1000A。目前，汽车上普遍采用的铅酸蓄电池（简称蓄电池）具有内阻小、能在短时间内输出大电流、起动性能好、工艺简单、生产成本低等特点。汽车用铅酸蓄电池又分为普通型、干式荷电型、湿式荷电型、免维护型和胶体型。

知识点1　汽车蓄电池的构造

　　现代汽车用铅酸蓄电池由6个单体蓄电池串联而成，每个单体蓄电池电压约为2V，串联后蓄电池电压为12V。多数柴油机电源电压设计为24V，用两只12V蓄电池串联供电。

　　蓄电池的构造如图1-2所示，它一般由极板、隔板、壳体、电解液、接线柱和连接板等组成。

图 1-2　蓄电池的构造

a）结构图　b）实物图

1. 极板

极板由栅架和活性物质组成，如图 1-3 所示。栅架由铅锑合金浇铸而成，活性物质涂覆在栅架上。极板有正极板和负极板两种，均由栅架和涂覆在其上的活性物质构成。正极板上的活性物质是二氧化铅（PbO_2），呈深棕色。负极板上的活性物质是海绵状纯铅，呈青灰色。

为了增大蓄电池的容量，将多片正、负极板分别并联，并用连接板焊接，组成正、负极板组。安装时，正、负极板相互嵌合，中间插入隔板后装入蓄电池单体内便形成单体蓄电池。在每个单体蓄电池中负极板总比

图 1-3　极板

正极板多一片，因为正极板的活性物质比较疏松，且正极板处的化学反应激烈，反应前后活性物质的体积变化较大，所以正极板夹在负极板之间，可使两侧放电均匀，从而减轻正极板的翘曲及减少活性物质的脱落。

2. 隔板

为了防止正负极板间短路及减小蓄电池的内阻和尺寸，正负极板之间用隔板隔开。隔板材料应具有多孔性，以便电解液渗透，还应具有良好的耐酸性和抗氧化性。隔板常用材料有木质、微孔橡胶、微孔塑料、玻璃纤维和纸板等。安装时，隔板带沟槽的一面朝向正极板，因为正极板在充放电过程中化学反应剧烈，沟槽既能使电解液上下流通，也能使气泡沿沟槽上升，还能使脱落的活性物质沿沟槽下沉。

有的厂家用微孔塑料袋做成袋式隔板，套在正极板上，可以有效防止活性物质脱落，避免极板内部短路并使组装工艺简化。

3. 壳体

壳体用来盛装电解液和极板组。它由耐酸、耐热、耐振、绝缘性能好且有一定机械强度的材料制成。早期采用硬橡胶，近年来多用工程塑料，如聚丙烯。

壳体为整体式结构，壳内有间壁分成 3 个或 6 个互不相通的单体，底部有凸起的肋条，

以放置极板组。肋条间的空隙用来积存脱落下来的活性物质，以防止在极板间造成短路。每个单体的盖板中间有加液孔，用来添加电解液和蒸馏水，也可用来检查电解液液面高度和测量电解液的相对密度。加液孔用加液螺塞拧紧，螺塞中心有通气孔，便于蓄电池化学反应中产生的气体能自由逸出。使用中应注意通气孔的畅通，否则会使壳体炸裂。

4. 电解液

蓄电池电解液是由纯硫酸和蒸馏水按一定比例配制而成的稀硫酸溶液，硫酸溶液在充电和放电的电化学反应中起离子间导电作用，并参与化学反应。

电解液的纯度是影响蓄电池性能和使用寿命的重要因素。因此，配制电解液应采用化学纯硫酸和蒸馏水。工业硫酸和一般的水中含有铁等杂质，会增加自放电和损坏极板，不能用于配制蓄电池电解液。

5. 接线柱和连接板

铅酸蓄电池首尾两极板组的横板上焊有接线柱（也称极桩），正接线柱连接起动机和电流表的电线，负接线柱连接车身或车架的搭铁线。正接线柱附近标有"+"或"P"标记，负接线柱附近标有"-"或"N"标记。

连接板的作用是将单体蓄电池串联起来，提高整个蓄电池端电压。连接板一般由铅锑合金铸造而成，硬橡胶外壳蓄电池的连接板位于蓄电池的上方，塑料外壳蓄电池则采用穿墙式连接板。

【温馨提示】

蓄电池的检查视频请扫教学资源1.2对应的二维码 进行观看。

知识点2 蓄电池的工作原理

蓄电池是一个化学电源，在充电时，靠内部的化学反应将电源的电能转变成化学能储存起来；用电时，再通过化学反应将化学能转变成电能，供给用电设备。

1. 蓄电池电动势的建立

当极板浸入电解液时，极板上就会有少量活性物质溶解电离。在正极板处的 PbO_2 溶解电离后，有四价的铅离子（Pb^{4+}）沉附于正极板上，使极板呈正电位。

$$PbO_2 + 2H_2O \longrightarrow Pb(OH)_4$$

$$Pb(OH)_4 \longrightarrow Pb^{4+} + 4OH^-$$

在负极板处的 Pb 溶解后有电子留在负极板上，使极板呈负电位。

$$Pb \longrightarrow Pb^{2+} + 2e^-$$

2. 蓄电池的放电

蓄电池外电路接通后，在电动势的作用下，负极板的电子经外电路流向正极板，正极板上的 Pb^{4+} 得到两个电子，变成二价铅离子（Pb^{2+}），并溶于电解液中；与此同时，负极板上的 Pb 不断放出电子，变成 Pb^{2+}（图1-4），其化学反应方程式为

$$PbO_2 + Pb + 2H_2SO_4 \underset{充电}{\overset{放电}{\rightleftharpoons}} PbSO_4 + PbSO_4 + 2H_2O$$

正极板　负极板　电解液　　　　正极板　负极板　电解液

由此可见，放电过程正负极活性物质不断变成 Pb^{2+}，溶于电解液，与电解液中的 SO_4^{2-} 反应生成 $PbSO_4$，分别沉附在正负极板表面，使电解液中 H_2SO_4 减少，H_2O 增加，电解液密度降低，通过密度计测量电解液密度，就可以知道蓄电池存电情况。一般蓄电池充足电时的电解液密度为 $1.24 \sim 1.31g/cm^3$，电解液密度每降低 $0.01\ g/cm^3$，相当蓄电池放电 6%。

3. 蓄电池的充电

充电过程的化学反应与放电过程相反，上述的化学反应方程式是可逆的。充电时正、负极板表面的 $PbSO_4$ 分别还原为 PbO_2 和 Pb，电解液中的 H_2O 减少，H_2SO_4 增加，电解液密度增加。

图 1-4　铅酸蓄电池充放电原理

当蓄电池充足电后，单体正极板正电位为 2V，负极板负电位为 $-0.1V$，蓄电池电动势为 2.1V。当蓄电池过充电时，会引起电解液中的水电解成氧气和氢气逸出。

【温馨提示】

蓄电池充电的视频请扫教学资源 1.3 对应的二维码进行观看。

想一想　蓄电池正负极短路会产生什么后果？

知识点 3　其他改进型蓄电池

1. 干式荷电蓄电池

普通铅酸蓄电池负极板在储运过程中，活性物质表面易被氧化，为把这部分物质还原，需要进行比较烦琐的初充电。干式荷电铅酸蓄电池（图 1-5）负极板的活性物质在铅中配有一定比例的抗氧化剂，如松香、油酸和羊毛脂等。经深化处理后，活性物质形成了较深层的海绵状结构，再经防氧化处理，极板表面附着了一层较薄的保护膜，提高了抗氧化性能，最后还要经过惰性气体或真空干燥处理。经过这样的处理，能使负极板上的海绵状纯铅在空气中保存而不被氧化，达到负极板在干燥状态下长期保存电荷的目的（一般为 $1 \sim 2$ 年）。

目前干式荷电蓄电池均采用穿墙跨接式连接板、整体塑料容器结构，基本取代了传统的铅酸蓄电池。

初次使用干式荷电蓄电池时，需将蓄电池加液螺塞拧开，疏通通气孔，加入标准的电解液到规定的高度，记下密度和温度，将蓄电池静放 20min，然后测量电解液的温度和密度。如果温度上升不超过 6℃，密度下降不超过 $0.01g/cm^3$，则蓄电池可以使用；若超过以上规

图 1-5 干式荷电铅酸蓄电池

a）结构图 b）实物图

定的差值，则需要按照正常充电率对蓄电池进行充电，干式荷电蓄电池除不必长时间初充电外，其使用与维护要求和普通铅酸蓄电池完全一样。

2. 免维护蓄电池

免维护蓄电池也称为 MF 蓄电池（Maintenace-Free Battery），它是指在使用寿命期内无须进行日常维护的蓄电池，除有几个很小的通气孔外，其余部分全部密封。免维护蓄电池的突出优点是在汽车合理使用过程中无须添加蒸馏水，蓄电池自放电小，仅为普通蓄电池的 $1/8\sim1/6$，在使用期内一般无须进行补充充电；正负极接线柱腐蚀小或无腐蚀，使用寿命长，内阻小，起动性能好。

免维护蓄电池（图 1-6）在结构、工艺和材料等方面采用了一些措施，主要有以下几项：

1）免维护蓄电池采用安全通气装置，可以阻止水蒸气和硫酸气体排出，因而减少了电解液的消耗，避免了可燃分解气体与外部火花接触而产生爆炸，也减少了正负极接线柱的腐蚀。有的免维护蓄电池在通气螺塞中装有催化剂钯，可帮助水解的氢氧根离子结合成水后再回到蓄电池中去，进一步减少了电解液的消耗。

图 1-6 免维护蓄电池

a）结构图 b）实物图

2）采用袋式微孔塑料隔板，将正极板包住，避免了极板的短路，因而可以使容器底部不需要肋条，从而降低了极板组的高度，使极板上部的容积增大，增加了电解液的储存量。

3）极板栅架采用铅-钙-锡合金或低锑合金，减少了析气量，使电解液中水的消耗降低，并使自放电也大为减少。

4）装有内装式电解液密度计，密度计指示器以不同颜色显示蓄电池的存电情况及液面高度。

3. 胶体型免维护蓄电池

胶体型免维护蓄电池的电解液由硅溶胶和硫酸配制而成，这种电解质以胶体状态存在，充满在隔膜中及正负极之间，硫酸电解液由凝胶包围着，不会流出蓄电池。有的胶体型蓄电池的极板及隔板做成螺旋捆绑状，即螺旋状极板胶体蓄电池（图1-7）。胶体型免维护蓄电池具有以下特点：

图1-7 螺旋状极板胶体蓄电池
a）结构图 b）实物图

1）胶体状电解液黏附于极薄的纤维隔板网材料上，在-40℃低温时也不会结冰，65℃高温时不会漏液、漏气，可以任何角度固定蓄电池。

2）自放电少。在不使用状态下可以至少放置10个月，放置250天后仍能保持50%的容量。

3）过充电性能好。能在1h内以100A的大充电电流应急充足。

找一找 汽车蓄电池还有什么其他类型？

知识点4 蓄电池的容量与型号

1. 蓄电池的容量

蓄电池在规定条件（包括放电强度、放电电流及放电终止电压）下放出的电量多少或放电时间长短称为蓄电池容量，单位为 A·h 或 A·min。蓄电池的容量有理论容量、实际容量、额定容量和储备容量等多种表示方法。我国常用的蓄电池容量表示方法主要是 20 小时放电率额定容量和额定储备容量。

20 小时放电率额定容量是指以 20 小时放电率的放电电流在电解液初始温度为 25℃，电解液密度为 $1.28 \ g/cm^3$ 的条件下，持续放电到单体蓄电池电压下降到终止电压 1.75V 的过程中，蓄电池所输出的总电量，记为 C_{20}，单位为 A·h。

额定储备容量是指完全充足的蓄电池，在电解液初始温度为 25℃ 的条件下，以 25A 的电流持续放电，直到单体蓄电池电压下降到 1.75V，在此过程中，蓄电池的持续放电时间，记为 C_{rn}，单位为 min。

影响蓄电池容量的因素有构造因素也有使用因素，构造因素如极板的厚度、极板的面积及同性极板的间距等。使用因素如放电电流的大小、电解液的温度和密度等。

2. 蓄电池的型号

按照 JB/T 2599—2012《铅酸蓄电池名称、型号编制与命名办法》的规定，我国铅酸蓄电池型号由三部分组成，组成框图及含义如图 1-8 所示。

串联的单体电池数用阿拉伯数字表示。蓄电池类型是根据其主要用途划分的，用汉语拼音的第一个字母（大写）表示，如起动用蓄电池代号为"Q"，摩托车用蓄电池代号为"M"等。

蓄电池特征为附加部分，仅在同类用途的产品中具有某种特征而在型号中又必须加以说明时用。当产品同时具有两种特征时，原则上应按表 1-1 顺序将两个代号并列标出。普通型号无特征代号。

图 1-8　铅酸蓄电池型号组成框图及含义

表 1-1　蓄电池产品结构特征代号

序号	产品特征	代号	序号	产品特征	代号	序号	产品特征	代号
1	密封式	M	4	湿式荷电	H	7	胶体式	J
2	免维护	W	5	微型阀控式	WF	8	卷绕式	JR
3	干式荷电	A	6	排气式	P	9	阀控式	F

额定容量是指 20 小时放电率额定容量，单位为 A·h（可免写），用阿拉伯数字表示。例如，蓄电池型号 6-QA-90，表示由 6 个单体蓄电池组成、额定电压为 12V、额定容量为 90A·h、起动用的是干式荷电蓄电池。

1.2　汽车发电机

汽车发电机用来向除起动机外的所有电气设备供电，并给蓄电池充电。为了满足蓄电池充电的要求，汽车发电机的输出电压必须是直流电压。目前，国内外汽车发电机已全部采用硅整流交流发电机，它是利用硅二极管将交流发电机定子绕组中所感应的三相交流电整流成为直流电。

【温馨提示】

发电机整体从车上拆卸的视频请扫教学资源 1.4 对应的二维码进行观看。

知识点 1　硅整流发电机的类型及型号

1. 汽车用交流发电机的分类

按汽车用交流发电机总体结构分类，主要有以下几类：

（1）**普通交流发电机**　普通交流发电机应用普遍，如 JF132 型交流发电机等。

（2）**整体式交流发电机**　整体式交流发电机将电压调节器集成内装，如上海桑塔纳汽车用的 JFZ813Z 型交流发电机，应用已经很普遍。

（3）**带泵交流发电机**　在柴油机汽车上，带有真空泵的交流发电机没有真空，为了确保真空制动助力器能够正常工作，会把发电机的轴做长一些，以此驱动一个真空泵，如龙口中宇的 JFWBZ27 型交流发电机。

（4）**无刷交流发电机**　无电刷、集电环结构的交流发电机，结构上与普通交流发电机不同。由于无电刷的磨损，故障较少，维护更方便，如龙口中宇的 JFWBZ27 型交流发电机。

（5）**永磁交流发电机**　永磁交流发电机即转子磁极采用永磁材料的交流发电机，如 YJFW168 型交流发电机。

2. 交流发电机的型号

根据 QC/T 73—1993《汽车电气设备产品型号编制方法》的规定，汽车交流发电机的型号组成框图及含义如图 1-9 所示。

（1）**产品代号**　用 2~3 个大写汉语拼音字母表示，交流发电机的产品代号有 JF、JFZ、JFB、JFW 四种，分别表示交流发电机、整体式交流发电机、带泵交流发电机和无刷交流发电机。

图 1-9　汽车交流发电机的型号组成框图及含义

（2）**分类和分组代号**　按各种产品的电器参数、结构和用途等，选取其中两个主要特征，一般各以一位阿拉伯数字组成，允许有两位阿拉伯数字作为分组代号。若以电压等级作为分类代号，用 1 表示 12V，用 2 表示 24V 等。若以电流等级作为分类代号，用 1 位数字表示，具体含义见表 1-2。

表 1-2　交流发电机的电流等级代号

电流等级	1	2	3	4	5	6	7	8	9
电流/A	≤19	20~29	30~39	40~49	50~59	60~69	70~79	80~89	≥90

（3）**设计序号**　按产品的先后顺序，用 1~2 位阿拉伯数字表示。

（4）**变型代号**　交流发电机以调整臂位置作为变型代号，在右边时用 Y 表示，在左边时用 Z 表示。

例如，JFZ1913Z 型交流发电机，其含义为电压等级为 12V，输出电流>90A，第 13 代设计，调整臂在左边的整体式交流发电机。

知识点 2　硅整流发电机的构造

硅整流发电机主要由转子、定子、整流器部件、前后轴承支架、风扇及带轮等组成，如图 1-10 所示。

1. 转子

转子通过轴承固定在发电机上，由发动机通过风扇传动带驱动旋转，用来产生旋转磁场。交流发电机转子总成如图 1-11 所示，它主要由两块爪形磁极、磁场绕组和集电环等组成。两块爪形磁极压装在转子轴上，在两块爪形磁极的空腔内装有磁轭，其上绕有磁场绕组，磁场绕组的两引出线分别焊接在与轴绝缘的两个集电环上，集电环与预装在后端盖上的两个电刷相接触。当接通电源时，磁场绕组中便有磁场电流通过，产生轴向磁通，使得一块爪形磁极被磁化成为 N 极，另一块爪形磁极被磁化成为 S 极。当转子旋转时，便产生旋转磁场。

图 1-10 硅整流发电机的构造

2. 定子

定子也称为电枢，固定在发电机壳体上，用来产生感应电动势，如图 1-12 所示，它由定子铁心和三相定子绕组组成。定子铁心由相互绝缘且内圆带槽的环状硅钢片叠成，三相定子绕组对称地安放在定子铁心槽内。

图 1-11 交流发电机转子总成

图 1-12 交流发电机定子总成及其绕组连接方法
a) 星形联结 b) 三角形联结

为了保证三相定子绕组能产生频率和幅值相同、相位相差 120° 的三相交流电，定子绕组线圈的绕制和在定子铁心槽中的嵌入应符合一定规律。三相绕组的连接分为星形联结和三角形联结两种，如图 1-12 所示，星形联结是每相绕组的一根线头都接至公共接点，另外三根线头分叉成丫形，所以星形联结又称为丫形联结，星形联结具有低速发电性能好的优点，目前多数车用发电机多采用星形联结。三角形联结的三相绕组首尾线头彼此相接，连接成三角形，其优点是发电机内部损失小，调整时能产生较大的输出电流，缺点是低转速时输出电压较低。

【温馨提示】

发电机分解与装配视频请扫教学资源1.5对应的二维码▦进行观看。

3. 整流器

整流器的作用是将三相定子绕组产生的交流电转变成直流电。它是由六只硅二极管组成的三相桥式全波整流电路，如图1-13所示。

图 1-13 整流器

a）二极管安装示意图 b）散热板 c）实物照片

硅整流二极管通常直接压在散热板上或发电机后端盖上。其中压装在发电机后端盖上的三只硅二极管，其引线为负极，外壳为正极，俗称"负极管"，管壳底部用黑字标记；压装在散热板上的三只二极管，其引线为正极，外壳为负极，俗称"正极管"，管壳底部用红字标记。这样发电机的后端盖和散热板便组成了发电机整流器总成。散热板通常用铝合金制成，以利于散热，它与后端盖用绝缘材料制成的垫片隔开，并用螺栓通至后端盖外部，作为发电机的正极接线柱"+"。

4. 端盖和冷却风扇

如图1-10所示，硅整流发电机前端安装有前端盖（图中未绘出），内有轴承支撑转子轴；后端装有后端盖，也装有支撑转子轴的轴承；还装有整流器支架（图中未绘出）、电刷和电刷架（图中未绘出）及所有的接线柱。整体式交流发电机的电压调节器（后述）也装在后端盖上。为了使硅二极管散热良好，端盖一般都由铝合金制成，前端盖外侧还安装有冷却风扇，许多发电机上有前后两个风扇进行冷却。

知识点3 硅整流发电机的工作原理

1. 发电原理

如图1-14所示，发电机的三相定子绕组为星形联结，当励磁电流通过电刷和集电环将直流电压作用于励磁绕组的两端时，在其周围产生磁场，使转子轴上的两块爪形磁极被磁化，一块为N极，另一块为S极，磁路是转子的N极——转子与定子之间的气隙——定子铁心——气隙——转子的S极。发电机转子由发动机通过传动带驱动旋转，当转子旋转时，磁力线与定子绕组之间产生相对运动，根据电磁感应原理，安装在定子铁心上的三相定子绕组就感应生成三相交流电。

每相绕组的有效电动势 E 与转子转速 n 及磁极磁通 Φ 成正比，C 为发电机的结构常数，即

$$E = Cn\Phi$$

图 1-14 交流发电机的工作原理

2. 整流原理

硅整流器利用二极管的单向导通性，将交流电转变为直流电。

图 1-15 所示为三相桥式全波整流电路及电压波形，每相绕组接一对二极管，一个正向偏置，一个负向偏置。将负载接通后，电流总是从电压最高的绕组出发经二极管整流，回到电压最低的绕组。例如，某一瞬间，若 U_1 绕组电压最高，V_1 绕组电压最低，则电流从 U_1 出发经二极管 VD_1 到外电路负载，经二极管 VD_5 返回 V_1 绕组。这样依次类推，周而复始，六只二极管一对一地轮流导通，就在负载 R 上得到一个较平稳的脉动直流电压，每个周期内有六个波形，输出的电压波形就变得平稳了。

图 1-15 三相桥式全波整流电路及电压波形

a）三相桥式全波整流电路 b）三相交流电的电压波形

为了提高发电机的输出功率，许多交流发电机通过对中性点三次谐波电压进行整流，即在定子三相绕组的星形联结点引出连线并加装两只二极管 VD_7、VD_8，这样就形成了八管整流发电机，如图 1-16 所示。试验证明，在不改变发电机结构的情况下，加装中性点二极管后，发电机的输出功率与额定功率相比可以提高 10%～15%，并且转速越高输出功率增加越明显。

图 1-16 八管整流发电机的整流电路

3. 励磁方式

向交流发电机的磁场绕组供电使其产生磁场的过程称为励磁。交流发电机磁场绕组的励磁方式有两种形式，一种是由蓄电池供电，称为他励；另一种由发电机自身所发电能供电，称为自励。

当发电机转速很低时，采用他励方式。由于转子磁极的剩磁很弱，在低转速下仅靠剩磁产生的电动势不能使二极管导通，发电机不能自励发电，必须由蓄电池供给发电机励磁绕组电流，使发电机具有较强的磁场，以使发电机电动势迅速提高。当发电机转速达到一定值后，发电机发电产生的电压达到或超过蓄电池电压，发电机开始向蓄电池充电，同时励磁电流由发电机提供，发电机由他励转为自励。

【温馨提示】

发电机的基本结构与工作原理视频请扫教学资源 1.6 对应的二维码▓进行观看。

1.3　汽车电压调节器

汽车发电机由发动机通过风扇传动带驱动，由于发动机转速在很大范围内变化，使发电机的转速也随之变化，从而引起发电机的输出电压变化。而汽车用电设备和蓄电池的充电电压是恒定的（一般为12V），因此汽车发电机必须配用电压调节器，以便在发电机转速变化时，保持发电机输出电压在规定范围（13.8～14.8V）内。电压调节器可以保证交流发电机的输出电压不受转速和用电设备变化的影响，使其保持稳定，以满足用电设备的需要。

知识点 1　电压调节器的调压原理

根据式 $E = Cn\Phi$ 可知，在发电机结构形式确定的情况下，决定有效电动势大小的只有发电机转速 n 和磁通 Φ，而发电机的转速是频繁变化的，故只有用改变磁通的方法来改变电动势的大小。

交流发电机端电压的高低取决于转子的转速和磁极磁通。要保持输出电压 U 恒定，在转速 n 升高时，就可以相应减弱磁通，这能通过减小励磁电流来实现；在转速 n 降低时，可以相应增大磁通，这能通过增大励磁电流来实现，即交流发电机电压调节器是通过动态调节励磁电流的大小来实现发电机输出电压的稳定的。

知识点 2　电压调节器的结构及工作原理

常用的电压调节器有触点振动式电压调节器、晶体管电压调节器和集成电路电压调节器等多种。

触点振动式电压调节器由于有触点、弹簧铁心、线圈等机械装置，不仅结构复杂、体积大、质量大、触点易烧蚀和氧化、可靠性差、使用寿命短，而且由于触点振动时存在机械惯性、磁滞性，使触点振动频率低，调节精度差，使用中需要经常维修和调整。现已基本淘汰，这里不再详细介绍。

1. 晶体管电压调节器

晶体管电压调节器利用晶体管的开关特性代替触点开关，具有调节精度高、结构简单、工作可靠、无须维修和维护等特点。

晶体管电压调节器是将晶体管作为一只开关串联在发电机的磁场电路中，根据发电机输出电压的高低，控制晶体管的导通和截止，使发电机的输出电压稳定在规定范围内。

如图 1-17 所示，晶体管电压调节器由功率开关晶体管、信号放大和控制电路、电压信号的检测电路三部分组成。VT_2 是功率开关晶体管，用来接通和切断发电机的磁场电路，它串联在磁场绕组的电源端；晶体管 VT_1 构成信号的放大和控制电路，它将电压检测电路送来的信号进行放大处理后控制功率晶体管的导通和截止；发电机电压信号的检测电路由电阻 R_1、R_2 和稳压管 VS 组成，电阻 R_1、R_2 构成一分压器，接入发电机的输出端和搭铁端之间，用来检测发电机的输出电压。从电阻 R_1 上取出总电压 U_{AC} 的一部分 U_{AB} 作为电压调节器的输入信号电压，由于

$$U_{AB} = \frac{R_1}{R_1 + R_2} U_{AC}$$

所以，U_{AB} 可以反映发电机的输出电压 U_{AC} 的高低。稳压管 VS 反向串联在晶体管 VT_1 的基极回路中控制着晶体管 VT_1 的导通和截止。

图 1-17　晶体管电压调节器
a) 电路图　b) 实物图

上述晶体管电压调节器的工作原理如下：

当接通点火开关 S 后，蓄电池电压便加在 A、C 两端，R_1 上的分压 U_{AB} 则通过晶体管 VT_1 的发射极加到稳压管 VS 上。由于蓄电池电压低于发电机的规定电压，故此时加到稳压管上的电压低于稳压管的反向击穿电压 U_{VS}，稳压管 VS 截止，VT_1 无基极电流而截止。VT_2 则由 R 提供偏置电流而处于饱和导通状态，蓄电池便经 VT_2 给发电机磁场绕组提供磁场电流。其电流通路为蓄电池正极→点火开关 S→电压调节器 "+" 接线柱→VT_2（e、c）→电压调节器 "F" 接线柱→发电机 "F" 接线柱→发电机磁场绕组→搭铁→蓄电池负极。若此时发电机运转，发电机电压就会随转速的上升而迅速升高，当发电机电压升高到蓄电池电压时发电机开始自励发电；当发电机电压超过规定值时，通过 R_1 的分压加到稳压管 VS 的电压超过稳压管 VS 的反向击穿电压，则稳压管导通，VT_1 获得基极电流而导通。VT_1 导通后，使 VT_2 的发射极被短路，因而 VT_2 截止，从而切断了发电机的磁场电路，使得发电机电压迅速下降。当发电机的电压降到低于规定值时，加到稳压管 VS 上的电压又低于其反向击穿电压，稳压管重新截止，使 VT_1 也截止，VT_2 重新导通，接通发电机的磁场电路而使发电机电压又升高，如此往复，发电机的电压便被稳定于规定值。

该电压调节器的调节电压决定于分压电阻 R_1 和 R_2 以及稳压管 VS 的反向击穿电压（稳压管的稳压值）。减小 R_1 的阻值、增大 R_2 的阻值或增大稳压管的稳压值时，电压调节器的

调节电压将增高，反之调节电压降低。

2. 集成电路电压调节器

集成电路电压调节器（图1-18）的组成与工作原理和晶体管电压调节器相似，但其电路中的所有元器件都组合在同一个半导体基片上，形成一个独立的、互不可分的电子电路，即集成电路。集成电路电压调节器具有体积小、工作可靠、使用中不需维护等特点，在现代汽车上已得到广泛应用。

a)　　　　　　　　　　　　b)

图 1-18　集成电路电压调节器

集成电路电压调节器由于体积小巧，因此可以安装在发电机外部，也可以安装在发电机内部，并与发电机组成一个完整的充电系统，称为内装式电压调节器。具有内装式电压调节器的交流发电机称为整体式交流发电机。

目前，在有些采用ECU控制的燃油喷射式发电机的汽车上，可以取消发电机的电压调节器。发电机工作时，由ECU通过对发电机励磁电流的调节，调节发电机的端电压，使发电机转速变化时其电压保持恒定。

1.4　充电指示及过电压保护

知识点 1　充电指示灯控制电路

目前，国内外许多汽车的仪表板大多装有充电指示灯，以指示发电机的工作情况，但由于控制方式的不同，其显示的意义也有所不同。

大多数汽车是接通点火开关时充电指示灯亮，而发动机起动后，交流发电机工作正常时，充电指示灯熄灭。发动机正常工作时，充电指示灯不熄灭或突然发亮，则表示充电系统故障。目前，典型的充电指示灯的控制电路有如下几种。

1. 磁场二极管控制电路

在普通的六管整流交流发电机基础上，多装三个功率较小的二极管，组成九管交流发电机。三个功率较小的二极管专门用来供给磁场电流，故又称为磁场二极管。

图1-19所示为九管交流发电机充电系统的典型电路。磁场二极管能输出与发电机"B"端相等的电压，它既能供给发电机励磁电流，又能控制充电指示灯，其工作原理如下：接通点火开关S，蓄电池电流便经点火开关S→充电指示灯→电压调节器→发电机励磁绕组→搭铁，构成回路。此时充电指示灯亮，指示励磁电路接通并由蓄电池供电。在发电机起动后，

随着发动机转速的升高，发电机 D_+ 端电压随之升高，充电指示灯两端的电位差降低，指示灯亮度减弱。当发电机电压升高到蓄电池充电电压时，发电机 B 、D_+ 端电位相等，此时充电指示灯两端电位差降低到零，指示灯熄灭，指示发电机已正常工作，励磁电流由发电机自身磁场二极管和负极二极管整流后供给。

图 1-19 九管交流发电机充电系统的典型电路

当发电机转速降低时，D_+ 端电位降低，充电指示灯两端的电位差增大，指示灯逐渐变亮，指示放电。当发电机高速运转，充电系统发生故障导致发电机不发电时，由于 D_+ 端无电压输出，因此充电指示灯两端电位差增大，指示灯发亮，警告驾驶人应及时排除故障。

十一管交流发电机是在八管交流发电机的基础上，增加三个磁场二极管，其功用和九管交流发电机里的三个磁场二极管一样。

2. 隔离二极管控制电路

有些汽车采用隔离二极管控制方式，即在充电电路中增加了一个功率较大的隔离二极管，利用二极管的单向导通性控制充电指示灯，其电路如图 1-20 所示。

隔离二极管控制方式工作原理如下：接通点火开关时，电流从蓄电池正极→点火开关→充电指示灯→电压调节器接线柱 B→磁场接线柱 F→励磁绕组→搭铁→蓄电池负极，构成回路，充电指示灯亮，

图 1-20 隔离二极管充电指示灯控制电路

并使发电机有较小的励磁电流。当发电机转速升高，输出电压超过蓄电池电压时，发电机自励，同时充电指示灯因两端电压差趋于零而熄灭。

知识点2 电源系统的保护

虽然汽车用交流发电机和电压调节器联合工作，输出的是基本稳定的直流电压，但在实际使用过程中，发电机必须与蓄电池并联工作，特别是在发电机输出大电流的情况下，绝对不允许突然切断与蓄电池的连接，否则将会造成发电机产生一个很高的电压峰值，导致车上

的电子设备损坏。所以在设计电源电路时，不允许在发电机与蓄电池之间有熔丝连接。为了电路的安全，有的汽车电源系统电路中设计有保护电路，最常见最简单的方式是用稳压管保护，其电路如图 1-21 所示。

图 1-21　电源保护电路

图中 VS 为稳压管，利用它的稳压特性，当发电机负荷突然减小或与蓄电池接线突然断开时，可对发电机所产生的正向瞬变过电压进行吸收保护，并可利用其正向导通性，对开关断开时电路可能产生的反向瞬变过电压进行短路保护，防止电压调节器或其他电子设备的电子元器件损坏。

1.5　电源系统的使用维护与常见故障

知识点 1　蓄电池的使用与维护及常见故障

1. 蓄电池的使用与维护

加强蓄电池的日常维护，合理使用蓄电池，对保持其性能及延长其使用寿命特别重要。

1）拆装蓄电池时，注意蓄电池正、负接线柱的识别。

2）蓄电池拆卸时，应将点火开关置于断开位置。拆卸时应先拆负极柱的搭铁线，后拆正极柱的电源线。

3）蓄电池安装时，应先接正极线，后接负极线。安装接头时，应先用细砂纸清洁接线柱和接线头。安装后接线柱处涂上润滑脂，以防氧化生锈。

4）蓄电池应避免长期亏电，要及时充电。

5）起动时，不超时连续使用起动机，每次起动不超过 5s，如一次未能起动，应停止 15s 以上再起动。

6）注意蓄电池表面清洁。防止电解液内混入杂质。

7）蓄电池长期不使用时，根据储存的时间及蓄电池类型，采用合理的储存方法。

2. 蓄电池的常见故障

见表 1-3。

表 1-3　蓄电池的常见故障

故障名称	故 障 征 象	故 障 原 因
蓄电池不充电	充电时,电流表很快回零,或蓄电池温度过高,过早出现沸腾现象	1. 极板严重硫化 2. 极板物质脱落短路 3. 电解液不纯 4. 电解液液面过低

（续）

故障名称	故障征象	故障原因
蓄电池存电不足	起动机运转无力，喇叭声响低弱，灯光暗淡	1. 电解液浓度过高或过低 2. 极板物质脱落 3. 长时间放置未及时充电 4. 极板硫化
自行放电过快	对于充足电的蓄电池，如果每昼夜容量下降不大于2%，为正常的自放电，超过2%即为故障	1. 电解液不纯 2. 极桩间脏污或电解液溢出短路 3. 极板上活性物质脱落，下部沉淀物过多使极板短路 4. 电池长期放置不用，硫酸下沉导致极板上下部发生电位差引起自行放电
电解液损耗过快	相对于正常电解液损耗，添加电解液周期变短（普通铅酸蓄电池）	1. 外壳破裂 2. 封口胶破裂 3. 充电电流过大 4. 过充电

知识点2　交流发电机及电压调节器的使用维护及常见故障

1. 交流发电机及电压调节器的使用与维护

1）充电系统的导线连接应牢固可靠，以免在电路突然断开时，产生瞬时过电压，而烧坏晶体管元件。

2）发电机与电压调节器二者的规格型号要匹配，连接应正确。

3）发动机熄火后应将点火开关断开，以免蓄电池长时间向励磁绕组放电，浪费电能。

4）发动机运行时，不得用"试火"的方法检查发电机是否正常，应采用万用表或低压试灯检查。

5）在发电机正常运行时，不可随意拆动电气设备的导线，以防止连线搭铁短路或因突然断开而引起瞬时过电压。

2. 交流发电机及电压调节器的常见故障

见表1-4。

表1-4　交流发电机及电压调节器的常见故障

故障名称	故障征象	故障原因
不能充电	发动机中速以上运转时，充电指示灯不熄灭	1. 发电机传动带松滑 2. 发电机励磁电路断路 3. 充电电路断路 4. 整流器二极管击穿、短路、断路 5. 定子绕组断路或搭铁 6. 电压调节器故障
充电电流过小	发动机中高速运转时，充电电流过小	1. 充电电路接触不良 2. 发电机传动带打滑 3. 发电机故障 4. 电压调节器故障，调节电压过低

（续）

故障名称	故障征象	故障原因
充电电流过大	蓄电池不亏电时,电流指示在 10A 以上	电压调节器故障调节电压过高
充电不稳	发动机怠速以上运转时,间断充电	1. 传动带打滑 2. 充电电路连接线接触不良 3. 转子或定子局部断路或短路 4. 电刷与集电环间接触不良
充电指示灯故障	充电指示灯在行车时时亮时灭,或不熄灭,或充电时不亮	1. 指示灯故障 2. 指示灯控制电路故障
发电机异响	发电机运转时有不正常噪声	1. 传动带过紧或过松 2. 发电机轴承损坏或松旷缺油 3. 发电机定子与转子相碰刮擦 4. 发电机总装不到位,定子弯曲 5. 传动带轮与轴松旷,带轮与散热片碰撞

【温馨提示】

发电机的检查视频请扫教学资源 1.7 对应的二维码进行观看。

【温馨提示】

发电机调节器检查的视频请扫教学资源 1.8 对应的二维码进行观看。

知识拓展

1. AGM/EFB 起停蓄电池

现代有些汽车为了更好的省油节能效果配置有起停系统，即在车辆行驶过程中临时停车的时候（如等红灯）自动熄火，当需要继续前进的时候，系统自动重起发动机。频繁地重起发动机时，由于需要点火，并且需要给起动电动机供电，故要求起停蓄电池必须具备进行大电流放电性能及很强的充电接受性能。起停蓄电池起源于欧洲德国 MOLL 和美国江森等著名品牌厂家，目前常见的有 AGM、EFB 两种结构类型，AGM 蓄电池（图 1-22）在欧美系品牌车辆上装配居多，EFB 蓄电池在日系品牌车辆上装配居多。国内的风帆、骆驼等蓄电池厂家也有生产。

AGM/EFB 起停蓄电池也是一种铅酸蓄电池，但在结构上有所差异。AGM 电池是隔膜由超细玻璃棉制成的电池，而 EFB 电池是在普通铅酸电池基础上开发的富液增强型开关蓄电池。普通电池不能代替起停蓄电池，用普通蓄电池代替起

图 1-22 AGM 蓄电池

停蓄电池，会严重影响蓄电池的寿命。

2. 安全蓄电池端子

在宝马汽车上，蓄电池正极上连接有安全蓄电池端子，用于在紧急状态下（如剧烈碰撞时如果燃油泄漏可能导致的爆炸）的断电保护。

安全端子的结构如图1-23a所示。在正常情况下，蓄电池导线与正极端子保持连接状态，当发生紧急情况时（如剧烈碰撞，安全气囊引爆时），电子控制单元会在极短时间（大约2.2ms）内发出起爆命令，使装在安全端子内部的推进剂点火爆炸，炸开安全端子，并使蓄电池导线与正极端子保持在断开状态，以确保安全。安全端子断开状态如图1-23b所示。

图1-23　安全蓄电池端子

a）外部结构图　b）安全端子断开状态图

1—锁紧螺母　2—导线接头　3—B+端子　4—保护罩　5—锁上爪　6—蓄电池导线　7—控制导线
8—蓄电池端子　9—推进剂

3. 交流发电机励磁控制的发展

高效精准地控制发电机的励磁电流会影响调节器的稳压性能。电压调节器向更加智能化，既可以保证用电设备的正常工作，还可以提高燃料的利用率并降低车辆成本。目前，励磁控制器由传统的集成电路硬件励磁控制向以单片机、DSP、PLC等为基础，应用现代控制策略建立仿真模型的数字控制器发展。根据控制理论的发展，励磁控制方法经历了PID励磁控制、线性最优励磁控制、非线性励磁控制、自适应励磁控制及智能励磁控制等阶段。随着全控型器件（GTO、MOSFET、IGBT等）的产生，PWM（脉宽调制）控制方法逐渐应用于发电机的励磁控制中，现在的研究主要集中在如何产生适合的PWM波形，以对发电机励磁通断进行控制。国外已经推出了相应的电压调节器，并成功应用于实车系统中。例如，通用的林荫大道乘用车，发动机控制模块通过调节占空比发送PWM信号，以调节发电机励磁电流；丰田的雷克萨斯乘用车，发电机励磁电流频率调节范围更宽。

本章小结

1. 汽车电源由蓄电池和发电机组成，并联供电。蓄电池是化学电源，其充放电是可逆的。发电机一般采用硅整流发电机，并通过电压调节器调节，保持输出电压基本稳定。集成电路电压调节器具有体积小、工作可靠、使用中不需维护等特点，在现代汽车上已得到广泛应用。

2. 车用酸蓄电池由极板、隔板、电解液和壳体组成，正极板的活性物质为二氧化铅，负极板的活性物质为纯铅，充足电后，单体蓄电池电压约为2V。目前，一些改进型蓄电池如免维护蓄电池、干式荷电蓄电池及胶体型免维护蓄电池已经得到广泛应用。

3. 车用硅整流交流发电机由定子、转子、整流器部件、前后轴承支架、风扇及带轮等组成，利用电磁感应原理进行发电，利用二极管单向导电性进行整流。

4. 电压调节器通过调节交流发电机的励磁电流对发电机的输出电压进行调节，主要类型有触点振动式、晶体管式及集成电路式。其中集成电路式电压调节器安装在发电机内部，是目前广泛应用的一种形式。

5. 汽车的仪表板大多装有充电指示灯，以指示电源系统的工作情况。为了防止汽车电源系统在运行过程中可能产生的瞬变过电压造成危害，汽车电源系统电路中通常有保护电路设计，如稳压管保护等。

6. 正确合理地使用及维护电源系统对延长蓄电池的使用寿命与容量、减少电源系统故障的发生非常重要。蓄电池的常见故障有不充电、存电量不足、自行放电过快及电解液消耗过快等。发电机及电压调节器常见故障有不能充电、充电电流过小、充电电流过大、充电电流不稳、充电指示灯故障及发电机异响等。

思考题

1. 名词解释：蓄电池容量、20小时放电率额定容量、免维护蓄电池。
2. 简述汽车电源的组成及功用。
3. 简述铅酸蓄电池的结构与工作原理。
4. 简述硅整流发电机的基本构造与工作原理。
5. 车用发电机为什么必须配备电压调节器？晶体管电压调节器是如何进行电压调节的？
6. 汽车充电系统指示灯的控制方式主要有哪几种？简述其控制原理。
7. 如何正确使用与维护电源系统？
8. 蓄电池常见故障有哪些？发电机及电压调节器的常见故障有哪些？

第2章　汽车仪表及警示系统

【本章内容架构】

```
                    第2章  汽车仪表及警示系统

  2.1 汽车仪表及警      2.2 主要汽车仪表      2.3 主要汽车警示      2.4 汽车仪表及警示
  示系统总体组成与      结构与原理            装置结构与原理        系统常见故障
  分类
```

【学习目标要求、重点与难点】

序号	学习目标要求	学习重点	学习难点
1	掌握汽车仪表及警示系统的基本作用与总体分类	√	
2	掌握汽车常见仪表及警示系统的基本组成	√	
3	理解主要汽车仪表的基本结构及工作原理	√	√
4	理解主要警示系统的基本结构及工作原理	√	√
5	学会辨认汽车主要仪表及警示装置	√	
6	学会识读汽车仪表板常见指示灯及警示系统显示符号含义	√	

【引入案例】

　　一辆比亚迪 e6 汽车显示制动盘片磨损的指示灯点亮，请分析故障可能原因，车主应做何处理？

2.1 汽车仪表及警示系统总体组成与分类

1. 汽车仪表及警示系统的作用

汽车仪表及警示系统可以及时地将汽车的行驶速度、润滑油（机油）压力等大量重要运行状态参数及时地显示在仪表板上，有的通过声、光等信息发出警示，便于驾驶人随时了解汽车的运行状态，及时发现问题，采取措施，正确地使用汽车，防止发生机械事故，保证汽车可靠和人身安全。

2. 汽车仪表及警示系统的组成

图 2-1 所示为汽车仪表板的组成示意图。

【温馨提示】

汽车仪表板结构认识视频请扫教学资源 2.1 对应的二维码 进行观看。

图 2-1　汽车仪表板的组成示意图

1—冷却液温度表　2—燃油表　3—电子钟分钟调节旋钮　4—电子钟时钟调节旋钮　5—电子液晶钟
6—阻风门指示灯　7—驻车制动拉起和制动液液面警告灯　8—机油压力警告灯　9—充电指示灯
10—电子车速里程表　11—远光指示灯　12—后窗除霜加热指示灯
13—冷却液液面警告灯　14—电子发动机转速表

汽车常用仪表及警示装置见表 2-1。

表 2-1　汽车常用仪表及警示装置

仪表及警示系统		功　用
充放电显示系统	电流表	指示蓄电池充电或放电的电流值
	电压表	指示蓄电池充电或放电的电压值
	充电指示灯	指示蓄电池充电或放电
机油压力显示系统	机油压力表	指示发动机主油道中机油压力大小
	机油压力警告灯或蜂鸣器	机油压力过低时报警

（续）

仪表及警示系统		功　用
燃油量显示系统	燃油表	指示汽车燃油箱内储存燃油量的多少
	液面警告灯	燃油箱内燃油量过少时报警
冷却液温度显示系统	冷却液温度表	指示发动机水套中冷却液温度的高低
	冷却液温度警告灯或蜂鸣器	冷却液温度过高时报警
车速里程显示系统	车速里程表	指示汽车行驶速度
	里程表	指示汽车累计行驶里程
	转速表	指示发动机转速的高低

找一找

找一辆汽车，看仪表板上有哪些仪表和警示装置。

3. 汽车仪表分类

按显示方式的不同，汽车仪表可分为机械式仪表、电子式仪表和综合信息显示系统三类。

（1）汽车机械式仪表　汽车机械式仪表采用机械指针显示数值，如图2-2所示。它具有性能稳定、可靠、成本低等优点，但显示信息量少，视觉特性不好，易使驾驶人疲劳，准确率较低。目前只在中低档车上使用。

（2）汽车电子式仪表　汽车电子式仪表采用电子技术，将测量值转换为电信号，再用指针、数字、声光或图形等电子方式显示汽车各种运行参数，如图2-3所示。它具有直观、清晰、稳定、即时、精度高、体积小、质量轻、美观等特点，已大量在汽车上使用。

图2-2　汽车机械式仪表

（3）汽车综合信息显示系统　汽车综合信息显示系统以液晶显示器为基础，除显示常规的汽车运行参数外，还能显示地图信息、维修信息、多媒体信息、电话信息等，该系统具有导航、音响、道路和信息处理等功能，如图2-4所示。汽车仪表系统正向综合信息显示系统发展。

图2-3　汽车电子式仪表

图2-4　汽车综合信息显示系统

4. 汽车仪表板常见显示符号说明

汽车仪表板常见显示符号及其说明见表2-2。

表 2-2　汽车仪表板常见显示符号及其说明

序号	符号	名称	符号说明
1		驻车指示灯	驻车制动手柄被拉起时,此灯点亮。驻车制动手柄被放下时,该指示灯自动熄灭。在有的车型上,制动液不足时此灯会亮
2		蓄电池指示灯	显示蓄电池工作状态的指示灯。接通点火开关后亮起,发动机起动后熄灭。如果不亮或常亮不灭,应立即检查发电机及其电路
3		制动盘指示灯	显示制动盘片磨损情况的指示灯。正常情况下此灯熄灭,点亮时提示车主应及时更换故障或磨损过度的制动片,修复后指示灯熄灭
4		机油指示灯	显示发动机机油压力的指示灯。指示灯亮起时表示润滑系统失去压力,可能有渗漏,此时需立即停车,关闭发动机进行检查
5		冷却液温度指示灯	显示发动机冷却液温度过高的指示灯。此灯点亮报警时,应即时停车并关闭发动机,待冷却至正常温度后再继续行驶
6		安全气囊指示灯	显示安全气囊工作状态的指示灯。接通点火开关后点亮,3~4s 后熄灭,表示系统正常,不亮或常亮表示系统存在故障
7		ABS指示灯	接通点火开关后点亮,3~4s 后熄灭,表示系统正常。不亮或常亮则表示系统故障,此时可以继续低速行驶,但应避免紧急制动
8		发动机自检灯	发动机工作状态的指示灯。接通点火开关后点亮,3~4s 后熄灭,表示发动机正常。不亮或常亮表示发动机故障,需及时进行检修
9		燃油指示灯	提示燃油不足的指示灯。该灯亮起时,表示燃油即将耗尽,一般从该灯亮起到燃油耗尽之前,车辆还能行驶约 50km
10		车门状态指示灯	显示车门是否完全关闭的指示灯。车门打开或未能关闭时,相应的指示灯亮起,提示车主车门未关好,车门关闭后熄灭
11		清洗液指示灯	显示风窗清洗液存量的指示灯。如果清洗液即将耗尽,该灯点亮,提示车主及时添加清洗液。添加清洁液后,指示灯熄灭
12	EPC	电子节气门指示灯	本灯多见于大众汽车公司的车型中。车辆开始自检时,EPC 灯会点亮数秒,随后熄灭。出现故障时,指示灯亮起,应及时进行检修
13		前、后雾灯指示灯	用来显示前、后雾灯的工作状况。前、后雾灯接通时,两灯点亮,图中左侧为前雾灯显示,右侧为后雾灯显示
14		转向指示灯	转向指示灯亮时,相应的转向灯按一定频率闪烁。按下双闪警告灯按键时,两灯同时亮起,转向灯熄灭后,指示灯自动熄灭
15		远光指示灯	显示前照灯是否处于远光状态。通常的情况下该指示灯为熄灭状态。在远光灯接通和使用远光灯瞬间点亮功能时亮起
16		安全带指示灯	显示安全带状态的指示灯。按照车型不同,灯会亮起数秒进行提示,或者直到系好安全带才熄灭,有的车还会有声音提示

（续）

序号	符号	名称	符号说明
17		空调内循环指示灯	用来显示车辆空调系统的工作状态。平时为熄灭状态,当打开内循环按钮、车辆关闭外循环时,该指示灯自动点亮
18		示宽指示灯	用来显示车辆示宽灯的工作状态。平时为熄灭状态,当示宽灯打开时,该指示灯随即点亮
19		VSC指示灯	用来显示车辆VSC(电子车身稳定控制)系统的工作状态,多出现在日系车上。当该指示灯点亮时,说明VSC系统已被关闭
20		TCS指示灯	用来显示车辆TCS(牵引力控制系统)的工作状态,多出现在日系车上。当该指示灯点亮时,说明TCS已被关闭
21		O/D档指示灯	用来显示自动档的O/D档(Over-Drive)即超速档的工作状态。当O/D档指示灯闪亮时,说明O/D档已锁止

2.2 主要汽车仪表结构与原理

1. 机油压力表

机油压力表用于指示发动机润滑系统主油道中机油压力的大小。发动机正常工作时,机油压力正常值为:低速时不小于0.15MPa,高速时不大于0.5MPa。常用机油压力表有电热式和电磁式。

（1）**电热式机油压力表**　电热式机油压力表又称为双金属片式机油压力表,由油压指示表和双金属式油压传感器组成,结构如图2-5所示。当点火开关闭合,电流通过双金属片的加热线圈时,就会使双金属片受热变形。

图 2-5　电热式机油压力表结构
a）油压指示表　b）油压传感器　c）电路连接及结构

如果机油压力很低，机油压力传感器内的膜片变形很小，这时作用在触点上的压力很小。电流通过，温度略有上升时，机油压力传感器内双金属片稍有变形，就会使触点分开，切断电路。经过稍许时间后，机油压力传感器内双金属片冷却伸直，触点又闭合，线圈再次通电发热，使机油压力传感器内双金属片变形，很快触点又分开。如此循环，触点在不断的开闭状态下工作。但由于机油压力低，触点压力小，极易分开，因而触点打开时间长，闭合时间短，使电路中的平均电流值很小，所以机油压力表内双金属片受热变形小，指示低油压。

当机油压力升高时，膜片向上弯曲，触点压力增大，使机油压力传感器内双金属片向上弯曲。这就需要加热线圈通电时间长，机油压力传感器内双金属片有较大的变形，触点才能打开，而分开后稍稍冷却，触点即闭合。因此在机油压力升高时，触点打开时间短，闭合时间长，电路中平均电流值大，使得机油压力表内双金属片受热变形量增大，指针偏转角度增大，指示高油压。

为了使机油压力表的指示值不受外界温度变化的影响，双金属片做成∏形，其中一个为工作臂，绕有加热线圈，另一个为补偿臂。当外界温度变化时，工作臂和补偿臂同时变形，弯曲方向相反，所以工作臂的附加变形得到了补偿臂的相应变形补偿，减小了误差。

（2）**电磁式机油压力表**　电磁式机油压力表由油压指示表和油压传感器组成（图 2-6）。油压指示表内有电感不同的主线圈、副线圈及指针。油压传感器则安装在发动机润滑系统主油道上，内有膜片、滑动触点及电阻。当汽车发动机主油道的油压增高时，油压推动膜片弯曲，使滑动触点向左滑动，电阻值减小，故通过主线圈的电流增大。这时电流通过主线圈和副线圈的合成磁场使指针偏向右侧，指示出相应的油压。

图 2-6　电磁式机油压力表示意图
a）油压指示表　b）油压传感器

2. 燃油表

常用的燃油表有电磁式、电热式、集成电子式等。

（1）**电磁式燃油表**　电磁式燃油表由装在仪表板上的燃油指示表和装在燃油箱内的传感器两部分组成，燃油指示表刻度盘上从左至右标有 0、1/2、1，分别表示油箱内无油、半箱油、满油，如图 2-7 所示。

滑动变阻器式传感器由电阻、滑片及浮子等组成。浮子漂浮在油面上，随油面高度的变化而起落，从而带动滑片在电阻上滑动，使传感器的阻值随油面高度的改变而改变。

　　点火开关接通后，电流流过燃油指示表和传感器。当油箱无油时，浮子下降到最低位置，电阻被短路，此时指示表中的右线圈也随之被短路，无电流通过，而左线圈承受电源的全部电压，通过的电流达到最大值，产生的电磁吸力最强，吸引转子，使指针指在"0"位上。随着油箱中油量的增加，浮子上升，电阻部分被接入，并与右线圈并联，同时又与左线圈串联，使左线圈电磁吸力减弱，而右线圈中有电流通过，产生磁场，使转子在两磁场的作用下向右偏转。当油箱盛满油时，浮子带动滑片移动到电阻的最左端，使电阻全部接入。此时左线圈中的电流最小，右线圈中的电流最大，转子带着指针向右偏转角度最大，指在"1"的刻度，表示油箱盛满油。传感器的电阻末端搭铁，可以避免滑片与电阻之间因接触不良而产生火花引起火灾。

图 2-7　电磁式燃油表示意图

　　（2）电热式燃油表　电热式燃油表由燃油指示表、传感器和电源稳压器等部分组成（图 2-8）。传感器为可变电阻式，其结构与电磁式燃油表的相似；燃油指示表结构与电热式机油压力表的类似；电源稳压器用于稳定电压。

图 2-8　电热式燃油表示意图

点火开关接通后，电流流过燃油指示表加热线圈。当油箱无油时，浮子下降到最低位置，可变电阻阻值最大，加热线圈电流很小，双金属片不产生变形，指针处于"0"位置。当油箱存油量增加时，浮子上升，可变电阻阻值变小，加热线圈电流变大，双金属片产生弯曲变形，带动指针向右偏转，指示相应的存油量。

（3）**集成电子式燃油表**　集成电子式燃油表由两块 LM324 集成块及相应的检测、显示电路组成（图 2-9）。油位测试仍采用浮子式可变电阻传感器，在电路图中以 RP 表示，显示器采用发光二极管发光显示。

图 2-9　集成电子式燃油表电路

3. 电流表

电流表主要有电磁式和充放电指示灯式两种。

（1）**电磁式电流表**　电流表串联于电路中，用以指示蓄电池的充放电电流值。电磁式电流表的结构与工作原理如图 2-10 所示，黄铜片固定在绝缘底板上，下面夹有永久磁铁，在轴上装有带指针的软铁转子。

图 2-10　电磁式电流表的结构与工作原理

a）实物图　b）结构与工作原理

当没有电流通过电流表时，软铁转子在永久磁铁的作用下被磁化，其极性与永久磁铁的极性相反，因二者的两端互相吸引，使指针保持在中间刻度"0"的位置。当蓄电池放电电流通过黄铜片时，在铜片的周围产生磁场，其方向与永久磁铁的磁场相垂直。在这两个磁场的合成磁场作用下，软铁转子及指针向电流表的"−"刻度方向偏转一个角度，指示出放电电流值。电流值越大，软铁转子的偏转角越大。若有反向电流（即充电电流）通过黄铜片，则指针向"+"刻度方向偏转，指出相应的充电电流值。

（2）充放电指示灯式　目前，汽车上普遍采用充放电指示灯代替电流表，图 2-11 所示为其电路原理图。在发动机起动前将点火开关 S 闭合时，蓄电池的放电电流方向如图中箭头所示。此时，充电指示灯发亮，表示发电机不对蓄电池充电。当发动机起动后，发电机经二极管对蓄电池充电，同时经调节器向本身的转子线圈供电，此时由于充电指示灯两端的电位相等，指示灯熄灭，表示蓄电池正被充电。

图 2-11　充放电指示灯电路原理图

这种充电指示灯电路结构，在驾驶人忘记断开点火开关 S 时，充电指示灯发亮，提醒驾驶人及时断开点火开关，避免蓄电池向发电机转子线圈长时间大量供电而烧坏调节器和发电机，故可起报警作用。

在电子式仪表显示系统中，则通过电压显示器直接显示汽车电源的电压和充放电情况。

4. 电压表

电压表有电热式、电磁式和数字电压表等。

（1）电热式电压表　电热式电压表的结构组成如图 2-12 所示。当无电流通过电热丝时，双金属片不发热，使指针保持在初始位置。当加载电压，有电流通过电热丝时，电热丝温度升高，使双金属片发热变形，带动指针偏转。电压越高，通过电热丝的电流也越大，电热丝温度也越高，使双金属片发热变形越大，带动指针偏转角度越大，指示电压值也越大。

（2）电磁式电压表　电磁式电压表的结构组成如图 2-13 所示，两线圈与稳压管 VS 及限流电阻 R 串联。当电源电压低于稳压管击穿电压时，永久磁铁将转子磁化，使指针保持在初始位置。当电源电压达到稳压管击穿电压后，两线圈通过电流产生合成磁场，该合成磁场与永久磁铁磁场相互作用，使转子带动指针偏转。电源电压越高，通过电磁线圈电流越大，其磁场就越强，指针偏转的角度也越大。

（3）数字式电压表　数字式电压表的基本组成框图如图 2-14 所示。输入电路的作用是将基本量程变为扩展量程，以便构成多量程数字式电压表，满足各种测量的需要。A-D 转换器是电压表的核心，它可将模拟量转换成数字量。逻辑控制器是仪表的中枢，用以控制 A-D 转换顺序，保证测量正常进行。A-D 转换结果反映在计数器中，并通过译码驱动器驱动数字显示器显示出相应的数值。目前的数字式电压表大多采用 LED 或 LCD 显示器，二者均可由集成电路直接驱动。

图 2-12　电热式电压表的结构组成

图 2-13　电磁式电压表的结构组成

图 2-14　数字式电压表的基本组成框图

5. 冷却液温度表

常用的冷却液温度表有电热式、电磁式和集成电子式。

（1）电热式冷却液温度表　电热式冷却液温度表由安装在仪表板上的温度指示表和安装在发动机气缸盖水套上的发动机冷却液温度传感器组成，其结构如图 2-15 所示。

电热式冷却液温度表的工作原理与电热式机油压力表相似。在发动机冷却液温度较低时，双金属片左端下弯，使触点的初始接触压力较大，电流经过加热线圈，双金属片需经一段较长时间加热，才能使触点分开。由于温度低，双金属片的冷却较快，触点很快又闭合。因此，在发动机冷却液温度较低时，触点闭合的相对时间较长，电路中的有效电流值较大，故温度指示表内的双金属片受热变形大，指针的偏转角大，指示较低的发动机冷却液温度。

图 2-15　电热式冷却液温度表的结构

当发动机冷却液温度升高时，双金属片左端向上弯曲而使触点的接触压力降低，线圈通电加热使触点断开所需时间变短，而双金属片的冷却则变慢，使触点的相对闭合时间缩短，电路中的电流有效值减小，温度指示表内的双金属片变形量减小，指针偏转角小，指示高温。

（2）电磁式冷却液温度表　电磁式冷却液温度表一般由电磁式温度表与热敏电阻式传感器配套组成（图 2-16）。冷却液温度表内有两个互成一定角度的铁心，铁心上分别绕有磁化线圈，其中右线圈与冷却液温度传感器串联，左线圈与冷却液温度传感器并联，两个磁化线圈的铁心下端对着带指针的偏转衔铁。

图 2-16　电磁式冷却液温度表

当冷却液温度低时，由于传感器的热敏电阻阻值大，因此右线圈中的电流小，而左线圈中的电流大，左磁场强，吸引衔铁向左偏转，指针指向低温；当冷却液温度高时，由于传感器的热敏电阻阻值减小，因此右线圈中的电流增大，右磁场增强，吸引衔铁逐渐向右偏转，使指针指向高温。

（3）集成电子式冷却液温度表　集成电子式冷却液温度表常与电子式机油压力表组合在一起，共用一个电路，如图 2-17 所示。

冷却液温度传感器（热敏电阻型）安装在发动机水套内，与 R_2 组成温度测量电路；机油压力传感器（双金属片电阻型）安装在发动机主油道中，与电阻 R_8 组成机油压力测量电路。

当冷却液低于 40℃时，用黄色发光二极管发黄色光显示；当冷却液温度在正常工作温度（约 85℃）时，用绿色发光二极管发绿色光显示；当冷却液温度超过 95℃时，发动机有过热危险，以红色发光二极管发光报警，同时由晶体管 VT 控制的蜂鸣器也发出报警声响信号。

图 2-17　集成电子式冷却液温度表和机油压力表电路

图 2-18 所示为集成电子式冷却液温度表和机油压力表。温度用 16 格亮格显示，亮格越多，温度越高。亮格旁边有国际标准（ISO）温度符号及冷（C）和热（H）符号。当亮格达到 11 或 12 时，ISO 符号开始闪烁，提醒驾驶人注意避免温度过高。

图 2-18　集成电子式冷却液温度表和机油压力表

6. 车速里程表

车速里程表有磁感应式车速里程表和电子式车速里程表两种。

（1）磁感应式车速里程表　图 2-19 所示为磁感应式车速里程表的结构简图，它由车速表和里程表两部分组成。

车速表主要由与主动轴固定在一起的 U 形永久磁铁、带有转轴与车速表指针的铝罩及罩壳、固定在车速里程表外壳上的刻度盘等组成，主动轴由变速器或分动器传动蜗杆经软轴驱动。

不工作时，盘形弹簧使车速表指针位于刻度盘的零位。当汽车行驶时，主动轴带动永久磁铁旋转，永久磁铁的磁力线在铝罩上产生涡流，涡流产生的磁场与旋转的永久磁铁磁场相互作用产生转矩，使铝罩克服盘形弹簧的弹力向永久磁铁转动的方向旋转，直至与盘形弹簧弹力相平衡。车速越高，永久磁铁旋转越快，铝罩上产生的涡流越大，转矩越大，使铝罩带动车速表指针偏转的角度就越大，指示的车速的示值也就越高。

图2-19 磁感应式车速里程表的结构简图
a）结构 b）刻度盘

里程表由蜗轮、蜗杆机构和数字轮组成。汽车行驶时，主动轴经罩壳通过蜗轮、蜗杆驱动里程表最右边的第一数字轮，使第一数字轮上的数字表示 1/10km。从第一数字轮向左，每两个相邻的数字轮之间，又通过本身的内齿和进位数字轮传动齿轮，形成 1：10 的传动比。当第一数字轮转动一周，由 9 转到 0 时，由内传动齿拨动左侧第二个数字轮转动 1/10 圈，以 1km 数递增；当第二数字轮转动一周，由 9 转到 0 时，其左侧第三个数字轮转动 1/10 圈，以 10km 数递增。其余数字轮由低位到高位的显示、计数方式均依此类推，就能累计汽车行驶里程数了。

（2）电子式车速里程表 电子式车速里程表主要由车速里程表传感器、信号处理电路、车速表和里程表等组成。车速里程表传感器安装在组合仪表内，由变速器经软轴驱动，汽车行驶时它产生正比于汽车行驶速度的信号。车速里程表传感器由具有一对或几对触点的舌簧开关和转子组成，如图2-20所示。

信号处理电路由单稳态触发电路、恒流电路、64 分频电路、功率放大电路以及电源稳压等电子电路组成（图2-21）。汽车运行时，信号处理电路将车速传感器输入的脉冲信号整形和处理转变为电流信号，并加以放大后驱动车

图2-20 车速里程表传感器

速表指示车速；同时它还将脉冲信号分频和功率放大后转变为一定频率的脉冲信号，以驱动里程表步进电动机的轴转动，记录汽车的行驶里程。

车速表以一个磁电式电流表作为指示表。汽车以不同的车速运行时，信号处理电路将车速传感器输入的脉冲信号转变为与车速成比例的电流信号，使电流表的指针偏转，指示出相应的车速。

里程表由步进电动机、六位十进制计数器及内传动齿轮等组成。汽车运行时车速传感器

图 2-21 电子式车速里程表的信号处理电路示意图

输出的脉冲信号经信号处理电路分频和功率放大，转变为一定频率的脉冲信号，作用于步进电动机的电磁线圈。步进电动机将这一脉冲信号转变为角位移信号，使电动机轴转动，驱动里程表十进制计数器的六个计数轮依次转动，记录汽车行驶的总里程和单程行驶里程。当需要消除短程里程时，只需按一次复位杆，短里程表就会归零。

7. 发动机转速表

为了检查发动机，并监视发动机的工作状况，更好地掌握换档时机，利用经济车速行驶等，汽车还装有发动机转速表（图 2-22a），用来测量发动机曲轴转速。按其结构不同可分为机械式和电子式两种。

电子式发动机转速表具有指示平稳、结构简单、安装方便等优点，所以被广泛应用，图 2-22b 所示为转速信号取自点火线圈负极低压接线柱的单稳态多谐波振荡式电子发动机转速表电路。

VT_1、VT_2 及相应的电阻和电容组成单稳态多谐振荡电路，R_1、R_3、C_1、C_2 组成滤波电路。振荡器由断电器触点打开进行触发，当点火开关接通，发动机未转动时，VT_2 通过 R_5 处于正向偏置而导通，VT_2 饱和导通后 VT_1 和 VD_2 就不能导通，因此转速表读数为零。

图 2-22 电子式发动机转速表

a）转速表 b）单稳态多谐波振荡式电子发动机转速表电路

发动机转动后，当第一个断电器触点脉冲经滤波电路到达 VT_1 的基极使 VT_1 导通后，C_4 放电，VT_2 的基极电位下降而截止（非稳态），VT_2 的集电极电位迅速升高，通过 R_9 反馈到 VT_1 的基极，使 VT_1 迅速饱和导通。在 VT_2 截止这段时间内，VD_2 导通，转速表有电流通过。VT_2 的截止时间取决于 C_4 的放电时间，随着 C_4 放电电流的逐渐减小，VT_2 基极电位升高，当达到其导通电压时，VT_2 导通，其集电极电位下降，又通过 R_9 反馈使 VT_1 迅速截止、VT_2 饱和导通（稳态）。当第二个断电器触点脉冲经滤波电路到达 VT_1 的基极时，VT_1 才第二次导通。

由于经单稳态多谐波振荡电路输出的脉冲幅度和脉冲宽度一定，因此无论输入的转速信号脉冲随转速如何变化，通过转速表的有效电流只与发动机转速成正比。发动机的转速上升，单稳态多谐波振荡电路输出脉冲的频率增加，通过转速表的有效电流增大，转速表的示值相应增大。

目前，一些车型上使用的发动机转速表，采用专用集成电路芯片来实现信号的采集和处理（图 2-23），其芯片的体积很小，可以安装在转速表内。

图 2-23　发动机转速表集成电路

8. 汽车仪表的电源稳压器

汽车运行时，电源系统电压通常在 12～15V 的范围内变化（对 12V 电源系统而言），若波动的电压作用到仪表上，会造成仪表指示值产生较大的误差，特别是对采用热敏电阻式传感器的冷却液温度表和采用滑动电阻传感器的燃油表的指示值影响更大。因此，为了提高仪表的指示精度，通常在汽车仪表的电源入口处串接一个电源稳压器，当电源电压波动时起稳压作用，以保证仪表读数的准确性。

目前，汽车仪表中使用的电源稳压器有电热式（双金属片式）和电子式两种。

（1）电热式电源稳压器　图 2-24 所示为电热式电源稳压器的构造。当稳压器活动触点处于闭合状态时，输出电压与输入电压相等。此时，双金属片因加热线圈通电被加热而向上挠曲变形，活动触点断开，输出电压为零，双金属片因不再受热而逐渐冷却复原，于是触点重又闭合。如此反复变化，使稳压器输出脉冲电压。

当输入电压增加时，由于流过稳压器加热线圈的电流增大，产生热量大，因此用较短的时间就可使触点打开。而触点打开后，却需较长的时间才能使触点闭合，这样尽管输

图 2-24　电热式电源稳压器的构造

入电压增加，但因触点闭合时间减短，打开时间增长，输出电压仍可保持稳定。反之，当输入电压降低时，因流过稳压器加热线圈的电流减小，产生热量小，于是触点闭合时间增长，打开时间减短，则输出电压有效值仍保持稳定。该电源稳压器的输出电压为 $(8.64\pm0.15)\,V$。

（2）**电子式电源稳压器**　电子式电源稳压器一般采用三端集成电路式，具有体积小、接线方便、外接元器件少、抗干扰强、输出电压不需调整、电压稳定以及设计有过电流、过热、短路等保护电路，可靠性高、使用寿命长、价格便宜等优点，已广泛用于现代汽车仪表的稳压电源中。桑塔纳汽车仪表的电源稳压器采用的就是三端集成电路式电源稳压器，其结构如图 2-25 所示，图中 A 脚为输出脚，"⊥"脚为搭铁脚，E 为电源输入端。该稳压器的输出电压为 9.5~10.5V。

9. 汽车 HUD 平视显示系统

平视显示系统（Head Up Display，HUD），也称为抬头显示系统。HUD 利用虚拟成像技术，将行车重要信息通过 HUD 显示屏投射到风窗玻璃上（图 2-26），再通过风窗玻璃反射给驾驶人，从而避免驾驶人在行车过程中频繁低头看仪表或者车载屏幕导致的行车安全事故。

图 2-25　三端集成电路式电源稳压器的结构

图 2-26　汽车 HUD 平视显示系统

HUD 技术最开始应用于战斗机上。1988 年，通用汽车公司在其旗下的 Oldsmobile Cutlass Supreme Indy 500 Pace Car 上采用了 HUD，是世界上首款采用 HUD 技术的汽车。此后 HUD 开始逐渐装备在跑车和高档乘用车中，目前许多汽车厂家都有车型装备了 HUD。

【温馨提示】

汽车 HUD 平视显示视频请扫教学资源 2.2 对应的二维码 ▦ 进行观看。

想一想　风窗玻璃上为什么可以显示行车信息？

2.3　主要汽车警示装置结构与原理

1. 机油压力报警装置

机油压力报警装置有弹簧管式和膜片式两种。

（1）弹簧管式机油压力报警装置　如图 2-27 所示。弹簧管式机油压力报警装置由装在发动机主油道上的弹簧管式传感器和装在仪表板上的警告灯两部分组成。传感器内的管形弹簧一端与发动机主油道连接，另一端与动触点连接，静触点经导电片与接线柱连接。当润滑系统机油压力低于允许值时，管形弹簧几乎无变形，动、静触点闭合，警告灯中有电流通过，灯亮，提醒驾驶人注意。当润滑系统机油压力达到允许值时，管形弹簧变形程度增大，使动、静触点分开，警告灯中无电流通过，灯灭。

（2）膜片式机油压力报警装置　膜片式机油压力报警装置由装在仪表板上的机油低压警告灯和装在发动机主油道上的油压传感器组成，如图 2-28 所示。

图 2-27　弹簧管式机油压力报警装置

图 2-28　膜片式机油压力报警装置

当发动机润滑系统主油道中的机油压力低于正常范围下限值时，导电压紧弹簧伸张，橡胶膜片向下挠曲，并使导电弹簧座得以与限止圈接触，于是仪表板上低压警告灯形成回路而发亮。当主油道中机油压力重新升高而达到正常值时，油压克服了导电压紧弹簧的压力，橡胶膜片将绝缘顶芯顶起，使限止圈与导电弹簧座分离，于是回路断开，警告灯熄灭。报警油压可通过调节螺钉按发动机的技术要求加以调节。

2. 燃油低油面报警装置

图 2-29 所示为燃油低油面报警装置。当燃油箱内的燃油面高于规定值时，热敏电阻浸泡在燃油中，由于热敏电阻所产生的热量被燃油吸收，所以其温度与阻值保持不变。如果燃油油面降低到使热敏电阻露出油面，其热量就不再被燃油吸收，于是其温度升高，导致其阻值下降。当热敏电阻阻值下降到一定程度时，继电器的线圈内流过的电流增大，使继电器的触点闭合，从而使低油面警告灯发亮报警。

3. 冷却液温度报警装置

冷却液温度警告灯在冷却液温度超过一定值时点亮，发出报警信号，以引起驾驶人的注意。冷却液温度警告灯一般安装在冷却液温度表内，其工作可以由冷却液温度警告灯控制开关控制。

冷却液温度警告灯控制开关安装在发动机气缸盖的水套中（图 2-30）。当水套中冷却液的温度超过规定值时，双金属片受热变形，向下弯曲，使双金属触点闭合，接通警告灯电路。

图 2-29　燃油低油面报警装置

图 2-30　冷却液温度警告灯控制开关

4. 冷却液不足报警装置

冷却液不足报警装置结构原理如图 2-31 所示。它由安装在仪表板上的冷却液不足警告灯、警告灯控制电路和插在密封水箱中的探针构成，探针通过导电的冷却液及水箱壁搭铁。

5. 车速报警装置

为了保证行车安全，一些车型的车速表电路中装有车速报警装置，其工作原理如图 2-32 所示。当汽车行驶速度达到或超过某一限定车速（如 100km/h）时，车速表内的速度开关接通蜂鸣器的电路，蜂鸣器发出声响提醒驾驶人车速已超过限定值。

图 2-31　冷却液不足报警装置结构原理

图 2-32　车速报警装置工作原理

找一找　汽车上还有哪些报警装置？

【温馨提示】

汽车仪表与警示系统拆装与检测视频请扫教学资源 2.3 对应的二维码 █ 进行观看。

2.4　汽车仪表及警示系统常见故障

汽车仪表及警示系统常见故障见表2-3。

表2-3　汽车仪表及警示系统常见故障

故障名称	故障征象	故障原因
机油压力表故障	发动机在各种转速下,机油压力表均无压力指示	润滑油压力表电源线断路;润滑油压力表内电热线圈烧坏;润滑油压力传感器损坏
	接通点火开关后,发动机尚未起动,机油压力表指针即指向最大值	机油压力表至传感器导线搭铁接触不良;机油压力传感器内部搭铁接触不良
	发动机在各种转速时,机油压力表指针乱摆,示值不准	机油压力传感器感压膜片因受力过大而发生变形;机油压力传感器内触点表面烧蚀、氧化;连接导线接触不良
冷却液温度表故障	接通点火开关后,冷却液温度表指针不动,即使冷却液温度发生变化,指针仍然不动	冷却液温度表电源线断路;冷却液温度表电热线圈烧坏;冷却液温度表传感器热线圈烧坏;冷却液温度表至传感器导线连接不良或断路
	接通点火开关后,发动机尚未起动或运转不久冷却液温度表指针指向最大值	冷却液温度表至传感器导线某处搭铁接触不良;传感器内部搭铁接触不良
电流表故障	发动机起动后,发动机转速不论升高多少,电流表指针指示放电	风扇传动带过松、折断或沾有油污而打滑;发电机导线接头松动、接触不良或导线搭铁短路;发电机有故障不发电;外激磁电路断路;调节器调整不当、导线接头松动,或是触点烧蚀、电阻烧断;蓄电池极板硫化、电解液密度过低
	起动发动机后,电流表指针指示充电电流在10A以上	调节器触点间隙调整不当,调节电压过高;调节器磁力线圈电阻断路;蓄电池内部短路;调节器第一对触点烧蚀或第二对触点脏污、接触不良
	发动机在各种转速时,电流表指示值均过小,特别是在夜间开灯行车后,发动机起动困难	风扇传动带过松;充电线路接线不良;发电机个别二极管损坏或电刷接触不良;电压调节器调节电压过低或触点脏污、烧蚀;发电机定子绕组有一相连接不好,或短路、断路

（续）

故障名称	故障征象	故障原因
电流表故障	发动机怠速以上转速运转时，电流表指针左右摆动，显示充电不稳	风扇传动带过松；蓄电池至发电机定子接线柱导线接线不良；发电机内部导线连接不良，或者断路、短路；发电机电刷磨损严重或电刷弹簧压力过小，或集电环脏污、接触不良；电压调节器触点烧蚀或脏污，弹簧拉力弱或附加电阻工作不可靠
燃油表故障	接通点火开关后，不论油箱中存油多少，燃油表指针总指向1（油满）	燃油表至传感器导线断路；传感器内部断路
	接通点火开关，燃油表指针总是指示0位，而实际上油箱并非无油	传感器内部搭铁；浮子损坏；燃油表接线柱极性接反；燃油表电源线断路
车速里程表	行车中车速表指针永远指零，里程表不计数	车速里程表软轴连接螺母未紧固；车速里程表软轴折断或脱落；车速表主动小齿轮损坏
	行车中车速表指针摆动不停，有时跳动	车速表软轴的锁紧螺母安装不良；车速表软轴钢丝芯轴扭结
	指针只在高速行驶时才稍许摆动，中速、低速时常指向零，或者中低速时指针指数偏大，示值不准	永久磁铁失磁所致；游丝变形；游丝失去弹性

知识拓展

1. 强制式智能汽车开门防撞警示技术

近年来，为了解决汽车由于"开车门"引发的交通事故逐渐增多的问题，出现了一种强制式智能汽车开门防撞警示技术。它由单片机微处理器、毫米波雷达和电磁锁等组成，系统的结构框架如图2-33所示。

图 2-33　系统结构框架

工作时，如车内人员下车，系统各传感器会对座椅、锁扭的状态进行检测，同时对汽车周围环境进行判断，如车辆后方来车、来人，单片机微处理器会做出判断，发送指令给电磁锁离合器装置、LED警示灯、蜂鸣器，使得电磁锁装置分离，导致车门把手空转，使车内人员无法打开车门。同时，LED警示灯由绿色变为红色，蜂鸣器报警，从而避免汽车开门碰撞危险。

2. 红外线汽车警示技术

红外线汽车警示系统的核心原理为：红外线发射器始终处于发射红外线的状态，当接收器第一次收到障碍物反射回的红外线信号时，经电路处理单片机给出一个计数启动信号，单片机的计数器开始以一定的频率计数；当接收器第二次收到反射回的红外线时，经电路处理单片机给出一个停止计数脉冲，计数器停止计数，数据被锁存，然后经单片机处理，将测量的距离信息显示在显示器上。红外线预警系统结构框架如图2-34所示。

图 2-34　红外线预警系统结构框架

本章小结

1. 汽车仪表及警示系统主要用于反映汽车的一些重要运行状态参数，必要时提出警示，防止发生机械事故，保证汽车可靠行驶和人身安全。

2. 汽车仪表按显示方式不同可分为机械式、电子式和综合信息显示系统三类。

3. 汽车常见的仪表及警示装置有机油压力表、燃油表、电流表、电压表、冷却液温度表、车速里程表、发动机转速表、机油压力报警装置、燃油低油面报警装置、冷却液温度报警装置、冷却液不足报警装置、车速报警装置等。

4. 汽车仪表板常见指示灯对保证汽车安全行驶意义重大，应密切注意汽车起动后和行驶中各仪表、指示灯和警告灯的工作情况，若发现异常，应立即停车检查并排除。应保持各种仪表及指示灯工作可靠。

思考题

1. 名词解释：机械式仪表、电子式仪表、综合信息显示系统、HUD技术。

2. 汽车仪表板常见指示灯的显示符号有哪些？各符号含义是什么？

3. 叙述电磁式机油压力表的基本结构及工作原理。

4. 叙述电磁式电流表的基本结构及工作原理。

5. 说明电磁式燃油表的基本组成及工作原理。

6. 说明电磁式冷却液温度表的基本组成及工作原理。

7. 叙述弹簧管式机油压力报警装置的基本结构及工作原理。

第3章 汽车照明系统及信号装置

【本章内容架构】

第3章 汽车照明系统及信号装置

3.1 汽车照明系统

3.2 汽车信号装置

3.3 汽车照明系统与信号装置的常见故障

1.照明系统的功用与组成
2.前照灯及控制装置的结构与工作原理
3.汽车照明系统的新技术
4.汽车内部照明系统

1.信号装置的作用与组成
2.信号装置主要部件的结构与工作原理

【学习目标要求、重点与难点】

序号	学习目标要求	学习重点	学习难点
1	掌握汽车照明装置的组成及各自的作用	√	
2	掌握电喇叭及其继电器的基本结构与工作原理	√	
3	理解汽车前照灯的基本结构原理与新技术	√	
4	掌握闪光器的基本结构与工作原理		√
5	掌握液压式制动信号灯的基本结构与工作原理	√	√
6	学会电喇叭的音量和音调调整	√	
7	能够识别汽车各种灯光和信号装置	√	
8	能够控制照明和各个信号装置	√	

一辆奥迪 A6 汽车，起动后发现汽车前照灯不亮，请分析故障可能的原因。

3.1　汽车照明系统

知识点 1　照明系统的功用与组成

1. 照明系统的功用

为保证汽车在夜间及能见度较低的情况下安全、高速行驶，改善车内驾乘环境，便于交通安全管理和车辆使用、检修，汽车必须设置照明系统。

2. 照明系统的组成

汽车照明系统由电源、照明装置及其控制部分组成。控制部分包括各种灯光开关、继电器等。照明装置包括车外照明、车内照明和工作照明三部分，其具体组成与作用见表 3-1。照明及信号装置在车上的布置如图 3-1 所示。

表 3-1　汽车照明装置的组成与作用

照明装置		作　用
车外照明装置	前照灯	夜间行驶时照明，可发出远光和近光两种光束
	示宽灯	夜间示宽、近距离照明等
	后灯	红色，警示作用，兼作牌照灯
	雾灯	黄色，在有雾、下雪、暴雨或尘埃弥漫时行车照明，具有信号作用
	倒车灯	倒车时车后照明，并起信号作用
	牌照灯	照亮汽车后牌照
车内照明装置	仪表灯	仪表板照明
	顶灯	车内照明
	阅读灯	乘员阅读照明
工作照明装置	行李舱灯	夜间行李舱门打开时照明
	发动机舱盖灯	夜间发动机舱盖打开时照亮发动机

图 3-1　照明及信号装置在车上的布置

知识点 2　前照灯及控制装置的结构与工作原理

1. 前照灯

前照灯有二灯式和四灯式两种，前者是在汽车前端左右各装一个前照灯，后者是在汽车前端左右各装两个前照灯。前照灯常用外形参见上海帕萨特 B5，如图 3-2 所示。

前照灯有全封闭式、半封闭式和可拆卸式等几种。如图 3-3 所示的前照灯是半封闭式前照灯的结构，主要由灯泡组件、反射镜和配光镜等组成。

灯泡组件是将电能转变为光能的装置。现代汽车的前照灯都采用双丝灯泡。远光灯丝位于反射镜的焦点上，近光灯丝位于焦点上方。在近光灯丝下方加有金属遮罩，下部分的光线被遮罩挡住，以防止光线向上反射及直接照射对方驾驶人而引起眩目。

图 3-2　上海帕萨特 B5 前照灯

图 3-3　照明及部分信号装置

反射镜的形状是一旋转抛物面，其作用是将灯泡远光灯丝发出的光线聚合成平行光束，并使光亮度增大几百倍。其外形结构和工作原理如图 3-4 和 3-5 所示。

图 3-4　反射镜外形结构

图 3-5　反射镜工作原理
ω—光线反射立体角

配光镜是许多透镜和棱镜的组合体，其上有皱纹和棱格。光线通过时，透镜和棱镜的折射作用使一部分光束折射并分散到汽车的两侧和车前路面上，以照亮驾驶人的视线范围。

2. 前照灯控制装置

前照灯控制装置控制前照灯的开关和变光。有机械式脚踏变光开关和电子式自动变光器两类。

（1）脚踏变光开关 脚踏变光开关安装于驾驶室内离合器踏板左侧，用于控制前照灯远光和近光的切换。

脚踏变光开关的结构如图3-6所示。其电源接线柱用导线与车灯开关的Ⅱ档（前照灯）接线柱相连，内部与接触块相通，另外两个接线柱的导线分别与前照灯远光灯和近光灯相连。变光开关设计保证在任何时候接触块（转子）总有一个爪的端部与某一个触点相互接触。当踩下踏帽后推杆推动棘轮，带动接触块顺时针转动60°，使图示下方的爪与左侧触点接触，而右侧触点与接触块分离。再踩一下踏帽，上面的爪又转过60°与右侧的触点相接触，左侧触点与接触块分离，如此保证远光和近光的变换。

图3-6 脚踏变光开关的结构

（2）前照灯自动变光器 它能在汽车会车时，自动变远光为近光。其基本结构主要由感光器、放大电路和变光继电器组成。

在夜间行车无迎面来车的灯光照射时，灯光传感器内阻较大，控制接通远光灯。

当有迎面来车或道路有较好的照明时，灯光传感器电阻下降，控制前照灯由远光自动切换为近光。

【温馨提示】

汽车照明及信号装置的拆装与调整视频请扫教学资源3.1对应的二维码进行观看。

找一找 目前一些常用车型上的前照灯的设计和结构特点是什么？

知识点3 汽车照明系统的新技术

【温馨提示】

汽车新型照明方式视频请扫教学资源3.2对应的二维码进行观看。

在现代乘用车上，传统的可装卸的白炽灯泡和白炽真空前照灯正逐步被淘汰，取而代之的是卤素前照灯和氙灯，一些智能型前照灯也已经用在汽车上。

1. 卤素前照灯

传统前照灯的照明亮度较低，在转弯、会车、雨雾天及在高速公路上行驶时，会使驾驶人不易看清路面，视野狭窄，也容易造成对方驾驶人眩目。而且灯丝中的钨原子处在蒸发状态，时间一长，蒸发的钨原子会越来越多，钨丝会越烧越细，最终被烧断，钨原子会沉积在灯泡玻璃上，日久天长就会有一层阴影遮住光线的照射，导致灯的亮度减弱。

卤素前照灯是在灯泡内的惰性气体中渗入少量的卤元素——碘，从灯丝蒸发出来的钨原子与碘原子相遇发生反应，生成碘化钨化合物，当碘化钨接触白热化的灯丝时又会分解还原为钨和碘，钨又重新回到灯丝中去，碘则重新进入气体中。如此循环不止，灯丝几乎不会烧断，灯泡也不会发黑。所以，卤素前照灯比传统的白炽前照灯使用寿命更长，亮度更大。

卤素前照灯的"近光"采用偏光束灯丝，反射出去的光线朝下漫射向地面，不会给对面来车的驾驶人造成眩目。同时灯罩也采用新型聚光玻璃，能提供更远、更广泛的视野区域，不易使迎面而来的驾车人感到眩目，雷克萨斯汽车就装配了这种前照灯。

2. 氙灯

卤素灯与普通灯泡一样有灯丝，而氙灯则没有灯丝，它是利用两电极之间放电器产生的电弧来发光的。如同电焊中产生的电弧的亮光，呈现蓝白色光，大幅提高了道路标志和指示牌的亮度，氙灯发射的光通量是卤素灯的2倍以上，同时电能转化为光能的效率也比卤素灯提高70%以上。

3. LED 前照灯

发光二极管（LED）拥有高亮度、反应时间短与使用寿命长等优点。用它取代传统灯泡，应用到汽车前照灯上，可采用太阳能作为照明系统的电力来源。LED 前照灯在日间有阳光时采集能量并加以储存，夜间便可供灯光照明使用。2007 款林肯 Aviator 即采用此照明系统。

4. 像素前照灯照明系统

像素前照灯照明系统（Pixel Headlights System）是德国宝马公司研制的，它采用480000个独立控制的显微镜片取代了传统的反射镜。这种方法形成的前照灯光柱形状完全符合驾驶人的驾驶条件，同时还不会产生耀眼的远光照明，并且在拐弯、城市、高速公路和恶劣天气时具有独特的照明效果，可以给驾驶人提供特别的提示、警告信息，如左转时光束显示出相应的左转箭头指示信息。另外，它的附属光还可以照亮道路标志。

5. 自适应前照灯系统

自适应前照灯系统（Adaptive Front Lighting System，AFS）是一种智能灯光调节系统，它能自动改变两种以上的光型以适应车辆行驶条件的变化。AFS 的主要功能是通过感知驾驶人的操作（如转向、制动等）、车况（如高速巡航、减速慢行、起步等）、路况（如高速路况、市郊路况、城市路况等）以及环境（如黄昏、阴天、下雨、下雪等）等信息，自动控制前照灯的实时照射强度和照明方向，改善各种因素造成的视线不良问题。例如，在连续起伏路上和连续转弯及弯道行驶时，系统可以根据车身倾斜、车速、转向盘转向角等信号，判定汽车当前的行驶状态并自动调整前照灯上下左右的照射方向，以减少视觉盲区；当白天车辆穿过隧道和桥梁或遇到恶劣天气时，前照灯会自动打开以补充照明；当从黄昏过渡到黑夜或在夜间对面有车辆行驶而来时，前照灯能够自动根据外界的亮度而改变自身的照射强度。为了更方便地实现灯光调整，新一代 AFS 前照灯的灯光控制系统提供了基准、弯道、城镇、高速公路、雨天等不同模式，智能调光系统能结合车辆本身配装的传感器，适时地自动调节前照灯的光型、光束照射的远近以及亮度的强弱，从而达到相应状况下的最优光照表现，为驾驶人提供最佳道路照明效果。

6. 激光前照灯照明系统

众所周知，激光由于有能量聚集的特性，所以对人眼也会构成极大的伤害，但是激光前照灯并不是直接以激光束朝车辆前方发射，而是先以三道激光射向一组反射镜片，经过反射后，激光能量将聚集在一片充满黄磷的透镜里，此时黄磷受到激光的激发，会发散出强烈的白色光芒，这白色光芒再往后照在一片反光器上，最后往车辆前方射出一道明亮的白色光线。而这白色光线，对人和动物的眼睛并不会造成刺激或伤害，而且激光前照灯的亮度色温都经过研究，照射效果更加符合人眼的视觉习惯。

知识点 4　汽车内部照明系统

1. 内部照明系统的组成和作用

内部照明灯包括仪表灯、顶灯、阅读灯等，工作照明灯包括行李舱灯、发动机舱盖灯等，如图 3-7 所示。其作用在表 3-1 中已列出。

2. 内部照明系统的控制

顶灯由顶灯开关和门控开关共同控制，当顶灯开关接通时（手动），顶灯亮。当顶灯开关断开时，顶灯由四个门控开关控制，只要有一个门关闭不严，相应的门控开关就接通，顶灯就亮。

图 3-7　内部照明灯和工作照明灯位置图

行李舱灯由行李舱的门控开关控制。当行李舱门打开时，门控开关闭合，行李舱灯亮。

仪表板、时钟、点烟器、雾灯开关、后风窗除霜器开关、空调开关等的照明灯均由车灯开关直接控制。

3.2　汽车信号装置

知识点 1　信号装置的作用与组成

1. 信号装置的作用

信号装置的作用是通过灯光和音响等手段，向行人和车辆发出警告，以保障行车安全。

2. 信号装置的组成

常见的汽车信号装置有**喇叭音响信号装置**（电喇叭、气喇叭等）、**转向信号装置**（转向灯、闪光器）、**制动信号装置**（制动信号灯、制动信号灯开关）、**倒车信号装置**（倒车信号灯、蜂鸣器）和**危险警告信号装置**。

知识点 2　信号装置主要部件的结构与工作原理

1. 喇叭音响信号装置

喇叭音响信号装置主要有气喇叭、电喇叭等。气喇叭用气流使金属膜片振动而发声，在一些装备气压制动的汽车上使用，其音量高，禁止在城市使用。电喇叭在所有汽车上都安装，分有触点和无触点两类。

（1）触点式电喇叭　触点式电喇叭有筒形、螺旋形和盆形等不同的结构形式。盆形电喇叭具有尺寸小，指向性好等特点，被现代汽车广泛应用，其结构如图 3-8 所示。

图 3-8　盆形触点式电喇叭的结构

按下电喇叭按钮，电喇叭内部通电，电路为蓄电池正极→线圈→触点→按钮→搭铁→蓄电池负极。线圈通电后产生磁力，吸动上铁心及衔铁下移，使膜片下拱，衔铁下移中将触点顶开，线圈电路被切断，其磁力消失，上铁心、衔铁及膜片又在触点和膜片自身弹力的作用下复位，触点闭合。触点闭合后，线圈又通电产生磁力吸动上铁心和衔铁。如此循环，使膜片振动，产生较低频率的振动，促使共鸣板产生谐振。发出音量适中、和谐悦耳的声音。

盆形电喇叭音调的高低取决于其膜片的振动频率，可通过改变上、下铁心之间的间隙来改变膜片的振动频率。需要调整音调时，松开锁紧螺母，旋动下铁心，旋入下铁心时，上下铁心之间的间隙减小，音调升高；旋出下铁心则使音调降低。调至合适的音调后，旋紧锁紧螺母即可。

盆形电喇叭音量的高低取决于线圈电流，通过线圈的电流大，膜片的振动也大，喇叭发出的音量也就大。线圈电流可以通过调整螺钉来调整触点的接触压力。调整螺钉旋出，触点接触压力增大，电喇叭音量增大；调整螺钉旋入则会抵消部分触点臂的自身弹性，使电喇叭音量减小。

（2）无触点式电喇叭　触点式电喇叭的触点容易烧蚀和氧化，工作不稳定，故障率较高。无触点式电喇叭用晶体管代替触点，得到了广泛应用。

（3）**喇叭继电器** 为使电喇叭声音更加悦耳，有的汽车设置了双音（高、低音两只）喇叭或三音（高、中、低三只）喇叭，因此通过喇叭按钮的电流较大。喇叭继电器的作用是减小通过喇叭按钮的工作电流，降低喇叭按钮触点烧蚀的故障率，延长其使用寿命。配用喇叭继电器的电喇叭电路如图3-9所示。

当按下喇叭按钮时，喇叭继电器线圈通电，产生的电磁力使触点闭合，接通喇叭电路而使电喇叭发声。

图3-9 配用喇叭继电器的电喇叭电路

2. 转向信号装置

转向信号装置用于显示汽车的转弯方向。由转向灯、转向灯开关和闪光器等组成。转向灯安装于车身前端和后端的左右两侧，驾驶人转向时，通过转向灯开关控制转向灯闪烁，发出警示。

转向灯闪烁靠闪光器来完成，闪光器有电热式和电子式等多种。

（1）**电热式闪光器** 电热式闪光器的结构如图3-10所示，在胶木底板上固定着工字形铁心，上面绕有线圈，线圈的一端与固定触点相连，另一端固定在接线柱上。附加电阻由镍铬丝制成，并且和镍铬丝串联。

图3-10 电热式闪光器的结构

汽车不转向时，转向开关处于中间位置，转向信号灯及指示灯的电路均断开。

汽车转向时，转向开关向左或右闭合，转向信号灯电路接通，电流从蓄电池正极→接线柱→活动触点→镍铬丝→附加电阻→接线柱→转向开关→转向信号灯及指示灯→蓄电池负极，形成回路。由于回路接入附加电阻，故灯泡的亮度较弱。经过一段时间后，镍铬丝受热膨胀而伸长，使活动触点与固定触点闭合，电流经闭合的触点→线圈→转向信号灯及指示灯，形成回路，镍铬丝和附加电阻被短路。这时，线圈中有电流通过，产生电磁力使触点闭合较牢。由于此时电路中的电阻减小，电流增大，故转向信号灯及指示灯发出较亮的光。又经过一段时间后，镍铬丝因冷却收缩使触点重新断开，电流又流经附加电阻，灯光变暗。如此循环，触点反复开闭，附加电阻不断被接入与短路，使通过转向信号灯及指示灯的电流忽大忽小，灯光一明一暗，标示车辆转弯的方向。

（2）电子式闪光器　电子式闪光器分为有触点和无触点两种类型。国产 SG131 型无触点闪光器电路如图 3-11 所示。工作时，接通转向灯开关，VT_1 因有正向偏置电压而导通，VT_2、VT_3 则截止。由于 VT_1 的集电极电流很小，故转向灯是暗的。此时，电流通过 R_1 对电容 C 充电，使得 VT_1 的基极电位下降，当低于其导通电压时 VT_1 截止。VT_1 截止后，VT_2 通过 R_3 得到正向偏置电压而导通，VT_3 也随之导通，转向灯变亮。此时，电容 C 经 R_1、R_2 放电，使 VT_1 的截止保持一

图 3-11　国产 SG131 型无触点闪光器电路

段时间，转向灯也保持亮的状态。随着电容 C 放电电流的逐渐减小，VT_1 基极电位开始升高，当达到其正向导通电压时，VT_1 又导通，VT_2、VT_3 又截止，转向灯又变暗。如此循环，使转向灯闪烁。

【温馨提示】

汽车转向信号装置结构原理视频请扫教学资源 3.3 对应的二维码 ▦ 进行观看。

3. 制动信号装置

制动信号装置用于汽车制动时发出警示信号。它由制动信号灯、制动信号灯开关和制动灯断线报警开关等组成。

（1）制动信号灯　制动信号灯安装在汽车尾部，当驾驶人踩下制动踏板时，制动信号灯发出强烈红光警示。为了增强显示效果，有的汽车设有高位制动灯。

（2）制动信号灯开关　制动信号灯开关安装在制动回路中，有液压式、气压式和机械式三种。

1) 液压式制动信号灯开关（图 3-12）。液压式制动信号灯开关用在液压制动的汽车中，安装在液压制动总泵的前端。当踩下制动踏板时，制动系统中的液压增大，膜片向上拱曲，使接触桥接通左右两个接线柱，制动信号灯通电发亮。松开制动踏板时，制动系统液压降低，在回位弹簧的作用下接触桥复位，制动信号灯断电熄灭。

2) 气压式制动信号灯开关。气压式制动信号灯开关用在气压制动的汽车中，安装在制动系统的输气管路上。它的基本工作原理与液压式类似，其制动动力来自气压。

3) 机械式制动信号灯开关。机械式制动信号灯开关制动时直接由制动踏板推动制动灯开关的推杆，使开关触点闭合，接通制动信号灯电路。松开制动踏板时，

图 3-12　液压式制动信号灯开关

推杆在回位弹簧的作用下复位，触点断开，制动信号灯断电熄灭。

（3）制动灯断线报警开关 为防止制动灯电路断路导致制动信号显示失效产生危险，有些汽车安装有制动灯断线报警开关（图3-13），其舌簧开关受左右两个电磁线圈共同控制，当两个线圈均通电时，磁场相互抵消，舌簧开关保持断开，警告灯不亮，当左右两个制动灯有一个不亮时，电磁线圈中有一个无电流通过，另一线圈产生磁场吸动舌簧开关闭合，警告灯亮，但当两个制动灯同时不亮时，警告灯不亮。

图 3-13 制动灯断线报警开关

4. 倒车信号装置

倒车信号装置用于倒车时发出警示信号。它由倒车信号灯和倒车蜂鸣器组成。倒车信号灯安装于汽车后面，其作用是在汽车倒车时照明，灯光为白色。

倒车蜂鸣器的电路如图3-14所示点画线框内部分。利用电容器充放电时电流方向相反和延时的特性，控制继电器线圈 W_1、W_2 所产生的电磁力的大小和方向，进而控制继电器触点（常闭触点）的开闭状态，使喇叭断续工作，产生蜂鸣效果。

5. 警告灯

警告灯的作用是监测汽车各系统的技术状况。当某一系统出现异常情况时，对应的警告灯亮，提醒驾驶人该系统出现故障，灯光为红色、绿色或黄色。如发动机故障警告灯、机油警告灯和冷却液温度警告灯等。

6. 危险警告信号装置

现代汽车已经越来越多地安装了危险警告灯系统。当汽车发生故障或遇到其他紧急危险状况时，所有的转向信号灯均同时闪烁，用来向周围行人、车辆或交警报警。

一般危险警告信号灯、指示灯及闪光器均与转向灯用同一个系统，只是通过不同的控制电路进行控制。典型的警告灯电路如图3-15所示。当发生危险时，只要拉动报警开关，所有的转向信号灯及指示灯将同时接通并闪烁，以示警告。

图 3-14 倒车蜂鸣器的电路

图 3-15 典型的警告灯电路

3.3 汽车照明系统与信号装置的常见故障

汽车照明系统与信号装置常见故障见表3-2。

表 3-2 汽车照明系统与信号装置常见故障

故障名称	故障征象	故障原因
灯不亮	所有灯全不亮	蓄电池至总开关之间电源线断路;灯总开关损坏;电源总熔丝烧坏
远光灯或近光灯故障	远光灯或近光灯不亮	导线断路或插头接触不良或灯泡损坏;远光灯或近光灯熔丝烧坏;灯光继电器损坏;导线接地;灯总开关损坏
前照灯故障	前照灯灯光暗淡	熔丝松动;导线接头松动;前照灯开关或继电器接触不良;发电机输出电压低;用电设备漏电,负荷加大接地不良
前照灯故障	一侧前照灯亮度正常,另一侧暗淡	前照灯暗淡的一侧接地不良;导线插头接触不良
前照灯故障	前照灯不亮,后灯正常	灯总开关损坏;熔丝烧坏;示廓灯电路断路,继电器损坏
示宽灯故障	打开示宽灯,一侧亮,另一侧示宽灯亮度变弱	亮度暗淡的示宽灯接地不良
制动灯故障	踩下制动踏板,制动灯不亮	熔丝烧坏;制动开关损坏;导线断路;接地不良;灯泡损坏
转向灯故障	接通转向灯开关(左或右)时,所有转向灯均不亮	转向灯电路的熔丝烧断;转向灯开关、闪光器、熔断器盒处线路连接不良或之间的线路有断路或搭铁不良;闪光器有故障;转向开关内部接触不良。所有转向灯均烧坏
转向灯故障	接通转向灯开关后,转向灯常亮不闪烁	闪光器故障;转向灯开关前的连接线路有短路之处
转向灯故障	接通某侧转向灯开关时,转向灯的闪光频率明显过高或过低	闪光器不良;转向灯电路连接导线或转向灯接触不良;两侧的转向灯功率不一致或有灯泡烧坏
喇叭故障	发动机能起动(电源正常),但按喇叭按钮时喇叭不响	电喇叭电路中的熔丝烧断,线路连接处有断脱;喇叭按钮触点接触不良或搭铁不良;喇叭继电器触点接触不良、线圈烧坏;电喇叭内部触点接触不良或触点间短路、线圈烧坏、电喇叭搭铁不良
喇叭故障	汽车电源正常,但喇叭发出的声音低哑	电喇叭触点接触不良线圈有局部短路、喇叭膜片有破裂等;喇叭继电器触点接触不良(烧蚀、接触压力过低);电喇叭线路连接有松动接触不良之处;电喇叭安装松动而使其搭铁不良

知识拓展 ··

远光灯智能避让技术

远光灯智能避让技术可实现对前方车辆远光灯进行自动避让,如图3-16所示,成功避免了驾驶过程中因远光灯而造成的眩目问题。

a)   b)

图 3-16　车辆避让效果

a) 逆向而行的避让效果　b) 同向而行情况下的避让效果

远光灯智能避让技术的原理是通过外接的光电传感器探头在 0°~140° 反复旋转探测前方车道上车辆远光灯发出的光束,进而探测其在探头上的光照度,经过处理后以串口传输协议的方式发送到处理器的主控模块。主控模块根据数据流获取的前车位置启动相应的避让程序,控制执行机构的动作,进而使得有可能对前方同向或逆向车辆驾驶人造成眩目影响的矩阵式前照灯定向关闭,达到安全行车的目的,降低因远光灯眩目造成的交通事故发生率。

本章小结 ··

1. 汽车照明系统由电源、照明装置及其控制部分等组成。控制部分包括各种灯光开关、继电器等。照明装置包括车外照明、车内照明和工作照明三部分。车外照明装置包括前照灯、示宽灯、后灯、雾灯、倒车灯、牌照灯等;车内照明装置包括仪表灯、顶灯、阅读灯等;工作照明装置包括行李舱灯、发动机舱盖灯等。卤素前照灯、氙灯、LED 前照灯、像素前照灯照明系统、自适应前照灯系统等新技术已经得到广泛应用。

2. 汽车信号装置通过灯光和音响等手段,向行人和车辆发出警告,以保障行车安全。常见的汽车信号装置有喇叭音响信号装置(电喇叭、气喇叭等)、转向信号装置(转向灯、闪光器)、制动信号装置(制动信号灯、制动信号灯开关)、倒车信号装置(倒车信号灯、蜂鸣器)和危险警告信号装置等。

思考题 ··

1. 名词解释:卤素前照灯、LED 前照灯、AFS。

2. 说明半封闭式汽车前照灯的基本结构与工作原理。

3. 叙述汽车照明系统新技术在汽车上的应用。

4. 说明盆形触点式电喇叭的基本结构与工作原理。

5. 说明无触点式电喇叭电路的特点。

6. 说明电热式闪光器的基本结构与工作原理。

7. 说明无触点闪光器的基本结构与工作原理。

8. 说明液压式制动信号灯开关的基本结构与工作原理。

第4章　汽车空调系统

【本章内容架构】

```
                    第4章　汽车空调系统
    ┌──────────┬──────────┬──────────┬──────────┐
    │          │          │          │          │
4.1 汽车空调   4.2 手动空调系统  4.3 自动空调系统  4.4 汽车空调系统
系统概述       结构与原理       结构与原理       的常见故障与
                                              使用维护
```

4.2 手动空调系统结构与原理	4.3 自动空调系统结构与原理	4.4 汽车空调系统的常见故障与使用维护
1.制冷系统基本结构原理 2.制冷系统主要部件的结构与工作原理 3.空调控制系统 4.暖风与通风系统 5.空气净化系统	1.自动空调系统的组成及作用 2.自动空调系统的工作原理	1.汽车空调系统的常见故障 2.汽车空调系统的使用维护

【学习目标要求、重点与难点】

序号	学习目标要求	学习重点	学习难点
1	掌握汽车空调系统的功用与总体组成	√	
2	理解汽车空调系统的总体分类与特点	√	
3	掌握手动空调系统的基本构造和工作原理	√	√
4	掌握自动空调系统的基本构造和工作原理	√	√
5	能够识别汽车空调系统主要零部件	√	

【引入案例】

　　一辆大众乘用车（装有自动空调），已行驶 40000km，在打开空调时发现空调不制冷。请分析故障可能的原因。

4.1 汽车空调系统概述

1. 汽车空调系统的功能

汽车空调是汽车空气调节器的简称，主要有以下几个功能：

（1）**车内温度调节**　人感到舒适的温度，在夏季是 22～28℃，冬季是 16～18℃。夏季气温高时，由制冷装置对车内进行降温，冬季气温低时，由供暖装置对车内进行升温。

（2）**车内湿度调节**　人感到舒适的相对湿度，在夏季是 50%～60%，冬季是 40%～50%。湿度的大小直接影响人体内的水分蒸发速率，口腔、鼻腔黏膜等健康状况和驾驶人的工作状况。目前，高级豪华乘用车采用冷暖一体式空调对车内湿度进行适当调节。

（3）**车内空气流速调节**　空气的流速和方向对人体舒适性的影响很大，这是因为流动的空气能促进人体向外散热。空气流速的大小应根据乘员的特点来调整，一般应在 0.2m/s 以下，并且以低速变动为佳。

（4）**净化车内空气**　车内空气质量是乘员健康和舒适性的重要保证。一般在空调的进风口都装有空气过滤装置和空气净化装置，以清除空气中的灰尘、花粉和各种有害气体。

（5）**去雾**　汽车空调还能去除风窗玻璃上的雾、霜，保证行车安全。

2. 汽车空调系统的组成

现代空调系统主要由制冷系统、供暖系统、通风和空气净化装置及控制系统组成。

（1）**制冷系统**　利用制冷剂蒸气压缩原理对空气进行冷却和除湿。

（2）**供暖系统**　通常利用发动机热水加热装置对车内空气进行加热。

（3）**通风装置**　利用自然通风或强制通风方式将车外新鲜空气引入车内。

（4）**空气净化装置**　利用灰尘滤清器、电子集尘器及负离子发生器等过滤和净化车内空气。

（5）**控制系统**　利用电气元件、真空机构和操纵机构对车内空气的温度、风量、流向进行控制，同时对制冷、供暖系统内的温度、压力进行控制和安全保护。

3. 汽车空调系统的分类和特点

汽车空调系统的分类及特点见表 4-1。

表 4-1　汽车空调系统的分类及特点

分类方法	类型	特　　点
按驱动方式 的不同	独立式	专用一台发动机驱动压缩机，制冷量大，工作稳定，但成本高、体积及质量大，多用于大、中型客车
	非独立式	空调压缩机由汽车发动机驱动，制冷性能受发动机工作影响较大，稳定性较差，多用于小型客车和乘用车

（续）

分类方法	类型	特　点
按空调功能的不同	单一功能型	将制冷、供暖、通风系统各自安装,单独操作,互不干涉,多用于大型客车和载货汽车
	冷暖一体式	制冷、供暖、通风共用鼓风机和风道,在同一控制面板上进行控制。工作时可分为冷暖风分别工作的组合式和冷暖风可同时工作的混合调温式。乘用车多用后一种
按控制方式的不同	手动空调	利用控制面板上的功能键,手动对温度、风速、风向进行控制
	自动空调	利用计算机等电子控制手段,实现对车内空气的多功能最佳控制

4.2 手动空调系统结构与原理

手动空调系统主要由制冷系统、暖风系统、通风系统、空气净化系统和控制系统等几部分组成。

知识点 1 制冷系统基本结构原理

1. 制冷系统的组成

在汽车空调制冷系统中,压缩机、冷凝器、膨胀阀、蒸发器是制冷系统中必不可少的四大件,如图 4-1 所示。实际制冷系统中,除上述四大件之外,常常还有一些辅助设备,如电磁阀、储液干燥器、集热器、易熔塞、导管及软管、压力控制器等。

图 4-1　空调制冷系统的组成及工作过程

2. 制冷系统的工作过程

通过制冷剂在系统内循环流动,利用制冷剂液态变为气态时要大量从外界（车内）吸收热量的原理,达到降低车内温度的目的。常用的制冷剂有 R-12（二氟二氯甲烷,又称氟利昂）和 R-134a（四氟乙烷）。由于 R-12 中的氯元素对大气中臭氧的破坏作用很强,故 R-12 现已基本禁止使用。R-134a 是一种环保制冷剂。

制冷系统工作时，压缩机由发动机带轮带动，将蒸发器中因吸热而汽化的低温、低压制冷剂蒸气吸入后，压缩成高温、高压制冷剂气体，经高压管送入冷凝器，在冷凝器中将热量散发到车外空气中，经冷凝器冷却使高温、高压的制冷剂气体冷凝成中温、高压的制冷剂液体，进而流入储液干燥器中除去水分和杂质，然后流至膨胀阀，经膨胀阀节流降压，变为低温、低压气液混合制冷剂后进入蒸发器，液态制冷剂汽化吸热，当鼓风机将空气吹过蒸发器表面时，降低车内温度。汽化后的制冷剂再次被压缩机吸入，进而重复上述循环。

由此可见，制冷循环是由压缩、放热、节流和吸热四个过程组成的。

（1）**压缩过程** 压缩机从蒸发器吸入低温、低压气态制冷剂，并将其压缩成高温、高压气态制冷剂。

（2）**放热过程** 高温、高压气态制冷剂由冷凝器散热，冷凝成中温、高压液态制冷剂。

（3）**节流过程** 中温、高压液态制冷剂由膨胀阀节流、降压，转变为低温、低压气液雾状混合制冷剂后进入蒸发器。

（4）**吸热过程** 低温、低压气液雾状混合制冷剂在蒸发器内蒸发、沸腾，转变为低温、低压气态制冷剂，吸收大量热量，降低车内温度。与此同时，低温、低压气态制冷剂再次被吸入压缩机。

3. 新型制冷剂——CO_2

汽车空调制冷剂的发展经历了一个长期的过程，早期使用的 R-12（氟利昂）被发现严重破坏大气臭氧层并产生温室效应而被全面禁用。目前使用最广泛的汽车空调制冷剂是 R-134a，尽管它对臭氧层没有破坏作用，但其全球变暖潜能值（GWP）高达 1300（欧盟汽车技术指令 2006/40/EC 要求汽车空调制冷剂 GWP 值为 150）；且 R-134a 亲油性差，与现用冷冻润滑油不相容，还对铜管有腐蚀性。

二氧化碳是无毒、非燃烧性的物质，获取的来源非常广泛，费用低；且 CO_2 汽车空调系统的 GWP 仅为 1，化学稳定性好，不可燃，蒸发潜热较大，单位容积制冷量高，有利于减小装置体积。其主要问题是压力较高，目前正在研发和推广中。

找一找 汽车空调还有哪些新型制冷剂在研发？

知识点2 制冷系统主要部件的结构与工作原理

1. 空调压缩机

空调压缩机俗称空调泵，是空调制冷系统的心脏，是使制冷剂在系统内循环的动力源，其作用是使系统内产生压力，使制冷剂保持循环。压缩机将因蒸发器吸收热量而蒸发的低温（0℃左右）、低压（0.15MPa）制冷剂气体吸入，经过绝热压缩成高温（70℃左右）、高压（1.3~1.5MPa）的制冷剂气体，然后送入冷凝器。在不同环境温度下，不同车系的空调管路压力会稍有不同。压缩机一般安装在发动机附近，除部分由发动机直接带动外，大多靠发动机曲轴带轮通过传动带带动电磁离合器来驱动压缩机。

压缩机的种类繁多，形式各异。具体分类见表4-2。

表 4-2　空调压缩机的分类

按排量变化分	按结构形式分		应　用
定排量压缩机	往复式 定排量压缩机	曲轴连杆式压缩机	大多应用于客车和货车大排量空调系统
		斜盘式压缩机	广泛应用于汽车空调
		摆盘式压缩机	汽车空调压缩机的主流产品
	旋转式 定排量压缩机	旋转叶片式压缩机	广泛应用于汽车空调，逐步取代往复式压缩机
		涡旋式压缩机	在小型空调领域应用越来越广泛
变排量压缩机	机械控制式变排量压缩机		适用性广，适应多种车型
	电子控制式变排量压缩机		适用性更广，适应多种车型

（1）**定排量压缩机**　定排量压缩机的排气量一定，不能根据需要变化，只是随发动机转速的升高而增大。它一般通过采集蒸发器出风口的温度信号来进行控制，当温度达到设定的温度时，压缩机的电磁离合器松开，压缩机即停止工作。当温度升高后，压缩机的电磁离合器结合，压缩机即开始工作。定排量压缩机也受空调系统压力的控制，当管路内压力过高时，压缩机即停止工作。常见定排量压缩机如下：

1）曲轴连杆式压缩机。曲轴连杆式压缩机的结构与发动机曲柄连杆机构相似（图4-2）。其工作可以分为压缩、排气、膨胀、吸气四个过程。曲轴旋转时，通过连杆带动活塞在气缸内作上、下往复运动，完成压缩、排气、膨胀、吸气过程，从而在制冷系统中起到压缩和输送制冷剂的作用。

图 4-2　曲轴连杆式压缩机的结构

曲轴连杆式压缩机为第 1 代压缩机，结构简单、成本较低，但其无法实现较高转速，机器大而重，排气不连续、振动较大，目前大多应用在客车和货车的大排量空调系统中。

2）斜盘式压缩机。斜盘式压缩机结构如图 4-3 所示，压缩机每端均装有几个独立的气缸、活塞和簧片阀。发动机工作时，曲轴带轮便通过传动带驱动压缩机带盘转动。当电磁离合器线圈未接通电流时，曲轴带轮只是驱动压缩机带盘在压缩机前盖轴颈上空转。当电磁离合器线圈接通电流时，产生的电磁吸力便克服吸盘弹片（图中未标出）的弹力，将离合器的吸盘与压缩机带盘吸合在一起，使压缩机主轴随带盘一同旋转，压缩机主轴上的斜盘驱动活塞作往复运动，从而驱动制冷剂流动。

图 4-4 所示为斜盘往复活塞式压缩机工作过程示意图。主轴旋转时斜盘做左、右摇摆运动，斜盘通过钢球驱动双头活塞在前、后气缸中作往复运动，完成进气和压缩过程，从而驱动制冷剂流动。

【温馨提示】

汽车空调压缩机的拆装视频请扫教学资源 4.1 对应的二维码进行观看。

图 4-3　斜盘式压缩机结构

a）实物图　b）结构

图 4-4　斜盘往复活塞式压缩机工作过程示意图

a）前气缸处于进气下止点　b）前气缸处于压缩行程　c）前气缸处于压缩上止点

3）摆盘式压缩机。摆盘式压缩机为单向活塞式压缩机，又称为单向斜盘式压缩机或摇板式压缩机，其总体结构如图 4-5 所示。气缸以压缩机的轴线为中心，均匀分布，连杆连接活塞和摆盘，两端采用球形万向联轴器，使摆盘的摆动和活塞移动相协调而不发生干涉。摆盘在压缩机内也是斜向布置的，但是活塞是单向的，一般一个摆盘配有五个活塞。摆盘中心用钢球作支撑中心，并用一对固定的锥齿轮限制摆盘只能摆动而不能转动，主轴和楔形传动板连接在一起。

压缩机工作时，主轴带动楔形传动板一起旋转。由于楔形传动板的转动，迫使摆盘以钢球为中心进行左、右摇摆移动。摆盘和楔形传动板之间的摩擦力使摆盘具有转动的趋势，但是这种趋势被一对锥齿

图 4-5　摆盘式压缩机的结构

1—后盖　2—阀板　3—排气阀片　4—排气腔　5—弹簧
6—后盖缸垫　7—主轴　8—油封总成　9—滑动轴承
10—端面滚动轴承　11—前缸盖　12—楔形传动板
13、18—锥齿轮　14—缸体　15—钢球　16—摆盘
滚柱轴承　17—摆盘　19—连杆　20—活塞
21—阀板垫　22—吸气腔

67

轮所限制，使得摆盘只能左右移动，并带动活塞在气缸内作往复运动，从而完成压缩、排气、膨胀、吸气四个过程。摆盘式压缩机通过改变摆盘的角度可以改变活塞的行程，从而可以改变压缩机的排量，现在多数可变排量压缩机均是基于摆盘式压缩机。

【温馨提示】

摆盘式压缩机的工作原理视频请扫教学资源4.2对应的二维码进行观看。

4）旋转叶片式压缩机。旋转叶片式压缩机的气缸形状有圆形和椭圆形两种。在圆形气缸（图4-6）中，转子的主轴与气缸的圆心有一个偏心距，使转子紧贴在气缸内表面的吸、排气孔之间。在椭圆形气缸中，转子的主轴和椭圆中心重合。转子上的叶片将气缸分成几个空间，当主轴带动转子旋转一周时，这些空间的容积不断发生变化，制冷剂蒸气在这些空间内也发生体积和温度上的变化。旋转叶片式压缩机没有吸气阀，因为叶片能完成吸入和压缩制冷剂的任务。如果有两个叶片，则主轴旋转一周有两次排气过程。叶片越多，压缩机的排气波动就越小。作为第三代压缩机，由于旋转叶片式压缩机的体积和质量可以做到很小，易于在狭小的发动机舱内进行布置，加之噪声和振动小以及容积效率高等优点，在汽车空调系统中也得到了一定的应用。但是旋转叶片式压缩机对加工精度要求很高，制造成本较高。

图4-6　圆形气缸旋转叶片式压缩机结构示意图

5）涡旋式压缩机。涡旋式压缩机可以称为第四代压缩机，主要分为动静式和双公转式两种，目前动静式应用较为普遍。涡旋式压缩机的结构如图4-7所示，它由动涡轮（动盘）、静涡轮（静盘）等零部件组成。动涡轮和静涡轮的涡线呈渐开线形状，安装时使两者中心线距离一个回转半径e，相位差180°。这样，两涡轮啮合时，与端板配合形成一系列月牙形柱体工作容积。静涡轮固定在机体上，涡线外侧设有吸气室，端板中心设有排气孔。动涡轮由一个偏心轴带动，使之绕静涡轮的轴线摆动。为了防止动涡轮的自转，结构中设置了防自转环。该环的上、下端面上具有两对相互垂直的键状突肋，分别嵌入动涡轮的背部键槽和机体的键槽内。制冷剂蒸气由涡旋体的外边缘吸入到月牙形工作容积中，随着动涡轮的摆动，工作容积逐渐向中心移动，容积逐渐缩小，使气体受到压缩，最后由静涡轮中心部位的排气孔轴向排出。

涡旋式压缩机的工作过程如图4-8所示。当动涡轮位置处于0°时，涡线体的啮合线在左右两侧，由啮合线组成了封闭空间，此时完成了吸气过程；当动涡轮顺时针方向公转90°时，密封啮合线也移动90°，处于上、下位置，密封空间的气体被压缩，与此同时，涡线体的外侧进行吸气过程，内侧进行排气过程；动涡轮公转至180°时，涡线体的外、中、内侧分别继续进行吸气、压缩和排气过程；动涡轮继续公转至270°时，内侧排气过程结束，中间部分的气体制冷剂压缩过程也告结束，外侧吸气过程仍在继续运行；当动涡轮转至原来位置时，外侧吸气过程结束，内侧排气过程仍在进行，如此反复循环。由以上分析可以看出，涡旋式压缩机的工作过程仅有吸气、压缩、排气三个过程，而且是在主轴旋转一周内同时进行的，外侧空间与吸气口相通，始终处于吸气过程，内侧空间与排气口相通，始终处于排气过程，而上述两个空间之间的月牙形封闭空间内，则一直处于压缩过程。因而可以认为吸气和排气过程都是连续的。

图4-7　涡旋式压缩机的结构　　　　　图4-8　涡旋式压缩机的工作过程

涡旋式压缩机具有很多优点。例如，压缩机体积小、质量小，驱动动涡轮运动的偏心轴可以高速旋转；因为没有了吸气阀和排气阀，涡旋式压缩机运转可靠，而且容易实现变转速运动和变排量技术；多个压缩腔同时工作，相邻压缩腔之间的气体压差小，气体泄漏量少，容积效率高。涡旋式压缩机以其结构紧凑、高效节能、微振低噪以及工作可靠等优点在小型制冷领域获得越来越广泛的应用，也因此成为压缩机技术发展的主要方向之一。

【温馨提示】

涡旋式空调压缩机工作原理视频请扫教学资源4.3对应的二维码▨进行观看。

（2）**变排量压缩机**　变排量压缩机的排量能根据需要自动调节变化。空调控制系统不采集蒸发器出风口的温度信号，而是根据空调管路内压力的变化信号控制压缩机的压缩比来自动调节出风口温度。在制冷的全过程中，压缩机始终是工作的，制冷强度的调节完全依靠装在压缩机内部的压力调节阀来控制。当空调管路内高压端的压力过高时，压力调节阀缩短压缩机内活塞行程以减小压缩比，这样就会降低制冷强度。当高压端压力下降到一定程度，低压端压力上升到一定程度时，压力调节阀则增大活塞行程以提高制冷强度。

1）变排量斜盘式压缩机。斜盘式压缩机实现排量变化的形式很多，但原理均相差不大，都是采用三通电磁阀来调节气缸内余隙容积大小，使排气量发生变化，从而达到调节制冷量大小的目的。如图4-9a所示，压缩机每缸均配置一个余隙容积调节阀，使用一个电磁阀控制。

正常负荷工作时，电磁阀与排气腔工作管接通，高压气体将余隙容积调节阀向右推，直至将阀口堵住，此时压缩机为100%的负荷，即以正常排气量工作。

当需要降低压缩机的排气量时，电磁阀与回气管、工作管相通。当吸气时，余隙首先将原来左端的高压气体通过工作管、回气管送到吸气气缸。在活塞压缩时，气体推动余隙容积调节阀左移，留下一个空间，如图4-9b所示。当压缩完毕时，余隙容积调节阀内的气体保留下来。当活塞右移时，余隙容积调节阀内的高压气体首先膨胀，这样就减少了气缸的吸气量和排气量，相应功耗也就减少了。

図 4-9　变排量斜盘式压缩机的工作原理

a）正常负荷　b）降低压缩机排量

【温馨提示】

变排量空调压缩机工作原理视频请扫教学资源4.4对应的二维码▨进行观看。

2）**变排量旋转叶片式压缩机**。日本松下电器公司开发了一种每转排量为94mL的两叶片节能压缩机，其剖面结构如图4-10所示。它可根据发动机转速的高低，自动调节制冷量。转速低时，保持足够的制冷量，转速高时，能抑制制冷量过大，降低高速时的功耗，达到节能目的。其工作原理是：在气缸的吸气孔处，有一条吸气槽，当叶片刮过吸气孔时，吸气过程应该结束，但由于开了一条吸气槽，在气流惯性作用下，继续通过吸气槽充气，提高充气效率，但不影响气缸的吸气过程；吸气槽和叶片构成了一个缺口，通过吸气槽进入气缸的气体流量与缺口截面积和流入时间的乘积成正比。低转速时，叶片刮过吸气槽的时间长，充气量增多，制冷量大；而高转速时，叶片刮过吸气槽的时间短，气缸充气量相对减少，制冷量减小，能耗降低。

図 4-10　变排量旋转叶片式压缩机的剖面结构

由工作原理可知，这种压缩机提高了充气效率，所以在制冷量相同的条件下，气缸容积可以减小30%，而质量降低20%。从整体来说，不仅排量可自动调节，而且能够节约能源。

3）**变排量摆盘式压缩机**。变排量摆盘式压缩机是对原摆盘式压缩机的改进，改进后的压缩机在摆盘与主轴间增加了一个可在主轴上滑动的轴套（图4-11），主轴上装有驱动摆盘运动的驱动杆。摆盘与驱动杆通过两个同心短销轴相连接，驱动杆上开有腰形槽，摆盘与驱动杆通过长销轴构成活动连接。摆盘倾角的改变可以改变活塞的行程，从而实现压缩机的排量变化。

图 4-11 变排量摆盘式压缩机的变排量机构

图 4-12 电磁控制阀的结构简图

变排量摆盘式压缩机是通过安装在后盖上的控制阀（图 4-12）实现温度自动控制的。控制阀则通过波纹管来感知吸气压力的变化。这种内部抽真空的波纹管能够补偿不同海拔高度大气压力的变化，压缩机控制阀不断调节吸气压力与主轴箱内的差值。电磁控制阀可以根据系统负荷的需要，通过改变加到控制阀上的控制信号（这里是电流）的大小，调整铁心推杆的电磁推力，从而控制连接压缩机吸气腔、排气腔和压缩机腔内各通道的开启和关闭，调节压缩机腔内气体的升压和泄流，改变摆倾角，来满足不同的排量控制要求。

找一找

还有哪些类型的汽车空调压缩机？

2. 冷凝器

冷凝器是一种热交换器，将压缩机压出的高温、高压的气态制冷剂的热量散发，使高温、高压的气态制冷剂变为中温（50℃左右）、高压（约 1.1MPa）的液态制冷剂（少量气态）。冷凝器安装在散热器的前方，用发动机风扇和迎面风对其强制冷却。

常见的冷凝器结构形式有管翅式、管带式、平行流动式三种。

（1）**管翅式冷凝器** 管翅式冷凝器由安装在一系列薄翅片（散热片）上的制冷剂螺旋管组成（图 4-13），其结构简单，成本低，但换热效率较低，一般用于中、大型汽车空调。

（2）**管带式冷凝器** 管带式冷凝器是由一条连续的铝合金材料挤压成多孔道的椭圆扁管，然后弯成等间距的蛇形管，管间焊有双向百叶窗式条缝并折成 V 形或 U 形的散热片（图 4-14）。其换热效率比管翅式冷凝器提高了 15% ~ 20%。

图 4-13　管翅式冷凝器

图 4-14　管带式冷凝器

（3）平行流动式冷凝器　平行流动式冷凝器由集流管、扁管段和波浪形散热片组成（图 4-15）。两条集流管间用多条铝制内肋扁管相连，制冷剂在同一时间经多条扁管流通而进行热交换。在同样的迎风面积下，它比管带式的换热效率提高了 30%～40%，制冷剂流动阻力减少到管带式的 25%～33%，容积减少了 20%，是专门为 R-134a 提供的新型冷凝器。奥迪 A6、本田、别克、帕萨特等汽车均采用了平行流动式冷凝器。

目前，我国乘用车上主要采用全铝管带式和平行流动式冷凝器，大型客车上主要采用铜管铝片式冷凝器，中型客车以管带式冷凝器为主。

3. 储液干燥器

储液干燥器也称为储液干燥过滤器、储液罐或干燥瓶，它安装在冷凝器出口处，起储液、干燥、过滤和防止气态制冷剂进入蒸发器的作用。储液干燥器的结构如图 4-16 所示。

图 4-15　平行流动式冷凝器

图 4-16　储液干燥器的结构

储液罐用来储存和供应制冷系统内的液体制冷剂，以便工况变动时能补偿和调节液体制冷剂的盈亏。一般情况下，空调系统开始工作时的负荷大，要求制冷剂的循环量也大。当工作一段时间之后，负荷将减小，这时所需的制冷剂量相应地减少。因此，负荷大时，储液罐中的液体制冷剂补充进来，而负荷小时，又可将液体制冷剂存储起来。

滤网过滤制冷剂杂质。在制冷系统中，会由于制造时没有处理干净而带入碎渣、尘土，或由于制冷剂的不纯净而带入脏物，也可能由于制冷剂对系统部件内壁发生侵蚀作用而脱落杂质，管道中也可能产生污物（如氧化皮之类），还有压缩机运行时的粉末磨屑等。所以，常常需要通过过滤来清除掉这些机械杂物和污物，保证制冷剂顺利流通，不致因堵塞而影响正常工作。

干燥剂一般采用硅胶，用来吸收制冷剂中的水分，防止其腐蚀零部件和在膨胀阀的节流小孔处冻结，造成管路堵塞。水分来源于制冷剂干燥不严格、有空气进入或冷冻油中溶解的水分。

出口处的玻璃观察孔用来观察制冷剂是否足量，若观察孔明净，则说明制冷剂足量；若出现气泡，则说明系统内有空气，影响制冷效果。进出口有 IN 和 OUT 字母及箭头标识，安装时千万不能装反。储液干燥器安装位置应与冷凝器一样高，而且应尽量垂直，这样可防止气态制冷剂进入蒸发器。

有些储液干燥器上还装有易熔塞，当储液干燥器内部压力和温度达到一定值时，易熔塞就会熔化，排出制冷剂，保护制冷系统免遭损坏。

在孔管系统中，使用一个储液罐装置来完成储液干燥器的功能。储液罐安装在蒸发器出气口处低压侧内。储液罐的功能基本与储液干燥器相同。

4. 膨胀阀

膨胀阀又称为节流阀，是制冷循环高压和低压的分界点，其作用一是将高压制冷剂液体进行节流减压，变为低温（$1\sim4℃$）、低压（$0.15\sim0.3MPa$）雾状制冷剂后进入蒸发器；二是自动调节制冷剂流量，以适应制冷负荷的需要；三是防止液击和异常过热，避免液态制冷剂进入压缩机而造成液击现象（即未蒸发的液态制冷剂进入压缩机后被压缩，极易引起压缩机阀片的损坏），同时控制蒸发器尾部过热度（即其出口制冷剂蒸气温度与其进口液态制冷剂温度的温差）在一定范围内（$-16\sim-8.9℃$）。

膨胀阀主要有热力膨胀阀、H 型膨胀阀等多种类型，其中热力膨胀阀按照平衡方式的不同又分为内平衡式和外平衡式两种。

（1）热力膨胀阀　内平衡式热力膨胀阀的结构如图 4-17 所示。它安装在蒸发器入口处，感温包直接固定在蒸发器出口的管路外壁。感温包内装有惰性气体，通过毛细管与膨胀阀膜片的上方相连，感受蒸发器出口制冷剂温度，膜片下面感受到的是蒸发器入口压力。

当压缩机工作时，液态制冷剂经球阀被喷入蒸发器中，液态制冷剂因突然膨胀而变成低压蒸气，吸收蒸发器周围的空气热量，使蒸气汽化成低压气态制冷剂。当蒸发器出口处的温度高时，感温包中的惰性气体膨胀，膨胀阀膜片上方的压力升高，膜片向下移动，顶开球阀，流入蒸发器中的液态制冷剂量增加；当蒸发器出口处温度降低时，感温包中的惰性气体收缩，膨胀阀膜片

图 4-17　内平衡式热力膨胀阀的结构

上方的压力减小，膜片上移，球阀开度减小，减少了喷入蒸发器的制冷剂量。膨胀阀开启的程度随蒸发器的出口温度而变化，并影响感温包内压力的大小，从而达到自动控制的目的。当压缩机停止工作时，膨胀阀膜片上方的压力与蒸发器入口的压力相等，球阀在弹簧作用下处于关闭状态，阻止制冷剂倒流进入压缩机。

　　外平衡式热力膨胀阀与内平衡式热力膨胀阀原理基本相同，其区别在于内平衡式热力膨胀阀膜片下方感受到的是蒸发器入口压力；而外平衡式热力膨胀阀膜片下方感受到的是蒸发器出口压力（图4-18）。

【温馨提示】

　　热力膨胀阀结构原理视频请扫教学资源4.5对应的二维码▣进行观看。

　　（2）H型膨胀阀　H型膨胀阀的结构如图4-19所示，它有四个接口与制冷系统连接，其中两个接口与普通热力膨胀阀相同，一个连接储液干燥器，一个连接蒸发器进口，另外两个接口，一个连接蒸发器出口，一个连接压缩机进口。感温元件直接与蒸发器出口的制冷剂气流接触，其工作原理也与热力式膨胀阀类似。该膨胀阀虽然取消了热力膨胀阀中的感温包、毛细管和外平衡接管，但是实际上并没有取消感温包的作用，而是把感温元件缩到阀体内的回气管上。阀上端直接暴露在蒸发器出口工质中，感应温度不受环境温度的影响，也不需要通过毛细管，因此不会造成时间滞后，提高了调节灵敏度，结构紧凑，抗振、可靠。

图4-18　外平衡式热力膨胀阀

图4-19　H型膨胀阀的结构

　　膨胀阀的另一种形式是节流管，用在孔管系统上。它没有感温包、平衡管，而有一个小孔节流元件和一个网状过滤器，一般用在隔热性能好且车内负荷变化不大的乘用车上。

【温馨提示】

　　H型膨胀阀结构原理视频请扫教学资源4.6对应的二维码▣进行观看。

5. 蒸发器

蒸发器也是一种热交换器，其作用是将膨胀阀节流降压的制冷剂汽化，吸收周围空气的热量而降低温度，鼓风机再将冷空气送入车内，从而达到降低车内温度的目的。汽化后的气态制冷剂，再进入压缩机进行循环。蒸发器的结构与冷凝器相似，但功能相反，起吸热作用。蒸发器的结构有管带式、管片式和层叠式，图4-20所示为管片式蒸发器。

蒸发器表面温度较低，容易结霜或片间形成"水桥"，产生腐蚀，生成白色粉状物，增加空气流通阻力，减少通风量，影响蒸发器的热交换能力，降低制冷能力，故平常应注意维护。

图4-20 管片式蒸发器

知识点3 空调控制系统

为使汽车空调制冷系统正常安全地工作，维持所需的温度，制冷系统设置了控制元件和保护装置，主要有电磁离合器、空调控制面板开关、温度控制开关、发动机转速自动调节装置及安全保护装置等。

1. 控制系统主要部件的结构与工作原理

（1）**电磁离合器** 空调压缩机是由发动机通过电磁离合器来驱动的。电磁离合器可以按照要求使压缩机吸合或脱离发动机，其受温度控制开关、压力开关及空调（A/C）开关等控制，安装在压缩机前端。电磁离合器的结构如图4-21所示。

压力板用半圆键与压缩机轴相连，是电磁离合器的从动件。当电磁离合器通电时，铁心产生引力，将引铁吸贴在带轮端面，并随之旋转，离合器接合使压缩机开始工作；当电磁离合器断电时，铁心磁力消失，引铁在弹簧片的作用下脱开带轮，压缩机停止工作。

（2）**空调控制面板开关** 空调控制面板开关安装在驾驶室前壁，由驾驶人进行操纵。一般有鼓风机开关、空调方式选择开关和温度选择开关等。

（3）**温度控制开关** 温度控制开关也称为恒温器，用来感受蒸发器表面温度、车内温度和大气温度。

图4-21 电磁离合器的结构

一般情况下，根据蒸发器表面温度来控制压缩机离合器电磁线圈中电流的通断，使压缩机产生开与停的动作，起到调节车内温度及防止蒸发器结霜的作用。常用的温度控制开关有机械波纹管式和热敏电阻式两种。

1）**机械波纹管式**。机械波纹管式温度控制开关的结构如图4-22所示。在感温管内充有制冷剂饱和液体，一端与温度控制开关的波纹伸缩管相连，另一端贴附在蒸发器表面。当蒸发器温度较高时，感温管内制冷剂蒸发膨胀，使波纹伸缩管伸长，推动传动杠杆放大机构使触点闭合，电磁离合器通电接合，压缩机工作；当蒸发器温度降到调定值（如 1~4℃）时，波纹伸缩管收缩，通过杠杆机构使触点断开，电磁离合器断电，压缩机停止工作。如此反复，使温度控制在一定范围。旋动温度调节凸轮可改变弹簧的预紧力，这样就可改变蒸发器的温度控制范围。

2）热敏电阻式。热敏电阻式温度控制开关由热敏温度传感器、温度调节电阻和放大电路组成。热敏电阻安装在蒸发器出口侧，将蒸发器温度转变为电信号，经集成电路放大，同选定的蒸发器温度进行比较进而控制电磁离合器，使压缩机工作或停止。蒸发器温度的选定由温度调节电阻控制，通过安装在仪表板上的温度调节旋钮由驾驶人调整设定。

图 4-22 机械波纹管式温度控制开关的结构

（4）发动机转速自动调节装置 当发动机在怠速工况带动空调压缩机时，为了保持发动机稳定运转，有的发动机设有怠速自动提升装置。

怠速自动提升装置如图 4-23 所示。当空调（A/C）开关接通时，也接通了真空电磁阀电路，电磁力克服弹簧力将真空电磁阀阀门吸下，打开了真空促动器与进气歧管的真空通道，在真空吸力作用下，真空促动器膜片上移，通过拉杆使节气门开度增大，从而提高了发动机怠速转速，以补偿空调设备工作所消耗的功率。

图 4-23 怠速自动提升装置

对于采用电控发动机的车型，电子控制单元根据车速、空调系统各信号，通过执行元件（如继电器等）来控制发动机转速及其他空调部件的工作。

（5）**安全保护装置**　在汽车空调系统中，通常设有各种安全保护装置，当制冷系统工作出现异常或发生故障时，根据具体情况，自动采取相应的保护措施。常用的安全保护装置有以下几种。

1）**高压开关**。高压开关用来防止制冷系统在异常高压下工作，通常安装在冷凝器进口或储液干燥器上，其电路与压缩机离合器串联。高压开关有触点常闭型和触点常开型两种。

触点常闭型高压开关如图4-24所示，用于自动切断电磁离合器电路。当高压管路内压力超过一定值时，开关触点断开，切断电磁离合器电路，以免压缩机过载或系统管路损坏；当高压管路内压力恢复到正常值后，在弹簧的作用下，触点闭合，接通电磁离合器电路。

触点常开型高压开关一般用来控制冷却风扇高速档电路。当压力超过一定值时，触点闭合，风扇高速运转，以加强冷凝器的冷却能力。

2）**低压开关**。低压开关也称为制冷剂泄漏检测开关。当制冷剂泄漏或其他原因使制冷剂不足时，低压开关就自动断电使电磁离合器停止工作，以免烧坏压缩机。低压开关通常安装在储液干燥器上或蒸发器进口（高压侧）管内或压缩机后盖上。结构与高压开关类似，为触点常开型。低压切断压力一般在80～110kPa范围内，而触点闭合恢复压力为230～290kPa。

图4-24　触点常闭型高压开关

3）**环境温度开关**。环境温度开关安装在灰尘滤清器附近，是一种车外温度传感器。当外界温度低于某一规定值时，环境温度开关断开其触点，切断电磁离合器电流，因此，压缩机不能起动，使制冷系统不工作。从而避免了由于车外气温过低起动压缩机导致润滑不足和机件过冷使压缩机密封圈、垫圈或簧片阀损坏。当外界温度达到预置温度（一般为0～10℃）后，环境温度开关触点闭合，电磁离合器电路接通，压缩机起动。

4）**发动机冷却液过热开关**。它一般安装在发动机散热器或冷却液管路上。其功用是在发动机冷却液温度过高时，使电磁离合器分离，停止压缩机运转；在发动机冷却液温度降到某一值时，开关又自动接通，压缩机重新运转。

5）**减压安全阀**。它安装在压缩机缸体上，如果高压端的压力升到3.43～4.14MPa，减压安全阀就开启，以降低压力，通常它和高压开关起双层保护作用，一旦减压安全阀开启就必须更换。

2. 空调系统典型控制电路

汽车空调系统控制电路将空调各部件连接起来，完成各种操作和调控功能。各种车型空调系统的调控功能和控制电路虽不尽相同，但有些共同特点。空调系统典型控制电路主要由电源电路、电磁离合器控制电路、鼓风机控制电路、冷凝器冷却风扇控制电路和怠速控制器电路等组成。下面以上海桑塔纳LX、GX型汽车为例说明，其手动空调系统电路如图4-25所示。

　　电源电路由蓄电池 A、点火开关 D、减荷继电器 J59、熔断器 S1、S14、S23 和空调主继电器 J32 组成。当点火开关 D 断开（OFF 档）或在起动档（STA 档）时，减荷继电器 J59 不通电，触点断开而使空调系统的供电电路 X 无电，空调无法起动运行。减荷继电器 J59 的作用是当点火开关在起动档（STA 档）时，中断空调系统等附属装置工作，以保证发动机起动时有足够的起动电流，起动结束后将自动接通空调系统电源。

　　当点火开关 D 接通（ON 档）时，减荷继电器 J59 通电，触点闭合，X 号电路通电，这时主继电器 J32 中的 Ⅱ 号继电器经熔断器 S14 通电，使触点闭合，接通鼓风机电动机 V2 的供电回路，鼓风机便可在鼓风机开关 E9 的控制下运转，进行强制通风换气或送出暖风，它不受空调（A/C）开关 E30 的限制。鼓风机开关 E9 在不同的档位时，鼓风机电动机 V2 的供电回路串入的调速电阻个数也不同，从而可得到不同的送风速度。鼓风机电动机 V2 的供电回路为蓄电池"＋"极→熔断器 S23→主继电器 J32 中的 Ⅱ 号继电器触点→鼓风机开关 E9→鼓风机调速电阻 N23→鼓风机电动机 V2→搭铁→蓄电池"－"极。

图 4-25　上海桑塔纳 LX、GX 型汽车手动空调系统电路

　　需要获得冷风时必须接通空调（A/C）开关 E30，电流从蓄电池"＋"极→减荷继电器 J59 的触点→熔断器 S14 到空调（A/C）开关 E30，经 E30 后分为三路，第一路经空调（A/C）指示灯 K48 构成回路，指示灯 K48 亮，表示空调（A/C）开关接通；第二路经新鲜空气翻板电磁阀 N63 构成回路，该阀动作以接通新鲜空气翻板和真空促动器的真空通路，使鼓风机强制通过蒸发器总成的空气通道进风，获得冷风；第三路经环境温度开关 F38 后又分为两路。

　　一路到蒸发器温度控制开关 E33，由 E33 控制电磁离合器 N25 和电磁真空转换阀 N16 供电。只有当蒸发器温度高于调定温度时，蒸发器温度控制开关 E33 触点才接通，电磁离

合器电路接通吸合，压缩机才能运转制冷。同时，电磁真空转换阀 N16 动作，使发动机以较高的转速运转，才有足够的动力驱动压缩机工作。若蒸发器温度低于调定温度，温度控制开关 E33 触点断开，压缩机将停止运转，同时电磁真空转换阀 N16 断电，怠速提升装置不起作用。低压开关 F73 串联在蒸发器温度控制开关 E33 和电磁离合器 N25 之间的电路上，当制冷系统严重缺乏制冷剂而使系统高压侧压力低于 0.2MPa 时，低压开关 F73 触点断开，压缩机将无法运转。

经过环境温度开关 F38 后的另一路电流则进入主继电器 J32 中的 I 号继电器后形成回路，使其两对触点吸合，其中一对触点用于控制冷凝器冷却风扇继电器 J26，另一对触点则用于控制鼓风机电动机 V2。高压开关 F23 串联在继电器 J26 和主继电器 J32 中 I 号继电器的前一对触点之间。当制冷系统高压侧压力低于 1.5MPa 时，高压开关 F23 触点断开，电阻 R 串联在冷凝器的冷却风扇电动机 V7 的供电回路中，冷却风扇电动机 V7 低速运转。当制冷系统高压侧压力高于 1.5MPa 时，高压开关 F23 触点接通，使得继电器 J26 通电触点吸合，电阻 R 被短接，这时冷却风扇电动机 V7 高速运转，以加强冷凝器和发动机的冷却强度。主继电器 J32 中 I 号继电器还控制着鼓风机的一对触点，当空调（A/C）开关接通时闭合，此时若鼓风机开关 E9 没有接通鼓风机电路，鼓风机电动机 V2 也将由该对触点获得电流而低速旋转，以防止接通空调（A/C）开关后忘记接通鼓风机开关，而造成因没有空气流过蒸发器而使蒸发器表面温度过低而结冰或冻坏蒸发器。正常情况下，在接通空调（A/C）开关之前，应首先接通鼓风机开关。

知识点 4　暖风与通风系统

1. 暖风系统

暖风系统主要用于取暖，是汽车空调的重要功能之一，其作用是将车外新鲜空气引入到热交换器，吸收其中某种热源的热量，从而提高空气的温度，并将热空气送入车内，达到保暖和车窗玻璃除霜的目的。

（1）分类　按热源不同，暖风系统可分为独立式、余热式和综合式三种。独立式利用独立的热源加热，一般用于客车。余热式利用发动机工作时冷却液或发动机排气余热对空气进行加热。乘用车的车内空间小，取暖需要的热量也少，所以一般是利用发动机工作时冷却液的热量加热空气采暖，故称为水暖式暖风系统，柴油机汽车多利用发动机排气余热对空气进行加热，故称为气暖式暖风系统。综合式既装有余热式暖风系统，又装有独立式暖风系统，用于大型客车。

（2）组成及工作原理　以余热水暖式暖风系统为例，暖风系统主要由加热器、鼓风机、热水阀及通风道等组成，如图 4-26 所示。

当发动机冷却液温度达到 80℃ 时，节温器主阀门开启，使冷却液进行大循环。需要采暖时，打开装在节温器和加热器之间的热水阀，此时从发动机水套

图 4-26　水暖式暖风系统

出来的热水流进节温器主阀门后分流一部分热冷却液从进水管流经加热器（另一部分分流到散热器散热），用以加热周围的空气，再由鼓风机将加热后的空气通过管道送入车内。变冷后的冷却液由发动机水泵抽回发动机的水套，如此循环进行供暖。进入加热器的热水量由热水阀进行控制。

当发动机冷却液温度低于80℃时，由于节温器主阀门关闭，冷却液在发动机冷却系统内进行小循环，也就不能供暖了。

2. 通风系统

通风系统的作用是向车内提供温度适宜的干净空气。汽车空调通风一般分为自然通风和强制通风。自然通风是利用汽车行驶时车内外的空气压力差，通过进、出风口进行自然换气；强制通风是利用鼓风机对车内空气进行置换。乘用车上通常利用空调装置的外循环装置，根据需要开闭进风口，进风口处设一风门，通过控制风门开度和位置对进风模式和进风量进行控制。空气在鼓风机的作用下，由进风口吸入，流经加热器时被加热，并由出风口导出，进入车厢内实现取暖或为风窗玻璃除霜。图4-27为乘用车采用的通风系统示意图。

图4-27　乘用车采用的通风系统示意图

【温馨提示】

汽车空调暖风与通风系统结构原理视频请扫教学资源4.7对应的二维码🔲进行观看。

知识点5　空气净化系统

为了保持车内空气的清洁新鲜，提高车内环境的舒适度，除通过通风换气外，还采用空气净化系统，以清除进入空气中的灰尘、花粉和异味等。

1. 分类

汽车空调空气净化系统通常有空气过滤式和静电除尘式两种。

（1）**空气过滤式**　在空调系统的进风和回风口处设置空气滤清装置。它仅能滤除空气中的灰尘和杂物，结构简单，工作可靠，只需定期清理过滤网上的灰尘和杂物即可，故广泛用于各种汽车空调系统中。

（2）**静电除尘式**　在空气进口的滤清器后再设置一套静电除尘装置，或单独安装一套用于净化车内空气的静电除尘装置，它除了能过滤和吸附烟尘等微小颗粒杂质外，还具有除臭、杀菌的作用，有的还能产生负离子使车内空气更为新鲜洁净。由于其结构复杂、成本高，所以只用于某些高级乘用车和旅游车上。

2. 组成及工作过程

以静电除尘式空气净化装置为例，其主要由电离部、集尘部、活性炭吸附器三部分组成，有些净化器还在进口处设有粗滤器，出口处设有负离子发生器，其结构如图 4-28 所示。

图 4-28　静电除尘式空气净化装置结构

静电除尘式空气净化装置工作时首先由粗滤器除去空气中较粗的尘粒，然后由静电除尘器吸附细微尘埃，电离部和集尘部可做成一体，也可分开，是静电除尘式空气净化系统的主要组成部分，总称为电过滤器。电过滤器和负离子发生器由高压发生器供给高压电，在电离部的电极之间施加 5kV 的高电压，使粉尘电离并带上负电。带负电的粉尘在电场力的作用下向由正极板构成的集尘部移动。在集尘部，由于正极板外加的高压正电，将带负电的粉尘吸附。除去粉尘的空气再用活性炭吸附，除去臭味及有害气体，再由负离子发生器供给负离子，最后由鼓风机将净化的空气送入车内。集尘部上粉尘达到一定量时，可对其进行清洗、除尘或更换。

想一想　还有哪些净化空气的办法？

4.3　自动空调系统结构与原理

自动空调系统在传统的手动空调系统基础上加装了一系列检测车内、外空气温度变化以及太阳辐射的传感器，改良了执行器的结构和控制，并加装了空调电子控制单元（ECU）。空调 ECU 能根据各传感器所检测的各参数经内部电路处理后，对执行器的动作进行控制，同时还具备自我检测诊断功能，以便对电控元件及电路故障进行检测。

知识点 1　自动空调系统的组成及作用

自动空调系统主要由传感器、空调 ECU 和执行器三部分组成，如图 4-29 所示。

【温馨提示】

自动空调传感器的拆装与检测视频请扫教学资源 4.8 对应的二维码进行观看。

1. 传感器

（1）各种温度传感器　温度传感器主要有车内温度传感器、车外温度传感器、蒸发器温度传感器、冷却液温度传感器等，一般分别安装在仪表板的下端、前保险杠右下端、蒸发器表面、冷却液通路上，它们利用热敏电阻的阻值随温度变化而变化的原理，把温度变化的信号向空调 ECU 输送。

（2）太阳辐射传感器　太阳辐射传感器也称为阳光强度传感器或光照传感器。它是一个光电二极管，一般安装在前风窗玻璃下面，利用光电效应，将阳光辐射程度转变为电信

图 4-29　自动空调系统的组成

号，并输送给空调 ECU。

（3）**压缩机转速传感器**　压缩机转速传感器是一种磁电式传感器，安装在压缩机内，检测压缩机的转速，压缩机每转一圈，传感器产生四个脉冲信号输送给空调 ECU。

2. 执行器

（1）**鼓风机**　鼓风机的转速可以通过空调控制面板上的"高速""中速""低速"按键设定。当按下〈AUTO〉键时，空调 ECU 根据送风温度自动调节鼓风机转速，若冷却液温度传感器检测到冷却液温度低于 40℃，则空调 ECU 控制鼓风机停止工作。

（2）**电磁离合器**　空调 ECU 根据各种参数控制电磁离合器的通断，进而控制压缩机的开与停。

（3）**其他动力元件**　动力元件主要包括气流方式控制伺服电动机、空气混合控制伺服电动机、进气控制伺服电动机等，用以实现不同的送风方式，改变冷暖空气的混合比例，调节送风温度及不同的进风方式等。

3. 空调 ECU

空调 ECU 一般与操作面板成一体，对输入的各种传感器信号和功能选择键的输入指令进行计算、分析比较后，发出指令控制各个执行元件动作，使车内温度、湿度、空气流动状况等始终保持在设定的水平上。空调 ECU 控制的乘用车空调系统具有以下功能。

（1）**空调控制**　空调控制包括温度自动控制、风量控制、运转方式给定的自动控制、换气量控制等，满足车内空调对舒适性的要求。

（2）**节能控制**　在自动空调控制面板上，一般都设有 ECON（经济）开关，按下此开关，空调系统自动采用单冷或单暖工作，并在车内温度达到设定温度时，自动切断压缩机或加热器电磁阀，以保证空调系统以最经济的模式工作。自动空调系统在某种器件发生故障报警的同时，会将此故障器件自动转入常规运行状态而不影响空调系统的工作。

（3）**故障、安全报警**　故障、安全报警包括制冷剂不足报警、制冷压力过高或过低报警、离合器打滑报警、各种控制器的故障报警等。

另外，空调系统工作时，空调 ECU 同时从发动机点火器及压缩机转速传感器采集发动机转速与压缩机转速信号，并进行比较，若其信号的偏差连续 3s 超过 80%，ECU 则判定压缩机锁死。同时电磁离合器脱开，防止空调系统进一步损坏，并使操纵面板上的 A/C 指示灯闪烁，给驾驶人以提示。

（4）**故障诊断功能**　乘用车空调系统发生故障时，空调 ECU 将故障部位用代码的形式存储起来，在需要修理时指示故障的部位，方便维修。

（5）**显示功能**　显示功能包括显示给定的温度、控制温度、控制方式、运行方式的状态以及运转时间等。

知识点2　自动空调系统的工作原理

1. 温度控制

空调 ECU 根据车内、外温度传感器测到的温度，不断地调节车内的空气温度和送风量，保证车内温度不变。另外，ECU 还根据太阳辐射传感器、冷却液温度传感器对送入车内的空气温度进行修正。

2. 送风量控制

空调 ECU 根据车内温度与设定温度之间的偏差，通过对鼓风机的控制来实现对送风量控制。

3. 通风控制

车外新鲜空气和车内循环空气的自动切换是由空调 ECU 控制的。当车外温度很高时，为迅速降低车内温度，可暂时不引入车外新鲜空气，只对车内空气进行制冷。当车内温度下降到一定值后，自动切换装置，通过对进风门的控制，按一定比例引入新鲜空气。

4. 除霜控制

在冬季或夏季雨天，必须除去车窗上的结霜和凝露。只要按动空调控制面板上的除霜开关，驾驶人前方和仪表板两侧的除霜送风口即自动吹出热风，给前风窗玻璃和两侧面玻璃除霜，以保证驾驶人视线清晰。

5. 风门控制

根据乘员吹风的要求，风向可通过风门控制自动切换，使上方和侧面吹出冷风，而下方则吹普通风，以满足乘员头凉脚暖的舒适性要求。

4.4　汽车空调系统的常见故障与使用维护

知识点1　汽车空调系统的常见故障

汽车空调系统常见故障见表 4-3。

表 4-3　汽车空调系统常见故障

故　障	现　　象	原　　因
空调不制冷	汽车空调完全不制冷	制冷系统中无制冷剂;管道内部堵塞;压缩机故障
空调制冷不足	汽车空调制冷量不足	制冷剂不足,空调系统中有空气,制冷剂与冷冻机油内含杂质过多,空调制冷剂中有水分渗入,压缩机传动带过松,冷凝器散热能力下降
冷气时有时无	汽车空调有时候会不制冷,这种情况多出现在高速行驶的时候,有时汽车怠速时也会出现,而且外界温度越高出现频率越高	电器部分故障(如电路开关、风机开关、风机电机故障),或压缩机线圈和电磁阀断路、接地不良或连接松动;也有可能是压缩机连接装置松动和蒸发器阻塞引起等
空调运行时噪声大	空调系统运行时噪声大	压缩机冷冻机油不足引起干摩擦或压缩机内部磨损;制冷剂过多或不足;冷冻油过多;传动带松弛或磨损、冷却电机风扇碰到其他部件;鼓风电机机械摩擦;电机轴承无油

知识点2　汽车空调系统的使用维护

1. 检查压缩机传动带是否松弛

检查空调传动带的松紧情况。太松了容易打滑,太紧了会增加轴承负荷,可通过惰轮来调节传动带的松紧度。当空调系统开启后,注意观察压缩机的运转情况,看运转时有无剧烈振动,压缩机内部有无异常响声,电磁离合器吸合与脱离是否正常,以及压缩机油封处和各连接管接头处有无油渍,以判断是否存在制冷剂渗漏现象。

2. 检查制冷剂和冷冻油是否渗漏

如果空调出现制冷效果差,甚至不制冷的情况,大部分是由于制冷剂渗漏引起的,渗漏的原因可能是管路接头的密封圈老化、制冷剂压力过高等。在渗漏故障未排除之前,不要盲目地添加制冷剂,否则过段时间又会出现空调不凉的问题。在渗漏故障修复后或更换制冷系统的主要部件时,都需要向制冷系统中补充定量的冷冻机油;充注制冷剂前必须先将制冷系统内抽成真空,并确认无渗漏后方可充注。必须使用优质品牌及相同型号或符合要求的制冷剂和冷冻机油,否则可能导致压缩机工作异常,出现制冷不良、管路腐蚀、重要部件损坏等故障。

【温馨提示】

汽车空调系统制冷剂的充注视频请扫教学资源4.9对应的二维码进行观看。

3. 检查蒸发器是否洁净

由于蒸发器大部分是安装在仪表台下,拆装麻烦,不便清洗。因此,必须保持车内及空调滤芯清洁,每次保养车时都应将空调滤芯取出用高压空气吹干净,并每年至少更换 1~2 次,方可保持蒸发器清洁。当空气中尘土较多时应关闭外循环,以减少对空调滤芯的污染。

4. 检查空调滤芯是否需要更换

预防空调系统滋生真菌和产生异味,定期清洗风道和更换空调滤芯是保持车内空气清新的关键，最好每月清洗一次空调的通风系统。另外，在空调使用过程中会吸进很多灰尘，定期用最大风量能将空调风道内表面的浮尘吹出来，这也是保持空调清洁的一种简单方法。

5. 检查冷凝器及散热风扇的清洁度

要经常清洗冷凝器及散热风扇，防止油污、泥土及其他杂物附在冷凝器上。清洗冷凝器可以用高压水枪先从内向外冲洗，然后再从外向内冲洗，水压不可过大，以防散热片被冲倒。也可用软刷浇清水刷洗，但要小心不要把冷凝器散热片碰倒，以免影响通风散热。最好在冷凝器前面安装纱窗，可有效防止昆虫和绒絮钻入散热片间。

另外，在冬季或长时间不使用空调时，应每月让空调压缩机工作一两次，每次几分钟，使压缩机得到润滑，以保持空调系统的正常状态。

知识拓展

1. 新型储冷汽车空调系统

新型储冷汽车空调系统主要由两部分组成：制冷/储冷循环系统和释冷循环系统。制冷循环系加注制冷剂 R134a；释冷循环系统加注载冷剂（水或乙二醇）。新型储冷汽车空调系统示意图如图4-30所示。

图4-30　新型储冷汽车空调系统

1—压缩机　2—冷凝机　3—储液干燥器　4—电磁阀　5、13—节流阀　6—储冷盘管　7—储冷材料
8—释冷盘管　9—循环泵　10—蒸发器风机　11—风冷换热器　12—电磁阀　14—蒸发器　15—蒸发压
力调节器　16—蒸发器总成　17—气液分离器　18—吸气压力调节阀

当汽车以正常速度行驶时，仅制冷循环系统工作，空调按照额定工况、额定容量提供制冷。当汽车高速行驶时，制冷/储冷循环系统同时工作，制冷循环提供的制冷量大于车内需冷量，多余的冷量通过储冷循环保存起来。当汽车怠速行驶或停车时，制冷/储冷循环系统不工作，释冷循环系统提供车内所需的冷量。当汽车正常行驶且车内需冷量大于制冷系统的额定供冷量时，释冷循环系统可同时工作，弥补车内供冷量的不足，保证舒适性。

2. 余热制冷汽车空调系统

余热制冷汽车空调系统中比较成熟的是吸收式制冷技术，主要是回收利用发动机余热以驱动汽车空调系统，可同时满足节能环保的需求。余热制冷主要是利用金属氢化物脱氢吸热的原理，通过可逆地化学反应实现加热或制冷的目的。余热制冷空调系统通常采用两种工质，要求工质吸、放氢能力强且平衡氢压不同，利用放氢过程中的吸收反应热达到制冷目的。余热制冷汽车空调是现阶段最有发展前景的新型制冷方式。利用汽车废气温度使工质进行化学反应，促使工质循环吸收与释放氢气，即可实现连续制冷。

3. 太阳能制冷汽车空调系统

光电转换的利用主要体现在两个方面，一种是利用特殊半导体材料制成的光伏电池板产生帕尔帖（peltire）效应，产生直流电制冷，另一种是利用产生的电能驱动压缩机做功。光热转换的利用主要是太阳能集热装置提供热能驱动吸收式制冷机工作。太阳能制冷汽车空调系统示意图如图 4-31 所示。

图 4-31　太阳能制冷汽车空调系统示意图

太阳能汽车空调的主要优势是辐射强度与制冷量成正比，目前的发展主要受限于材料的光热转换效率和蓄能设备。随着石墨烯等新型材料技术的成熟，太阳能汽车空调技术的应用将得以实现。

4. 跨临界循环二氧化碳汽车空调系统

目前欧洲各国已开展跨临界循环二氧化碳汽车空调系统的研究工作，奔驰汽车已完成实车试验，效果较好。美国的众多学校和研究机构，也建立了各种实验台，对二氧化碳汽车空调进行研究。国内对二氧化碳汽车空调系统的研究也取得了一些成功，但距离实际应用仍有较大差距。

5. 集成式整车热管理系统

随着新能源汽车的发展普及，空调系统已逐渐向整车热管理系统演化发展。例如，整合整车的冷热源合理分配，在控制空调系统的同时，统筹解决电机、电池热管理。

图 4-32 所示是一种集成式热管理系统概念图，其具有以下特点：电机、变速器发热作

图 4-32　集成式热管理系统

为空调制热、电池加热热源；PTC 加热仅在车辆冷起动初期使用；热管理 ECU 兼具空调控制、电池热管理、电机热管理功能。

本章小结

1. 汽车空调系统由制冷系统、暖风系统、通风系统、空气净化系统和控制系统组成。

2. 空调制冷系统利用蒸气压缩循环原理工作，主要由压缩机、冷凝器、储液干燥器、膨胀阀、蒸发器等组成。制冷系统工作由电磁离合器、温度控制开关、发动机转速自动调节装置、保护装置等进行控制和保护。

3. 汽车空调压缩机按照排量不同分为定排量压缩机和变排量压缩机两种。定排量压缩机的排气量一定，不能根据需要变化，只是随发动机转速的升高而增大；变排量压缩机排量能根据需要自动调节变化。

4. 定排量空调压缩机按照结构形式的不同，可分为往复式和旋转式。常见的往复式压缩机有曲轴连杆式和轴向活塞式（斜盘式和摆盘式），常见的旋转式压缩机有旋转叶片式和涡旋式。变排量压缩机可分为机械控制式和电子控制式。

5. 乘用车上通常采用水暖式供暖装置。

6. 通风和空气净化装置使车内空气保持流通和洁净。

7. 乘用车手动空调系统电路一般由电源电路、电磁离合器控制电路、鼓风机控制电路和冷凝器冷却风扇控制电路等组成。

8. 自动空调系统主要由传感器、空调 ECU 和执行器三部分组成。

思考题

1. 名词解释：独立式驱动空调、非独立式驱动空调、冷暖一体式空调、手动空调、自动空调、定排量压缩机、变排量压缩机。

2. 汽车空调由哪些系统组成？各有什么作用？

3. 制冷系统中，蒸发器、压缩机、冷凝器、膨胀阀、储液干燥器的作用是什么？说明制冷循环的工作原理。

4. 手动空调系统由哪几部分组成？它们的作用是什么？

5. 自动空调系统由哪几部分组成？它们的作用是什么？

第5章 汽车防盗系统

【本章内容架构】

```
                    第5章 汽车防盗系统

  5.1 汽车机械防盗      5.2 汽车电子防盗      5.3 汽车防盗系统      5.4 汽车防
  系统                 系统                 的发展动态          盗系统的常见
                                                              故障与使用维
                                                              护

                      1.汽车电子防盗系统概                       1.汽车防盗系统的常见
                        述                                       故障
                      2.电子式防盗系统的结                       2.汽车电子防盗系统的
                        构原理                                     正确使用
                      3.芯片式防盗系统的工
                        作原理
                      4.网络式防盗系统的工
                        作原理
                      5.汽车防盗系统实例
```

【学习目标要求、重点与难点】

序号	学习目标要求	学习重点	学习难点
1	掌握汽车防盗系统的基本原理与组成	√	
2	掌握汽车防盗系统的类型与各自的特点	√	
3	理解芯片式防盗系统的组成与工作原理		√
4	知道当前汽车防盗技术的发展动态		√
5	能够识别汽车主要防盗装置和主要零部件	√	

【引入案例】

一辆一汽大众新宝来乘用车仪表显示 SAFE，防盗激活，遥控器不起作用，始终不能着车。请分析故障可能的原因。

汽车防盗系统是一种安装在汽车上用来防止汽车被盗或延长窃贼偷车时间的汽车电气设备。汽车防盗系统主要分为机械防盗系统和电子防盗系统。其中电子防盗系统是电子防盗器与汽车电路配接在一起，从而达到防止车辆被盗等各种功能的系统。

随着科技与时代的发展，汽车防盗系统经历了机械式、电子式、芯片式和网络式四个发展阶段，目前，汽车防盗系统正向着高智能程度的芯片式和网络式发展。

5.1 汽车机械防盗系统

机械式防盗锁的结构和原理较简单，只是将转向盘、变速杆和控制踏板等汽车的重要部位靠机械的方法锁住，以达到防盗的目的。其优点是价格便宜，安装简便；缺点是防盗不彻底，每次拆装麻烦，不使用时还要找地方放置。

机械式防盗锁常见的有转向盘锁、变速杆锁、制动器锁、车轮锁以及车门锁等。

1. 转向盘锁

图 5-1 所示为一种转向盘锁。两个锁栓分别固定在转向盘的径向两相对端，锁杆的另一头插在车内任意地方固定，转向盘锁住后可防止窃贼转动转向盘。

2. 变速杆锁

图 5-2 所示为一种变速杆锁，将转向盘和变速杆锁在一起，以防止窃贼转动转向盘和换档，从而限制汽车正常运行。

图 5-1 转向盘锁

图 5-2 变速杆锁

3. 制动器锁

图 5-3 所示为一种制动器锁，可以在车主离开汽车后以机械或液压的方式，将制动器踏板固定在制动位置上，使汽车处于制动状态。

4. 车轮锁

图 5-4 所示为一种车轮锁，这种固定住轮胎的方式既防盗又可防止车辆被拖走。由于其

太笨重且锁车麻烦，故车轮锁较少被使用。现在常见于公共场所车辆管理部门用于扣押违规停车。

5. 车门锁

车门锁按其结构不同可分为舌式、棘轮式和凸轮式等多种，具体结构和工作原理请参见本丛书《汽车构造与原理》下册中的相关内容。

图 5-3　制动器锁

图 5-4　车轮锁

5.2　汽车电子防盗系统

知识点 1　汽车电子防盗系统概述

1. 汽车电子防盗系统的基本组成

汽车电子防盗系统主要包括四个部分：发动机电子控制单元（Engine Electronic Control Unit，Engine ECU）、防盗电子控制单元（Immobilizer Electronic Control Unit，IMMO ECU）、发送器（Transponder）和诊断器（Tester）。

2. 汽车电子防盗系统的基本工作原理

1）利用射频技术，实现非接触式或遥控式的钥匙鉴别。

2）利用数字加密技术，实现 Engine ECU 和 IMMO ECU 之间的加密通信。

3）Engine ECU 识别来自 IMMO ECU 的信息，进而控制发动机点火和喷油。

3. 汽车电子防盗系统主要结构形式

汽车电子防盗系统按其结构性能分主要有电子式、芯片式和网络式三种。

根据 IMMO ECU 的集成程度，防盗系统有两种结构形式。

1）防盗电子控制单元作为一个独立的器件，其防盗系统基本组成及原理如图 5-5 所示。

2）将防盗电子控制单元中的单片机控制功能集成到车内某一器件单片机内，仅将信号收发器独立出来，其防盗系统基本组成及原理如图 5-6 所示。

图 5-5　防盗系统基本组成及原理（一）

a）系统基本组成　b）系统原理

图 5-6　防盗系统基本组成及原理（二）

a）系统基本组成　b）系统原理

知识点2　电子式防盗系统的结构原理

现代汽车电子式防盗系统普遍采用电控式中央门锁。它可以在车内、外集中控制所有车门。电控式中央门锁在车门钥匙上配置无线电发射装置，在车内配置无线电接收装置，构成无线电遥控中央门锁。有的电控式中央门锁还具有服务、报警、防盗等多种功能。

【温馨提示】

汽车防盗系统拆装与车钥匙匹配视频请扫教学资源5.1对应的二维码进行观看。

1. 电控式中央门锁的基本结构

电控式中央门锁主要由电子控制单元（ECU）、门控开关以及门锁开关等传感器、报警装置及起动中断继电器等执行元件组成。

2. 电控式中央门锁的工作原理

如图 5-7 所示，电子控制单元的 A 端子和 N 端子为电子控制单元提供工作电压；G 端子和 M 端子分别连接到门锁电动机开关 S_1 的"锁定"和"开锁"接线柱，控制门锁的状态和解除报警状态；F 端子连接到报警继电器 K_3，以控制音响和灯光报警信号；E 端子连接到起

动中断继电器 K_2，以控制点火信号。门锁开关 S_3 连接到电子控制单元的 H 端子，用于解除防盗报警状态；行李舱开关 S_2 连接到电子控制单元的 C 端子，当锁筒拉出时接通，C 端子和 H 端子为电子控制单元提供报警信号；K 端子连接到收音机等附件，以解除报警信号。防盗报警指示灯 H 连接在电源和电子控制单元 D 端子间，反映防盗系统的工作状态。触发继电器由门控开关控制，当左右门控开关接通（门打开）时，触发继电器线圈通电吸合，使电子控制单元的 J 端子搭铁，控制亮灯，报警系统工作。

图 5-7　电子控制防盗报警系统

K_1—触发继电器　K_2—起动中断继电器　K_3—报警继电器　$F_1 \sim F_3$—熔断器　H—指示灯

S_1—门锁电动机开关　S_2—行李舱开关（当锁筒拉出时闭合）　S_3—门锁开关

当系统进入防盗准备状态后，如有人擅自打开车门（使门控开关接通）或由行李舱拉出锁筒（使行李舱开关接通），防盗报警电路就会工作，触发继电器 K_1 和报警继电器 K_3 工作，使喇叭发出声响，前照灯、尾灯、顶灯、侧灯等发光，同时接通起动中断继电器 K_2 电路，切断点火电路，使发动机不能起动。

> **找一找**　找一辆安装有电子式防盗系统的汽车，分析其结构原理。

知识点3　芯片式防盗系统的工作原理

目前，在汽车防盗系统领域占重要地位的当属芯片式防盗系统。它通过锁住起动机、电路和油路，达到防盗的目的，若没有芯片钥匙便无法起动车辆。数字化的密码重码率极低，而且要用密码钥匙接触车上的密码锁才能开锁，杜绝了被扫描的可能。其特点突出且使用方便，大多数乘用车均采用它作为原配防盗器。目前进口的很多高档车及国产大众、广州本田等车型已装用芯片式防盗系统。芯片式防盗系统已发展到第四代，除了有比电子式防盗系统更有效的防盗作用外，它还具有特殊诊断功能，即已获授权者在读取钥匙保密信息时，能够得到该防盗系统的历史信息。系统中经授权的备用钥匙数目、时间印记以及其他背景信息成为收发器安全特性的组成部分。

第四代芯片式防盗系统除了比以往的电子式防盗系统更有效地起到防盗作用外，还具有其他先进之处，如它独特的射频识别技术（RFID）可以保证系统在任何情况下都能正确识别驾驶人，在驾驶人接近或远离车辆时可自动识别其身份以自动打开或关闭车锁；无论在车内还是车外，探测器件都能够轻松探测到电子钥匙的位置。国内不少厂商通过引进国外先进技术开发出我国的芯片式防盗系统，例如，爱丽舍应答式防盗系统在 BOSCH MP5.2 电喷系统的基础上增加了一套新系统，它可以用来锁定和解锁发动机电子控制单元，从而实现车辆的防盗功能。当插入一把带有应答器的正确钥匙并打到"M"位时，系统自动完成对码、解锁发动机电子控制单元，否则发动机电子控制单元处于闭锁状态，发动机点火和喷油的控制被切断，汽车无法起动。

知识点4　网络式防盗系统的工作原理

网络式防盗系统通过网络实现车门的开关和车辆的起动、截停、定位及根据车主的要求提供远程车况报告等功能。目前主要使用的网络有全球定位系统（GPS）。GPS 主要靠锁定点火或起动发动机达到防盗的目的。采用 GPS 技术的汽车反劫防盗系统由安装在指挥中心的中央控制系统、安装在车辆上的移动 GPS 终端及 GSM 通信网络组成，接收全球定位卫星发出的定位信息，计算移动目标的经纬度、速度和方向，并利用 GSM 网络的短信息平台作为通信媒介实现定位信息的传输，具有传统 GPS 通信方案无法比拟的优势。网络式防盗系统突破了距离的限制，覆盖范围广，可用于被盗汽车的追踪侦查，可全天候应用，破案速度快，监测定位精度高。

一旦汽车被盗或出现异常，指挥中心可立即通过 GPS 接收终端设备信号，确定汽车实时地理位置和多方面信息，配合各方面力量及网络优势追回汽车，同时能熄灭发动机，使汽车不能行驶。

GPS 防盗技术可以说是一场技术革命，它一改传统防盗器的被动、孤立无助的被动式服务，能为车主提供全方位的主动式服务，是目前其他类型汽车防盗系统所不能比拟的。伴随着汽车工业的不断进步，GPS 在汽车防盗上的应用将越来越普遍。网络式防盗系统的防盗效果是十分明显的，但由于网络式防盗系统存在信号盲区、报警迟缓的缺点，它也无法完全有效保障车辆安全。

知识点5　汽车防盗系统实例

奔驰 W220 装备了无钥匙进入系统（Keyless Go 系统），其将防盗系统同控制器局域网（Controller Area Network，CAN）密切结合起来，从而保证防盗功能的万无一失。

1. Keyless Go 系统的组成

Keyless Go 系统由遥控防盗卡、各车门天线、车顶控制面板 ECU、Keyless GO ECU、电子点火系统（EIS）ECU、综合开关控制 ECU、气动系统设备（PSE）ECU、开关和执行器组成。Keyless Go 系统组成如图 5-8 所示。

遥控防盗卡送出信号至车门天线及车顶控制面板 ECU，由 Keyless Go ECU 接收，并同时通过 CAN 送出信号传输到电子点火系统（EIS），再由 EIS ECU 经 CAN 总线送出信号至 PSE ECU 及综合开关控制 ECU 控制天窗、电动窗及转向灯。

后窗天线放大器

油底壳

右后门

右前门

左窗

遥控防盗卡
(Keyless Go)

左前门天线

左前门

右前门

左前门
电磁阀

Keyless Go
ECU

电子点火系统
ECU

车顶控制
面板 ECU

PSE ECU

左前门红外线接收器
左前门（开启／关闭）
磁触开关

转向信号

CAN

转向灯

综合开关控制 ECU

图 5-8　Keyless Go 系统组成

【温馨提示】

防盗系统结构认识视频请扫教学资源 5.2 对应的二维码■进行观看。

2. 系统工作原理

防盗控制系统的 CAN 总线系统如图 5-9 所示，图中的相关注释见表 5-1。

图 5-9　防盗控制系统的 CAN 总线系统

表 5-1 防盗控制系统的 CAN 总线系统图中的相关注释

代号	名 称	代号	名 称
A2/12	天线放大器（后窗）	L12	左前门电磁阀
A2/31	天线（后保险杠）	L12/1	左后门电磁阀
A2/35a1	天线（左）	L12/2	右前门电磁阀
A2/35a2	天线（右）	L12/3	右后门电磁阀
A2/38	防盗遥控器天线（左前门）	N10/6	左前 SAM ECU
A2/39	防盗遥控器天线（左后门）	N10/7	右前 SAM ECU
A2/40	防盗遥控器天线（右前门）	N10/8	后 SAM ECU
A2/41	防盗遥控器天线（右后门）	N69/1	左前门 ECU
A8/2	遥控器	N69/2	右前门 ECU
A37	PSE ECU	N69/5	Keyless Go ECU
E1e5	左转向信号灯（前）	N70	车顶控制面板 ECU
E2e5	右转向信号灯（前）	N73	电子点火系统 ECU
E3e1	左转向灯信号灯（后）	S2/3	起动/停止开关
E4e1	右转向灯信号灯（后）	S9/1	制动灯开关
E6/5	转向信号灯（左后视镜）	S15/1	行李舱释放开关
E6/6	转向信号灯（右后视镜）	S47b1	左前门接收器
S47/s1	左前门拉动开关	S48s1	右前门拉动开关
S47/s2	左前门推动开关	S48s2	右前门推动开关
S47/1b1	左后门拉动开关	S48/1b1	右后门接收器
S47/1s1	左后门拉动开关	S48/1s1	右后门接收器
S47/1s2	左后门推动开关	S48/1s2	右后门推动开关
S48b1	右前门接收器	A62/21	行李舱开启键

Keyless Go 系统在各车门及后保险杠上均安装了天线。此天线动作信号由 Keyless Go ECU 传送到天线执行器上（图 5-10），使天线产生电磁波效应，从而使防盗监控卡传送"识别码"（或称为"信号"）到天线放大器（后窗），再由车顶控制面板 ECU 接收此信号，之后又传回到 Keyless Go ECU。

图 5-10 Keyless Go 天线执行器

Keyless Go ECU 接收到信号后再送到电子点火系统 ECU 进行"信号"核对，若正确则经 CAN 总线送到 PSE ECU 及综合开关控制 ECU（组合开关、控制室外灯闪烁）。

（1）车门开启功能　当 Keyless Go ECU 接收 CAN 信号或左前门接收器、左前门（开启、关闭）碰触开关的信号时，Keyless Go ECU 发出信号至左前门天线，再由天线发出信号至遥控防盗卡。如果此时按下遥控防盗卡开启车门键，则遥控防盗卡传送"开启"信号到车顶控制面板 ECU，车顶控制面板 ECU 又将信号经 CAN 总线传送到 Keyless Go ECU，Keyless Go ECU 接收到信号后又经 CAN 总线传送回 EIS ECU 进行信号核对。若信号无误则 EIS ECU 由 CAN 传送"信号"到综合开关控制 ECU 及 PSE ECU。PSE ECU 控制车门执行器动作把车门打开。综合开关控制 ECU 控制室外灯闪烁，Keyless Go ECU 则控制左前门电磁阀动作。

（2）锁住车门功能　Keyless Go ECU 接收行李舱释放开关信号和左前门触动开关信号后，防盗遥控卡即发送信号到车顶控制面板 ECU，再由它将信号送到 Keyless Go ECU 并交由 EIS ECU 进行"信号核对"，信息确认无误后，经由 CAN 总线将"锁住信号"送至 PSE ECU 及综合开关控制 ECU 控制各车门和行李舱执行器锁住，以及让室外灯闪烁（即经由 Keyless Go ECU 去控制各车门天线动作，天线即送信号到防盗遥控卡，此时防盗遥控卡发出"锁住信号"到车顶控制面板 ECU，再由 CAN 总线传送回 Keyless Go ECU）。

5.3　汽车防盗系统的发展动态

微电子技术和计算机软件技术的进步，推动了汽车制造厂商对汽车防盗技术的研究和升级。如今的汽车防盗系统已经趋于向多功能化、网络化、可视化和便捷化发展。

1. 国外防盗系统的研究现状

（1）美国 CODE ALARM 汽车防盗技术　现在，所有防盗器最重要的部分是遥控器，遥控器相当于汽车的钥匙，一旦被复制，防盗功能便荡然无存。美国的 CODE ALARM 采用一种超级密码保障及防解码的功能，使防盗器的密码获得最佳保障，即使使用最高速的解码器，也需要较长时间才能将密码解破。此外 CODE ALARM 解码器有多项额外功能，例如，自动进入戒备状态、125dB 的全天候式警告信号、智能振荡感应自动关闭保护区域及微波监察器等。

（2）变密码防盗技术　德国梅赛德斯·奔驰公司生产的部分车型装配有"电子开门钥匙"红外线遥控器，通过发射肉眼看不见的多次变换密码的光信号给接收这种信号的特种传感器来执行防盗功能。它通过微型计算机与发动机的电子控制单元（ECU）相连，车门锁闭时能切断全部功能。这种防盗装置之所以能绝对防盗，在于密码能随时变换，只有使用与之相应的遥控器才能使用和识别密码。

（3）电子追踪防盗技术　电子追踪防盗技术是示踪标识和追踪雷达系统的结合，能在14m 之内对行驶的汽车进行监视和识别。每个示踪标识都有一个硅集成电路和发射装置。示踪标识可根据车主的要求发出密码电波，出厂时装在车内；追踪雷达系统则装在道路口的交通标志灯上，接收和识别每一辆行驶过的车辆的密码电波，警察可据此扣留被盗车辆。

（4）其他防盗系统技术　瑞典 Volvo 汽车公司为 S80 型汽车开发出一套新型防盗系统，

其中既有机械方式防盗，也有电子方式防盗，还有防砸功能。它的车门钥匙锁芯可以无阻力旋转，当盗贼用螺钉旋具或其他坚硬物体撬锁时，该锁芯可随撬动的物体旋转而无法撬开。车主打开电子静止状态控制系统离开汽车时，如有人想移动该车，车辆就会拒绝进入行驶状态。它的前、后风窗玻璃和车窗玻璃均采用特种玻璃，即使用铁锤或铁棒击打，玻璃也不会出现缝隙，人手无法伸进车内将车门打开。

奔驰CLK双门跑车采用了智能钥匙（或称电子钥匙）。该车并无点火锁，将一把电子钥匙的楔形舌片插入点火开关时，此电子钥匙就发出一个红外密码数据信号，起动电子控制单元内的微型计算机接收此信号，并将其与存储器内的密码进行对比。如果两密码相同，微型计算机就打开转向盘锁。此外，发动机电子控制单元还要求此点火开关能在0.5s内解决一个复杂的适配问题。只有经过计算，两个装置得到相同的答案，发动机才能起动。每起动一次，密码就会发生变化。

指纹控制的点火系统（图5-11）的防盗方法是将驾驶人的指纹存储在汽车内，以便驾驶人点火时将指纹与已存储的参考指纹相比较。指纹或声音识别技

图5-11　指纹控制的点火系统

术有使用的局限性。当他人借车时，必须经过车主授权方可驾驶。

2. 国内防盗系统的研究现状

我国对汽车防盗技术的研究起步较晚，但对新技术的跟进十分迅速，特别是对GPS、GPRS、GSM、短信、RFID以及跳码等新技术在汽车防盗上的应用进行了卓有成效的研究。

同时，我国也针对汽车防盗系统制定了国家标准，为行业的发展设定了基准。最早的标准是国际电工委员会（IEC）和国际标准化组织（ISO）于1995年12月制定的《报警系统 第10部分：道路车辆用报警系统 第1节：客车》，后来GB 20816—2006中表述汽车防盗系统如下：车辆防盗报警系统（Vehicle Security Alarm System，VSAS）是安装在车辆上的一种系统，在设置警戒状态下指示出侵入或盗用车辆的行为，并且阻止未经许可使用车辆。

针对汽车防盗系统，国内部分企业也研制出适用于本土的产品。

（1）**无线遥控汽车防盗系统**　无线遥控汽车防盗系统采用国际先进的电子密码技术，具有2000万个不重复的编码程序，通过遥控实现防盗、防劫功能，同时还具有遥控熄火及BP机报警等功能。

（2）**CAS（Control Alarm Station）系统**　CAS系统由报警发射、网络接收、监控中心三部分组成。监控中心对入网的车辆实行不间断的监测服务，当发生盗窃时，CAS系统能在15s内将移动目标的报警信息传给监控中心，中心在电子地图上能准确地显示出案件发生的地点、时间、移动方向，并将有关车辆的牌照、颜色等信息传到110指挥中心。

（3）**全方位遥控防盗技术**　全方位遥控防盗技术适用于各种车型，具有全车体、全方位防盗、自动防盗报警和锁定功能。除车主之外，任何人想开动汽车，或通过撬、拆、击打汽车，盗窃轮胎或车上货物时，汽车都会发出不小于120dB的强力报警声。

3. 汽车防盗系统的发展趋势

未来汽车防盗系统将向多功能化、网络化、可视化和便捷化发展。

（1）**多功能化**　多功能化是指在同一辆车上使用两种或两种以上的防盗技术，从而增加窃贼的盗窃难度并延长其作案时间。例如，超声波传讯转向盘锁即为机电组合的防盗器，其转向盘锁利用钢材制造，不易锯断，感应器采用超声波感应与振动感应，在感应到异常状态的第一时间就会呼叫车主，距离可达 2.5~3km，车型不限。

（2）**网络化**　网络化能远程跟踪、遥控，并在窃贼得手后找回被盗汽车，因此汽车防盗网络化是大势所趋。一方面，在 GPS、GSM、短信、电子地图这些技术的基础上，今后还可能和可视化设备融合，实现对窃贼的拍照取证；另一方面，通过和公安机关的机动车防盗警务网络进行联网，实现自动向警方报警的功能。

（3）**可视化**　可视化即利用安装在车内隐蔽地方的微型相机或者秘密录像机，在防盗系统工作时，主动录下闯入汽车的盗贼的照片并通过 GPS 直接传送至控制中心，使控制中心随时掌握车辆所在的位置及盗贼的动向，以便抓获。

（4）**便捷化**　便捷化可实现车门的自动加/解锁和车窗玻璃的升降。例如，PKE 技术，也称为"被动式免钥匙进入"技术，车主将"智能钥匙"放到口袋或皮包中随身携带后，可以实现车主离开汽车超过 1.8m 时系统自动锁好车门并伴有声光提示。如果下车时没有关好车门，系统会有声光报警提醒车主回去关好车门。如果驾驶人忘记关车窗，系统会自动升窗。当需要开车时，不用做任何操作直接可以开启车门。

找一找　检索资料，查看现代汽车最先进的防盗系统的结构原理是什么？

5.4　汽车防盗系统的常见故障与使用维护

知识点 1　汽车防盗系统的常见故障

汽车防盗系统常见故障见表 5-2。

表 5-2　汽车防盗系统常见故障

故　障	现　象	原　因
汽车遥控器没反应	按下遥控器开门或锁门时，车辆没反应	1. 汽车遥控钥匙里的电池没电，造成汽车遥控器失灵 2. 其他电子信号干扰，造成汽车遥控钥匙失灵 3. 汽车遥控钥匙进水了，导致电路短路失灵
汽车遥控距离越来越短	汽车遥控开门或关门的距离越来越短，只有 2~3m	1. 钥匙电池电量不足 2. 汽车接收天线故障
车辆行驶中进入报警状态	车辆行驶 30~40s 自动熄火并进入报警状态，解除防盗功能后，行驶中重复上述情况	在车内操作遥控器，引起二次自动防盗
汽车防盗系统工作正常但车辆不能起动	汽车防盗系统工作正常，点火电动机运转正常，但车辆不能发动	由报警器或汽车本身电器故障引起

知识点2　汽车电子防盗系统的正确使用

1）**使用匹配的钥匙**。对于配置电子防盗系统的汽车，其点火钥匙不是普通的机械钥匙，而是带脉冲转发器的防盗钥匙，只有使用被防盗电子控制单元认可（匹配）的钥匙才能起动发动机。如果需要增配钥匙，必须匹配该汽车的全部钥匙。用户如果遗失一把合法的钥匙，为了安全起见，必须到维修站去把其他所有的合法钥匙用专用故障诊断仪重新进行一次匹配过程，这样可以使丢失在外的钥匙变为非法钥匙，从而不能起动发动机。

2）**正确安装防盗读识线圈**。当更换点火开关时，需要拆下防盗读识线圈，安装时务必把读识线圈安装到位，使读识线圈紧紧地卡在点火锁芯上，不能留有间隙，否则发动机不容易起动。基于同样的理由，防盗钥匙不要跌落在坚硬的地面上。

3）**主钥匙发热是正常现象**。有的乘用车在使用主钥匙起动发动机并行驶一定里程后，主钥匙会发热，这是正常现象，对车辆没有损害。

4）**防盗钥匙在使用过程中，要避免被外界电子信号干扰**。

知识拓展

1. 被盗车辆追踪软件

这项技术大多捆绑在汽车的辅助安全系统中，如宝马的联网驱动系统或通用的安吉星系统。这些功能除了包含车辆故障诊断、人工客服和事故报警等功能，执法部门也可以使用这些功能来精确定位被盗车辆的确切位置，如图5-12所示。

图5-12　被盗车辆追踪技术

2. 汽车指纹防盗锁

汽车指纹防盗锁主要由主机、指纹采集器、键盘、报警喇叭及连接线组成。

汽车指纹防盗锁的原理是：汽车指纹防盗器，一般通过指纹来控制汽车的电路、油路、发动机起动电机，从而起到防盗目的。它具有防屏蔽、防解码等特点。首先由指纹采集器通过光学成像或半导体感应对车主的指纹进行采集，提取特征值，再把用户指纹注册到主机的存储器模块。开启门锁时，只需把已注册的手指轻轻放在指纹传感器上（图5-13），当采集到的指纹和存储器里的指纹模板比对通过后，门锁开启。若指纹对比没有通过，则继续对受控电路加锁，门锁无法开启。

汽车指纹防盗器在-45~85℃、湿度20%~100%使用，在保证精度前提下，除了对理想指纹具有高识别率外，对复杂指纹也能保证非常高的识别率。例如：干手指指纹、湿手指（蘸水的手指）指纹、浅纹理手指指纹、磨损手指指纹、粗糙手指指纹、老年手指指纹、油脂手指指纹、灰尘手指指纹、带泥手指指纹、油墨手指指纹等，都能正常使用，可迅速通过验证，验证丝毫不受影响。

图 5-13　汽车指纹防盗锁

本章小结

1. 汽车防盗系统是一种安装在汽车上用来防止汽车被盗、延长窃贼偷车时间的汽车电气设备。

2. 汽车防盗系统主要分为机械防盗系统和电子防盗系统两大类。汽车防盗系统经历了机械式、电子式、芯片式和网络式四个发展阶段。四者呈现互相交错发展的趋势。

3. 汽车电子防盗系统由发动机电子控制单元、防盗电子控制单元、发送器和诊断器四部分组成。

4. 未来汽车防盗系统将向多功能化、网络化、可视化和便捷化发展。

思考题

1. 名词解释：汽车防盗系统、电控式中央门锁、芯片式防盗、网络式防盗。
2. 汽车防盗系统有哪几种类型？各有哪些特点？
3. 汽车电子防盗系统主要由哪些系统组成？工作原理如何？
4. 电控中央门锁的基本结构和工作原理如何？
5. 简述国内外汽车防盗系统的发展动态。

第6章 汽车影音与导航系统

【本章内容架构】

```
                  第6章 汽车影音与导航系统

  ┌────────┬────────┬────────┬────────┬────────┐

  6.1 汽车    6.2 汽车    6.3 汽车    6.4 汽车    6.5 汽车
  影音系统   影音系统   导航系统   导航系统   影音
  概述      基本组成   概述      基本组成   与导航系
            与原理              与原理    统的常见故
                                        障

            1.汽车声像主机
            2.功率放大器
            3.扬声器
            4.显示器
            5.汽车后座娱乐
              系统
            6.音响的防盗与
              解码
```

【学习目标要求、重点与难点】

序号	学习目标要求	学习重点	学习难点
1	掌握汽车影音系统基本组成和原理	√	
2	理解车载音响主要组成和基本工作原理	√	√
3	理解车载音响防盗原理	√	√
4	掌握汽车导航系统基本组成和原理	√	
5	能够识别汽车影音系统和导航系统主要零部件	√	

【引入案例】

一辆丰田卡罗拉乘用车，倒车时倒车雷达系统能够正常使用，但是一直有报警声。请分析可能的故障原因。

6.1 汽车影音系统概述

汽车影音系统是汽车收、放音，图像接收、播放等设备的总称，它为驾乘人员提供无线电广播节目（如娱乐节目、交通信息、天气情况等），电视节目，播放磁带、CD、VCD、DVD、MP3、MP4 等声像媒体，有助于减轻驾驶途中的疲劳，并使驾乘人员感受艺术的享受。

早在 1923 年，美国首先出现了装配电子管无线电收音机的汽车。20 世纪 70 年代初，可播放卡式录音带的车用收放两用机出现在乘用车上。今天，汽车音响已经由最初的收听广播、聆听音乐等基本功能，演变成集视听娱乐、通信导航、辅助驾驶、流动办公室等多种功能于一身的综合性多媒体车载电子影音系统，并成为衡量现代乘用车舒适性和档次的标准之一。新一代车载影音系统以现代存储设备（如 USB/SD）为载体，借助高科技解码和显示技术，省去了 CD/DVD 机心部分内容，可下载播放多种格式的影音文件（如 MP3、MP4、WMA 等）。

目前比较知名的汽车音响厂商有飞利浦（PHILIPS）、阿尔派（ALPINE）、歌乐（CLARION）、松下（PANASONIC）、先锋（PIONEER）、富士（FUJI）、蓝宝和飞歌等。

6.2 汽车影音系统基本组成与原理

汽车影音系统主要由声像主机（信号源）、功率放大器、扬声器、显示器及安全解码装置等部分构成，图 6-1 所示为上海通用别克 MY2005WL 系列车辆影音系统的分布图，图 6-2 所示为其影音系统电路图。

【温馨提示】

汽车影音系统基本组成视频请扫教学资源 6.1 对应的二维码▨进行观看。

图 6-1　上海通用别克 MY2005WL 系列车辆影音系统的分布

图 6-2　上海通用别克 MY2005WL 系列车辆影音系统电路

车载影音系统的基本原理如图 6-3 所示。主机从不同的信号源（收音机、磁带机、数字电视、CD、MD、MP3、VCD 机和 DVD 机等）获取声音和影像信号，经过功率放大器进行选择处理与功率放大，推动扬声器和显示器工作，满足人们的视听要求。

图 6-3　车载影音系统的基本原理

知识点 1　汽车声像主机

汽车声像主机是车载影音系统的核心，主要功能是播放音源。

按照德国标准化学会（DIN）规定，车载影音系统的主机安置在驾驶室的中控台上，有 1DIN 和 2DIN 两种。1DIN 指一个标准空间（宽高固定，而深度不限，如长 183mm、高 50mm、深 153mm），主机内至少装有收音机、磁带播放机或单碟 CD 机以及功率放大器三大部件，高级的则还带有多碟 CD 机的控制电路；2DIN 指的是 1DIN 的两倍空间，可以同时容纳收音机、磁带播放机、单碟或多碟 CD 机以及功率放大器四大部件。

车载影音系统的主机根据不同汽车和客户的需要，集成了车载收音机（FM/AM）、磁带播放机、蓝牙、CMMB 数字电视、CD、MD、MP3、MP4、VCD 机和 DVD 机等多种播放设备和控制装置（图 6-4），最近几年又扩展为 USB、HD、Memory Stick、iPod 等多种数码介质。

1. 车载收音机

收音机是最常见的车载音响（图 6-5），用于收听无线电广播。它是取材标准的音源配备之一，一般均配装有调幅（中波）收音（AM）和调频广播（FM），可预设六个 AM 和 12 个 FM 电台，有的还装配有短波（SW）收音。

车载收音机主要由天线、接收装置、声场修正、可听频率增幅及扬声器等组成。

汽车音响天线主要有以下三种形式：

（1）车窗外装拉杆式天线　这种天线在车头外或前窗左侧，常带有三节拉杆，全部拉出时长 1.2~1.4m，也有些货车和大型客车采用单节天线，长度 0.8~1m。

（2）车头或车尾内装天线　这种天线可分为手动和自动两种，手动天线多装在左前翼子板内，使用时用手拉出，有三节，拉出总长度 1~1.1m。自动天线可装在左前翼子板或车后尾部，音响开机时，给天线提供电源，天线底部的小电动机运转，天线自动伸出（常有 3~5 节），关机后，天线缩回。

图 6-4　别克 MY2005WL 汽车影音主机

1—时钟调整或时间显示打开、关闭　2—自动电台记忆存储：本地、远程搜索灵敏度　3—FM1/FM2/AM 选择按钮　4—CD 选择、暂停按钮　5—安全指示灯　6—信息显示器　7—CD 弹出按钮　8—碟片装入、取出槽　9—收音机开、关　10—收音机模式：电台搜索；CD 机模式：音轨上一下、下一个　11—收音机模式：手动频率选择　12—CD 机模式：音轨提示、回顾　13—音量控制；推：低音、高音、衰减、平衡　14—收音机模式：记忆预设电台 6　15—收音机模式：记忆预设电台 5　16—收音机模式：记忆预设电台 4　17—CD 机模式：音轨随机播放；收音机模式：记忆预设电台 3　18—CD 机模式：音轨重复播放；收音机模式：记忆预设电台 2　19—CD 机模式：音轨扫描；收音机模式：记忆预设电台 1

（3）玻璃夹层天线 这种天线安装在后风窗玻璃夹层中，对汽车外观没有影响，且天线永不磨损，所以被国产、进口高档乘用车所采用。与拉杆式天线相比，其电性能在 AM 时稍差，灵敏度要低 5～10dB，所以一般要加一级无线信号放大器，放大器多安装在汽车 C 柱护板内，与之配套的汽车音响常标有"窗式天线专用"字样。

图 6-5　车载收音机

车载收音机接收装置通常由高频放大器、本机振荡器、混频器、中频放大器、检波器等组成，如图 6-6 所示。

图 6-6　车载收音机接收装置的工作原理图

衡量车载收音机和其他音响的主要性能指标有如下三项：

（1）**整机频率特性** 频率特性又称为频率响应特性或有效频率范围。它是指汽车音响能够重放音频信号的频率范围及在此范围内允许的振幅偏离量。汽车音响的频率范围越宽，振幅偏离越小，则频率特性就越好。高保真汽车音响的频率响应已达 20Hz~20kHz。

（2）**信噪比** 信噪比是指放大器输出的声音信号（S）功率（或电压）与噪声（N）功率（或电压）之比，信噪比越大，汽车音响性能越好。目前高档汽车音响信噪比可达：CD>90dB，磁带放音>50dB，FM>60dB，AM>45dB。

（3）**灵敏度** 灵敏度是指调谐器接收微弱信号的能力。它表示在规定的音频输出信噪比下，产生标准功率输出所需要的最小输入信号强度。其值越小，灵敏度越高，调谐器性能越好。汽车音响的灵敏度可达：FM<1.5μV（在 $S/N=30$dB 时）；AM<15μV（在 $S/N=20$dB 时）。

2. 磁带播放机

磁带播放机用于播放录音带，早期的卡式磁带播放机只能作单向运动，可以快进、不能倒带，现已淘汰。

盒式磁带播放机在 20 世纪 60 年代由荷兰飞利浦公司发明，通常安设在主机上，档次有高有低。低档产品功能简单，是全机械控制，多数只作为低档经济车型的厂家标配。高档的车载盒式磁带播放机通常采用电控系统，具有自动翻面循环播放、正反双向快速选曲等功能，有些还带有杜比降噪系统以改善音质，以及采用高硬度磁头来延长使用寿命。

3. CD、VCD、MP3、MP4 播放机

中高级车在出厂时大都配有单碟 CD 机，通常也安设在主机上，并采用吸入式装碟。对于 1DIN 的主机来说，设有单碟 CD 机以后，便没有必要装磁带播放机了。不过有些消费者还是希望装备齐全，所以也就有厂家生产了一些 2DIN 主机，同时装备有收音机、磁带播放机及单碟 CD 机。

由于一张 CD 的最长播放时间仅有 74~80mim，所以在长途行车时就难免频频换碟。多碟自动换片 CD 机很好地解决了这个问题。可以预先装好 6~12 张 CD（视其机型而定），放完一张之后机器会自动换下一张，这样就可以保证不会在短时间内听到重复的歌曲。

由于 AV 潮流的兴起，现在的新型单碟 CD 机往往都增加了 VCD 播放功能，配上液晶显示器（图 6-7）之后，便可以在车里看电影了。

另外，MP3、MP4 播放功能也已经成为新型 CD 机的标配。利用 MP3、MP4 压缩率高的特点，可以在一张 CD 上记录上百首歌曲，避免了频繁换碟，也不会因为要携带大量 CD 碟而占用过多的车内储物空间。

知识点 2　功率放大器

车载音频功率放大器（即汽车功放，简称功放）是汽车音响系统的重要组成部分，其作用是将音频输入的信号进行选择与处理，进行功率放大，推动扬声器工作，发出悦耳的声音，满足人们的听觉享受。

功率放大器包括前级放大器和后级放大器。中档立体声汽车音响有左右两个声道，输出功率 2×10W 左右；高档数字式汽车音响有四个声道，采用高保真、大功率集成电路功放，具有平坦的频率特性和良好的信噪比、动态性，为得到较大输出功率，常采用 BTL 输出方

式，输出功率为 4×30W 左右。汽车音响一般都有输出短路保护和过热保护电路，当温度达 160℃时保护电路起作用，输出端短路，功率放大器关闭，无输出。

知识点3　扬声器

扬声器俗称喇叭，不同信号源的音频信号经功率放大后，最后由扬声器还原为声音，它是直接影响音质好坏的关键部件。

汽车扬声器通常分前、后声场扬声器及重、低音扬声器，一般功率在 10~30W，大功率扬声器为 30~100W。

知识点4　显示器

显示器主要指车载液晶显示器（图6-7），其组成包括解码器、后座用 DVD 视频数码输出、各种导线、电容、电源分配器、接线端子等。

一些高档汽车音响具有遥控及 12C 总线控制功能，使汽车音响的音量调节、高低音调节、音量平衡调节等实现了数字化。在这类高档汽车音响中，多具有激光唱机输入（CD IN）接线端子和 CD 控制功能（微型数字盒式录音机 DCC、数字磁带录音机，DAT 信号也从 CD IN 端口进入），有音量渐弱控制器接口，遥控电源端等。某些进口和国产高级汽车音响还具有机械电子式防盗功能。

目前带硬盘的汽车音响也已经运用于汽车。例如，索尼 MEX-1HD 型带硬盘 CD 音响，内置 10G 硬盘，内置"存储棒"插槽。其功能相当齐全，包括 CD 播放、数码

图6-7　车载液晶显示器

调谐收音、内置多声道功放电路和电子均衡控制，可以兼容播放 MP3 音乐、兼容 CD-R 和 CD-RW 刻录播放、高速转录 CD 音乐节目、转录"存储棒"节目等，附带的卡片式无线电遥控器可方便地进行播放和多种工作模式的控制操作。

知识点5　汽车后座娱乐系统

高档汽车还设置有后座娱乐系统（RSE），别克 MY2005WL 汽车后座娱乐系统如图6-8所示。

该后座娱乐系统包括一个 DVD 播放机、两个视频显示屏、一个音频接口模块、一个 DVD 输出分离器装置和一个存储在后座椅中心扶手存储舱的手持式遥控器。

DVD 播放机内置于后排座椅下的一个静止盘总成中，如图6-9所示。

安装在 DVD 播放机面板内的 RCA 插孔允许辅助设备（如可携式摄像机或视频游戏机）与使用标准 RCA 电缆的视频屏幕的音频和视频输入连接。黄色插孔是视频输入，而红色和白色插孔是相应的右和左立体声输入。

音频接口模块（图6-10）位于装有 DVD 播放机和视频分离器的后排座椅中心下方的安装托架内，它是 DVD 播放机、音响系统和车身控制模块之间的接口。音频接口模块验证来自 UART 数据总线上的收音机信息，然后通过Ⅱ级通信总线与 DVD 通信，最后启动 DVD。如果没有有效的安全信息，音频接口模块会进入锁定模式且不允许启动 DVD。

图 6-8　别克 MY2005WL 汽车后座娱乐系统

图 6-9　DVD 播放机

　　音频接口模块同时控制家长锁定功能。该功能通过按压位于音响主体上的耳机按钮 2s 以上来激活。家长锁定模式下，DVD 播放机的所有功能除装入、弹出功能外都被禁用。激活家长锁定功能也将锁定后座遥控。按压耳机按钮 2s 以上可恢复 DVD 播放机的正常操作和后座遥控。

　　DVD 输出分离器（图 6-11）位于装有 DVD 播放机和音频接口模块的后座椅中心下方的安装托架内。它可以分割输出信号，以便将信号分配到两个娱乐视频显示屏上。

图 6-10　音频接口模块

图 6-11　DVD 输出分离器

　　视频显示屏安装在前排座椅头枕后部内（图 6-12），包括位于屏幕正下方的红外线接收器（用于接收手持式遥控器发送的信号）。为正确操作手持式遥控器，视频显示屏的视觉电路必须保持无障碍。

视频显示屏使用时应特别注意切勿直接触摸视频显示屏，否则可能会损坏屏幕。

手持式遥控器（图 6-13）由两个 AA 电池（5 号电池）供电，控制 DVD 播放机的所有功能。使用手持式遥控器时，将其对准视频显示屏底部的红外线窗口并根据需要按下相应的按钮。

图 6-12　视频显示屏

图 6-13　手持式遥控器

后座耳机插孔（图 6-14）位于后车窗装饰板总成中心的铰链盖下方，固定在儿童保护装置固定点的两侧。插口尺寸是标准的 $\phi6.5\text{mm}$，适用于大多数耳机。

新车有配套耳机（图 6-15），将一个或两个耳机插入音频输出插孔会使后扬声器音频输出静音并将音频信号切换到耳机。

图 6-14　后座耳机插孔

图 6-15　耳机

知识点 6　音响的防盗与解码

1. 音响防盗的基本原理

现代乘用车大都装有高档音响，为了防止被盗，大部分都安装有防盗装置。其基本原理是车主通过音响面板上的按键给汽车音响输入设定的密码，使音响处于防盗状态。一旦音响系统被盗，即会自行锁死，除非由车主输入正确的密码，否则音响仅能闪烁 CODE 或 SEC 等字样，而不能使用，这样就起到了防盗的作用。在汽车更换蓄电池、音响熔丝断路、拔开音响插头等音响电源中断时，音响防盗系统也会自动锁死音响进行保护。

2. 音响防盗的识别

如在说明书、主机、电路原理图、音响面板或后车门三角窗等处发现如下字样：ANTI-THEFT、CODE、SECURITY、ANTITHEFT-SYSTEM 等，则说明该车音响具有防盗功能。

3. 音响锁死的解码方法

当音响锁死以后，要想再使用音响就必须按正确的步骤输入正确的密码，如果多次输入错误密码，将会导致音响被永久锁死。

音响解码一般有已知密码解码、通用码解码和无密码解码三种方法。

【温馨提示】

汽车影音与导航系统拆装与检测视频请扫教学资源 6.2 对应的二维码进行观看。

6.3　汽车导航系统概述

车载导航系统主要由主机、显示屏、操作键盘（或遥控器）和天线组成，它具有准确的地图、地理信息，清晰的行进路线，实现了野外踏勘、出游旅行的数字化智能导航。车载导航系统具有全球全天候适时性应用、无盲区的特点，包含多种数据信息和位置坐标的免费卫星资源，能规划或显示航行路程、航行时间、方位、偏航方位角、偏航距离和预设报警。

车载导航技术是现代科学的结晶，它综合了航空技术、航天技术、无线电通信技术和计算机技术。将前面三大技术细分，可以分为导航卫星及目标定位技术、城市智能化交通管理技术、陀螺仪传感器等传感技术、GIS（地理信息系统）数字电子地图技术和 GSM（全球移动通信系统）动态导航通信技术等高新技术。车载导航技术也可分为军用部分和民用部分，两者最突出的一点区别是定位的精度。自 1987 年全球第一台车载导航装置出现在丰田皇冠汽车上后，随着世界汽车的需求不断增大，车载导航在汽车上应用的技术日渐成熟，现在已经成为汽车里不可或缺的一部分。

目前世界共有四个主要的卫星导航系统，分别是美国的全球定位系统（GPS），欧盟的伽利略定位系统，俄罗斯的"格洛纳斯"全球卫星导航系统和中国的北斗卫星导航系统。四大定位系统都具备军民两用能力。而我国在汽车导航系统里使用最广的是美国的 GPS，GPS 也是最早使用的卫星定位系统。

为了满足我国在卫星定位导航在航天领域和军事领域上的迫切需求，2000 年，我国成功发射了两颗地球静止轨道北斗卫星，建成北斗一号卫星，创造性地实现了双星有源定位，同时能提供授时和短报文通信服务，这代表着我国北斗卫星导航试验系统的正式建成，也标志着我国成为世界上继美俄之后第三个拥有自主卫星导航系统的国家。2012 年，完成全部 16 颗卫星发射，建成北斗二号卫星，覆盖亚太区域、形成区域无源服务能力的北斗区域卫星导航系统。2020 年，北斗最后一颗全球组网卫星在西昌卫星发射中心发射，所有 30 颗北斗三号卫星也已全部转入长期管理模式。北斗三号卫星的建成，为建设世界一流的卫星导航系统，满足国家安全与经济社会发展需求，为全球用户提供连续、稳定、可靠的服务。

6.4　汽车导航系统基本组成与原理

GPS 在我国车载导航市场里使用率最高，同时 GPS 是我国最早引进的军用和民用的导航技术。因此，本节将以 GPS 为例讲述汽车导航系统的基本组成及工作原理。

1. GPS 概述

GPS 能提高卫星定位的精度，满足对连续、实时和三维导航的迫切要求。美国国防部于1973 年制订的计划，批准其海陆空三军联合研制新一代军用卫星导航系统（Navigation Satellite Timing and Ranging/Global Positioning System，Navstar/GPS），其含义是利用导航卫星进行相应的测时和测距，以构成全球定位系统，如图 6-16 所示。

2. 汽车 GPS 组成

GPS 包括空间部分、地面部分和用户设备部分。而汽车 GPS 则是 GPS 中的用户设备部分，其中可以分成：安装在汽车上的 GPS 接收机、显示设备、计算机控制中心。

（1）GPS 接收机　其任务是接收 GPS 卫星发射的信号，以获得必要的导航和定位信息；跟踪这些卫星的运行，对所接收到的 GPS 信号进行变换、放大和处理，以便测量出 GPS 信号从卫星到接收机天线的传播时间，解译出 GPS 卫星所发送的导航电文；实时地计算出汽车的三维位置、三维速度和时间，完成导航和定位工作。

图 6-16　GPS 系统卫星分布示意图

（2）显示设备　显示设备是导航上的人机界面，同时会附带语音提示功能。只要输入目的地的名称，电子导航地图即可迅速检索并显示出适宜的行车路线。在行驶中，电子导航的语音提示系统会告诉驾驶人应该怎样行车。

（3）计算机控制中心　计算机控制中心包括电台、调制解调器、计算机系统和电子地图四部分。控制中心的电台用来接收汽车上电台发出的位置信息，同时也可以反控汽车。调制解调器负责反控命令和 GPS 信息的数-模转换工作。计算机系统在接收到汽车的位置信息后，进行简单的预处理，然后通过通信协议，将该信息送到工作站。工作站则在矢量电子地图上显示汽车的位置，并且提供相应的查询功能。

3. GPS 的工作原理

车载导航系统由 GPS 接收机接收来自环绕地球的至少三颗卫星所传递的数据信息，结合预先储存在车载导航仪内的电子地图，通过卫星信号确定的位置坐标与电子地图匹配，在显示面板上显示出汽车的准确位置，即平常所说的定位功能。

图 6-17 所示是 GPS 汽车位置定位原理。汽车接收到 GPS 卫星发出的精确电波发射时刻和位置信息，获取电波传播时间，根据无线电波传播速度（3×10^8 m/s），就可以计算出汽车与单个卫星之间的距离，以三个不同卫星为中心的球面相交点就是汽车所处的位置。

设汽车在地面的三维坐标是 (x_0, y_0, z_0)，三个卫星的空间位置分别是 (x_i, y_i, z_i)，$i=1, 2, 3$，则有公式：

$$R_i = Ct_i$$

式中，R_i 为各卫星与汽车的距离（m）；C 为无线电波速度，与光速相等（$3 \times 10^8 \text{m/s}$）；t_i 为各个卫星电波传到汽车所用时间（s）。

当出现接收信息时钟误差使三个球面无法相交时，则可以利用第四个卫星的信息进行修正。

图 6-17　GPS 汽车位置定位原理

4. 汽车导航仪种类

为满足广大消费者的使用需求，市面上提供了各式各样的汽车导航仪。汽车导航仪的种类主要分为三类。

（1）便携式导航仪　车辆本身未配置相应的汽车导航系统时，若消费者需要使用汽车导航仪，可选择便携式导航仪（图 6-18）。此种导航仪利用吸盘吸附在风窗玻璃上或者通过相应的支架固定于驾驶台上，其内配有全面的导航地图，无须用户自行安装，可直接开机使用，十分便利。

（2）车载 DVD 导航　车载 DVD 导航通过修改汽车的电路和外观，将一个带导航功能的

图 6-18　凯立德 K310 型便携式车载导航仪

DVD 嵌入到汽车硬件当中（图 6-19），通常配置于车辆驾驶台中央部分。由于一般用户无法自行安装、维修，需到相关的厂商或汽车维修点进行安装、维修。

图 6-19　大众汽车车载导航仪

（3）GPS 导航手机　GPS 导航手机（图 6-20）使用简单、快捷，无须安装硬件。一般的 GPS 导航手机都具有功能完备的导航系统，开启即用。目前，智能手机迅猛发展，大多

数智能手机也已涵盖 GPS 导航功能。安装手机导航 APP（如 Baidu 等），预先下载地图数据库或者实时手机上网导航，就可以实时导航。手机导航时需要花费手机上网流量，同时，导航受手机接收信号影响。

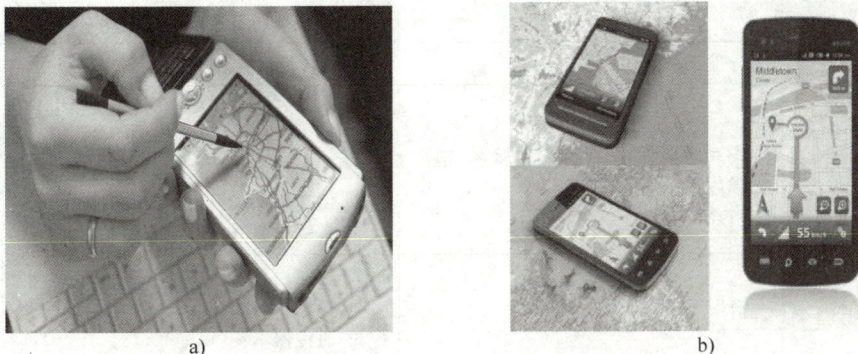

图 6-20 GPS 导航手机及现代手机电子导航软件
a）GPS 导航手机 b）手机电子导航软件

【温馨提示】

手机 GPS 导航视频请扫教学资源 6.3 对应的二维码 ▦ 进行观看。

6.5 汽车影音与导航系统的常见故障

汽车导航系统的常见故障见表 6-1。

表 6-1 汽车影音与导航系统的常见故障

故障名称	故障征象	故障原因
影音失效	影音打开无法播放音乐影像	1. 电源 B+和 ACC 没有接通或连接线松脱 2. 保险装置损坏
	不进碟	1. 碟片呈透明 2. 碟片损坏
	不读碟	1. 碟片格式不支持 2. 碟片损坏
导航故障	GPS 导航无信号	1. 受车上其他部件干扰 2. GPS 天线插头未连接牢固 3. 车辆停放在地下室/隧道内/房间内/国家军事基地等 GPS 信号呈屏蔽地带 4. GPS 天线损坏
	导航无电子狗语音提示，声音小，颜色异常，导航语音播报不完整，指示框弹出与消失异常	在不知道部分设置功能的情况下而执行了导航操作

（续）

故障名称	故障征象	故障原因
导航故障	导航地图不详细,电子狗信息不详细	1. 导航地图可能会与实际交通道路存在差异,此属于正常现象 2. 导航地图不是最新版本
	导航无声音	导航音量设置过小或静音状态
倒车影像问题	倒车无图像,倒车图像反映慢,倒车图像闪动	1. 倒车灯电源线接错(摄像头供电) 2. 倒车控制线未连接或未连接好 3. 倒车摄像头不良 4. 倒车摄像头视频连接线不良 5. 车辆电源电压不稳定
	有时不抓图	1. 存储设备未连接好 2. 存储设备损坏 3. 遥控器不良(电池)
	触摸点偏移	1. 触摸屏没有进行精确校准 2. 有障碍物压住触摸屏
	外接头枕显示器无图像	1. 视频线路没有正常连接 2. 主机双踪设置功能没有打开 3. 头枕显示器设置不对
转向盘故障	无制动控制蜂鸣器,转向盘选项	软件不是最新的版本
	转向盘控制按键无作用	1. 转向盘控制线没有连接 2. 主机没有进行转向盘功能学习
收音故障	收音无信号,不锁台,信号弱	1. 收音天线没有连接到位 2. 收音天线控制线没有连接 3. 原车没有安装收音天线 4. 车辆停放在地下室,隧道内,房间内
蓝牙功能故障	蓝牙功能无法匹配	1. 匹配连接的操作方法不正确 2. 手机蓝牙版本与主机不兼容

📋 知识拓展 ·

国内先进影音综述

国内车载影音导航的发展,经历了从20世纪80年代开始的收音机时代、卡带机时代,到现在的导航、娱乐一体机,以及专车专用一体机时代,跨过了40多个年头。历经优胜劣汰的市场法则,占据国内车载影音导航市场的外系品牌日渐失色,国内主流品牌逐渐呈现。如飞歌自主研发的8000系列产品,采用24bit高性能DSP音频处理,可以提高原汽车音质的20%;配置31EQ调节,对每个频段都可进行调试;搭配Hi-FI级解码,双通道低音前级输出,低音炮正反相位混响、和声、镶边等澎湃律动;配置4核高性能处理器,2G高速运行内存和32G存储空间,大幅度提升了车载机的运算速度和图像处理能力,从DVD图像到GPS图像的切换速度<0.5s;Wi-Fi版行车记录仪,搭配导航使用,支持路况的智能设置和推送,实时大数据检测智能规划便捷出行路线,躲避拥堵,智能感知紧急制动或避免发生碰撞事件,紧急录像备份锁定,真实还原现场真相。

本章小结

1. 汽车影音系统主要由声像主机（信号源）、功率放大器、扬声器、显示器及安全解码装置等部分构成。

2. 车载音响主机集成了车载收音机（FM/AM）、磁带机、蓝牙、CMMB 数字电视、CD、MD、MP3、MP4、VCD 机和 DVD 机、USB、HD、Memory Stick、iPod 等多种播放设备和控制装置。

3. 为了防止车载音响被盗，大部分车载音响都安装有防盗装置。一旦音响系统被盗，或汽车更换蓄电池、音响熔丝断路、拔开音响插头等音响电源中断时，即会自行锁死而不能使用，起到防盗的作用。音响解码一般有已知密码解码、通用码解码和无密码解码三种方法。

4. 车载导航系统主要由主机、显示屏、操作键盘（或遥控器）和天线组成。它实现了野外踏勘、出游旅行的数字化智能导航。

5. 目前世界共有四个主要的卫星导航系统，分别是美国的全球定位系统（GPS），欧盟的伽利略定位系统，俄罗斯的格洛纳斯全球卫星导航系统和中国的北斗卫星导航系统。

6. GPS 包括空间部分、地面部分和用户设备部分。GPS 接收机接收来自环绕地球的至少三颗卫星所传递的数据信息，结合预先储存在车载导航仪内的电子地图，通过卫星信号确定的位置坐标与电子地图匹配，在显示面板上显示出汽车的准确位置。

思考题

1. 名词解释：FM、AM、CD、MP3、MP4、VCD、DVD、USB、HD、Memory Stick、iPod、频率特性、信噪比、灵敏度。

2. 叙述汽车影音系统的基本组成与工作原理。

3. 叙述汽车音响主机的基本组成与工作原理。

4. 世界上有哪几种主要的卫星导航系统？

5. 叙述 GPS 的原理。

6. 汽车导航系统的种类主要有哪几种？

第7章 车载网络系统

【本章内容架构】

```
                        第7章 车载网络系统
    ┌──────┬──────┬──────┬──────┬──────┬──────┬──────┐
 7.1 车载网  7.2 CAN总  7.3 LIN  7.4 MOST  7.5 Bytef light  7.6 以  7.7 车
 络系统     线技术及其  总线与    总线与     总线           太网与   载网络
 概述       应用       BSD总    DDB技      技术           FlexRay  系统常
                       线技术    术                        技术     见故障

           1.CAN总线   1.LIN总   1.MOST总线  1.Bytef light  1.以太网  1.车载网络故
           技术与原理  线技术    2.DDB技术   总线简介      2.FlexRay简介  障状态
           2.CAN总线   2.BSD总              2.Byteflight            2.车载网络系
           技术应用    线技术              总线的数据              统常见故障
                                          传输
                                          3.Byteflight
                                          总线的应用
```

【学习目标要求、重点与难点】

序号	学习目标要求	学习重点	学习难点
1	了解车载网络技术的作用及分类	√	
2	掌握 CAN 总线的含义及意义	√	
3	掌握 CAN 总线系统的基本组成与工作原理	√	√
4	掌握 LIN 与 BSD 总线系统的特点与优点	√	√
5	理解 DDB 总线与 MOST 总线技术的特点与应用		√
6	理解 Byteflight 总线技术的特点与应用		√
7	理解以太网与 FlexRay 技术的特点与应用	√	√
8	能够识别车载网络系统主要零部件及其电路原理	√	

【引入案例】

　　一辆上海大众 1.4L POLO 乘用车，行驶里程为 62472km。该车在起动后发动机怠速转速 650r/min 正常，但在稍加速，转速上升至 1000r/min 后不能下降。若将车辆熄火后重新起动，怠速转速则又能恢复正常。请分析故障可能原因。

　　随着科学技术的迅速发展，车用电器和电子控制设备越来越多，它们用各种电路进行连接，形成了汽车总电路，传统的汽车电路已经开始向车载网络系统发展。

7.1　车载网络系统概述

1. 车载网络技术及系统分类

　　车载网络技术的研究最早开始于 20 世纪 60 年代末，由于技术和成本等问题，车载网络技术发展缓慢。20 世纪 80 年代计算机局域网技术的实用化，为汽车车载网络技术的发展提供了成熟的技术样板。同时集成电路技术中的功率驱动器件的发展也推动了汽车车载网络技术的进步。车载网络技术于 20 世纪 90 年代达到了快速发展阶段。

　　从产业角度来看，车载网络技术的应用研究可分为两个层次：第一个层次是在单个 ECU 中嵌入车载网络功能，使单个 ECU 能通过车载网络实现与其他 ECU 之间的信息交换；第二个层次是确保车载网络在量产汽车中可靠工作。

　　目前，世界上尚无一个可以兼容各大汽车公司通信协议的车载网络技术标准，绝大多数车载网络都被国际自动机工程师协会（Society of Automotive Engineers，SAE）下属的汽车网络委员会按照协议特征划分为 A、B、C、D 四类，见表 7-1。

表 7-1　车载网络的分类

网络类别	速率/(kbit/s)	应用场合	主流协议
A	<10	调整后视镜、电动窗和灯光照明等设备	LIN
B	10~124	车身电子的舒适性模块和显示仪表等设备	低速 CAN
C	125~1024	面向闭环实时控制的多路传输高速网络	高速 CAN
D	>1024	面向多媒体设备、高速数据流传输的高性能网络	MOST

　　车载网络协议的应用可分为四个不同的领域：

　　1）多媒体应用领域，需要协议具有传输速率高、高带宽或无线互联等特点，如 MOST、D2B、蓝牙（Bluetooth）等协议。

　　2）底盘和动力总成中对安全要求严格的应用场合，需要容错、可靠的协议，如 TTP/C、FlexRay、Byteflight、TT-CAN 等。

　　3）传统的动力总成电子和仪表显示等 ECU 之间的数据通信，主要用 CAN 总线协议。

　　4）机电类应用，如智能传感器和执行器之间的简单通信，可用如 LIN 等低端协议。

2. 车载网络系统在汽车上的应用

　　车载网络系统在汽车上的应用一般分为四个系统：动力传动系统、车身系统、安全系统、信息系统。根据信息交换速率、容量等要求，各系统所采用的网络大致如图 7-1 所示。

图 7-1　车载网络应用

（1）动力传动系统　动力传动系统包括发动机、自动变速器、制动、转向等子系统，将汽车的主要因素——运动、制动、转向等功能用网络连接起来。

在动力传动系统中，数据传递应尽可能快速，以便及时利用数据，所以需要一个高性能的发送器加快数据传递，以便将接收到的数据立即应用到发动机下一个点火脉冲（即工作循环）中去，使发动机工作在最佳状态，同时保持对制动、转向等的灵敏反应。

（2）车身系统　车身系统主要有中控门锁、电动窗、照明、后视镜等子系统。汽车上的各处都配置有车身系统的部件，因此，线束较长，节点（即挂接在总线上的模块）的数量较多，容易受到干扰。降低通信速度可作为防干扰的措施之一。

另一方面，与动力传动系统相比，车身系统本身如玻璃升降等对反应速度的要求也不高。为此，目前常常采用速度较低且更廉价的解决方案。

（3）安全系统　安全系统是指根据多个传感器的信息使安全气囊适时起动的控制系统。由于涉及人的生命安全，加之在汽车中气囊数目很多、碰撞传感器多等原因，要求安全系统必须具备通信速度快、可靠性高等特点。

（4）信息系统　信息系统在车上的应用很广泛，如车载电话、音响等。对信息系统通信总线的要求是：容量大、通信速度非常高。通信媒体一般采用光纤或铜线，因为这两种介质传输的速度非常快，能满足信息系统的高速化需求。

7.2　CAN 总线技术及其应用

知识点 1　CAN 总线技术与原理

1. CAN 总线技术概述

CAN（Controller Area Network）即控制器局域网，是德国 Bosch 公司在 1986 年为解决现代汽车中众多电子控制部件之间的数据交换而开发的一种数据通信网络，网络中的总线也称为 CAN 总线（CAN-BUS）。CAN 总线在 1993 年被列入 ISO 国际标准：ISO 11898（高速应用）和 ISO 11519（低速应用）。现在，CAN 总线技术已成为汽车上应用最广泛的数据通信主流技术。

传统的汽车电路，采用的是一个用电设备一条回路的布线方式。随着汽车电气设备和控制装置的大量增加，许多中高档乘用车多达 20 余个电子控制单元（ECU），数据信息的交换和共享（如车速信号为发动机、自动变速器、ABS、ASR、自动空调系统等所必需共享数据的系统）导致线束和插接件数量急剧膨胀，空间布置困难，线间信号干扰，质量增加，成本升高，故障检测维修难度大。而采用 CAN 后，每块电子控制单元都只需引出两条导线进行数据通信、共享，极大地减少了导线数量，提高了工作可靠性，节约了制造和维修成本。图 7-2 所示为汽车发动机电子控制单元与自动变速器电子控制单元的传统信号传递和 CAN 总线信号传递方式的比较。

图 7-2　信号传递方式的比较

a）传统信号传递方式　b）CAN 总线信号传递方式

2. CAN 总线系统的组成

CAN 总线系统由若干电子控制单元组成，每个单元包括 CAN 控制器、CAN 收发器、CAN 总线传输线和终端电阻 R 等部件，如图 7-3 所示。

图 7-3　CAN 总线系统的基本组成

控制单元即网络中需要进行信息交流的智能单元。在汽车电子网络中包括各控制系统的电子控制单元（ECU），另外还有一些智能化的传感器、执行机构等单元。

（1）**CAN 控制器**　CAN 控制器用于接收汽车电子模块发出的数据，经处理转化为 CAN 数据格式，然后通过 CAN 收发器发布到数据总线上；或通过 CAN 收发器接收来自数据总线上的本模块所需要的信息，并将这些 CAN 格式数据处理后转化为汽车电子模块能识别的电子信号，然后传给汽车电子模块。

CAN 控制器本身即是一个电子控制单元，内有微处理器、数据存储单元 RAM 和程序存储单元 ROM。

（2）**CAN 收发器**　CAN 收发器是 CAN 接收器和发送器的组合，它将 CAN 控制器提供的数据转化成电信号并发送到数据总线上；同时接收总线上的电信号，转化为数据后传送给CAN控制器。

（3）CAN总线传输线 大部分车型用的CAN总线传输线是两条双向数据线，分为高位（CAN-H）数据线和低位（CAN-L）数据线。为了防止外界电磁波干扰和向外辐射，两条数据线缠绕在一起。两条线上的电位是相反的，电压的和等于常值。一般在静态时CAN-H和CAN-L均在2.5V左右，而高电位时CAN-H电压在3.5V、CAN-L电压在1.5V左右。

（4）终端电阻 R CAN总线两端通过终端电阻 R 连接，终端电阻可以防止数据在到达电路终端后像回声一样返回而干扰原始数据，从而保证了数据的正确传送，终端电阻装在电子控制单元内。

3. CAN总线数据传输原理

CAN总线的数据传输类似一个电话会议。一个电话用户（电子控制单元）将数据"讲入"网络中，其他用户通过网络"接听"这些数据，对于这些数据感兴趣的电子控制单元就会利用这些数据，而其他电子控制单元则选择忽略；并且该网络中的任一电子控制单元既可发送数据，又可接收数据。

当某一电子控制单元向CAN控制器提供需发送的数据后，CAN控制器转换数据格式后再将此数据发送至CAN收发器，CAN收发器接收由CAN控制器传来的数据，并转化为电信号通过数据传输线发出。此时，CAN系统中其他控制单元转化为接收器接收此信号，接收后检查并判断所接收的信号是否是所需要的。如果接收的数据重要，它将被接受并进行处理，否则该数据将被忽略。

汽车CAN数据传输采用串行通信，在同一线路上同时传输多条信息，也称为多路传输。多路传输是通过计算机和线路的分时工作实现的。计算机将工作时间分成很短的小段（比如千分之一秒甚至更短），数据信息在各个微小的时间段内依次传输，但由于速度非常快，对人们来说就好像是同时传输的一样。

知识点2 CAN总线技术应用

【温馨提示】

大众汽车车载网络系统组成、数据交换和故障码读取视频请分别扫教学资源7.1、7.2和7.3对应的二维码进行观看。

1. 大众汽车CAN总线概述

以大众汽车上的CAN总线系统应用为例。其CAN总线系统由动力CAN-BUS、舒适CAN-BUS、信息娱乐（显示）CAN-BUS及网关组成，如图7-4所示。

大众汽车CAN系统的传输线由缠绕在一起的CAN-H、CAN-L两条传输线组成，各CAN系统传输线的颜色和直径有所不同（图7-5）。动力CAN传输线较粗，CAN-H为橙/黑色，CAN-L为橙/棕色；舒适CAN传输线较细，CAN-H为橙/绿色，CAN-L为橙/棕色；信息娱乐CAN传输线CAN-H为橙/紫，CAN-L为橙/棕色。

网关（Gateway）又称为网间连接器、协议转换器，是一种充当转换重任的计算机系统

图 7-4 大众汽车 CAN 总线系统的组成

图 7-5 大众汽车 CAN 总线

或设备。当两个网络进行数据交换时，必须通过网关来实现数据格式、传输速率或语言等的转换。同时，网关还具有过滤和安全功能。网关一般集成在仪表内，与仪表控制单元做成一体，网关的一侧与所有的 CAN 系统相连，而另一侧则通过 K 线与故障诊断接口即 OBD-Ⅱ诊断座相连（图 7-6），可以实现与 OBD-Ⅱ的通信。

图 7-6 大众汽车 CAN 网关的位置与连接

2. 动力 CAN 总线系统

基本的动力 CAN 总线系统连接三块电子控制单元（ECU）（图 7-7），它们分别是发动机 ECU、ABS ECU 及自动变速器 ECU。每个 ECU 都和很多传感器、执行机构连接，各 ECU 之间又通过 CAN 总线交换信息。

三个电子控制单元的优先权顺序为：ABS ECU→发动机 ECU→自动变速器 ECU。

在动力传动 CAN 系统中，数据传递应尽可能快，以便及时利用数据，动力 CAN 数据总线以 500 kbit/s 的速率快速传递数据。CAN-H、CAN-L 任何一条总线出现故障，动力 CAN 总线便失去数据传递能力。

大众汽车动力 CAN 的 CAN-H、CAN-L 总线之间通过终端电阻相连。早期的终端电阻独立在各电子控制单元之外，现在一般集成在电子控制单元内（图 7-8）。发动机电子控制单元内的终端电阻为 66Ω，其他电子控制单元内的终端电阻较大，达 2.6kΩ。

图 7-7 大众汽车动力 CAN 总线基本形式

图 7-8 大众汽车动力 CAN 总线终端电阻

3. 舒适 CAN 总线系统

该数据总线的电子控制单元的各条传输线呈星形汇聚一点（图 7-9）。如果一个电子控制单元发生故障，其他电子控制单元仍可发送各自的数据。

舒适 CAN-H、CAN-L 两总线之间没有终端电阻，如果 CAN-H、CAN-L 电路中某处出现对地短路、对正极短路或电路问题，CAN 系统会立即转为应急模式运行或转为单线通信模式运行。

基本的舒适 CAN 数据总线连接五块电子控制单元，包括中央电子控制单元及四个车门的电子控制单元。数据传递有五个功能：中央门锁控制、电动窗控制、照明开关控制、后视镜加热控制及自诊断功能。五个电子控制单元的优先权顺序为：中央电

图 7-9 大众汽车舒适 CAN 数据总线星状连接

子控制单元→驾驶人侧车门电子控制单元→前排乘员侧车门电子控制单元→左后车门电子控制单元→右后车门电子控制单元。

以大众汽车 CAN 总线组成为例（图 7-4），对舒适 CAN 数据总线控制功能的说明如下：

（1）负荷管理 在车辆行驶中，由于大量使用舒适性装备和电热器，如后窗加热装置、外后视镜加热和电子辅助加热装置等，尤其是车辆时走时停和冬季行驶时会引起发电机过载，导致蓄电池放电，这时车载网络系统电子控制单元的负荷管理系统会针对监测到的蓄电池电压采取措施。

如果电压低于 12.7V 时，怠速转速将会被提高；若电压降到 12.2V 以下时，车载网络系统电子控制单元将关闭后窗加热装置、座椅加热装置和外后视镜加热装置，并降低空调压

缩机功率，以保持车辆的行驶能力，确保车辆重新起动的能力。当电压重新达到标准电压时，车载网络系统电子控制单元恢复所关闭的电气功能。

（2）**车内灯控制**

1）在车辆停止而车门未关闭状态下，车内灯 10min 后自动关闭，避免蓄电池不必要的放电。

2）如果解除车辆遥控门锁（门打开）或拔出点火钥匙，30s 后车内灯会自动接通；在车辆遥控门锁起作用（门关闭）或打开点火开关后，车内灯立即自动关闭。

3）车内灯在撞车时自动接通。

4）在点火开关关闭约 30min 后，自动关闭由手动打开的灯（车内灯、前后阅读灯、行李舱照明灯、杂物箱照明灯）。该功能同样有利于保持蓄电池电量。

（3）**燃油泵供给控制**　POLO 轿车中的汽油发动机有一个燃油供给控制装置，用两个并联的继电器代替单个集成防撞燃油关闭装置的燃油泵继电器。这两个继电器分别是燃油泵继电器和燃油供给继电器，位于车载网络系统电子控制单元的继电器托架上。其工作方式为：

1）打开驾驶人侧车门后，车门触点开关（或集控门锁的关闭单元）将信号发送到车载网络系统电子控制单元，接着车载网络系统电子控制单元控制燃油供给继电器，并使燃油泵运行大约 2s。

2）当驾驶人侧车门短暂开启时，车载网络系统电子控制单元通过其定时开关切断燃油泵继电器，燃油油泵停止运转。

3）如果驾驶人侧车门开启超过 30min，车载网络系统电子控制单元通过其定时控制装置使得燃油泵重新受控。

4）当打开点火开关或起动发动机后，燃油泵通过燃油泵继电器，由发动机电子控制单元对其进行控制。

（4）**外后视镜和后窗加热装置**　为了保持蓄电池的电量，外后视镜和后窗加热装置只有在发动机运行时才能接通，在接通约 20min 之后，加热装置将自动关闭。

（5）**后座椅靠背监控**　后排座椅的中间位置带有三点式安全带的车辆，若后排座椅中间位置的靠背部分安装不正确，在打开点火开关后，仪表板中间的一个指示灯亮约 20s。

（6）**接通后风窗玻璃刮水器**　当后风窗玻璃刮水器的刮片位于 1 档、2 档或间歇档时，如果将车辆挂入倒档，则后风窗玻璃刮水器会自动刮水一次，以使驾驶人能看清车后的物体和路面。

（7）**控制前风窗玻璃刮水器锁止装置**　当前风窗玻璃刮水器已接通间歇档，发动机盖打开时，反映此状况的信号将从发动机盖接触开关发送至车载网络系统电子控制单元，电子控制单元将阻止前风窗玻璃刮水器运动，直至发动机盖再次关闭。该功能对提高车辆使用安全性有利。

（8）**转向信号和警告灯控制**　车载网络系统电子控制单元对转向信号和警告灯可以实现如下控制功能：

1）转向灯闪烁（左、右转向）。

2）当接通警告灯按钮或撞车时，警告灯闪烁。

3）当触动防盗报警装置时，警告灯闪烁。

4）打开或关闭集中门锁时，警告灯闪烁。

（9）**编码**　车载网络系统在维修中的编码是必不可少的，在进行燃油供给控制系统、可加热式外后视镜、车内灯的控制装置及后风窗玻璃刮水器等装置的更换和维修之后必须进行编码。

7.3 LIN 总线与 BSD 总线技术

知识点 1　LIN 总线技术

1. LIN 总线技术概述

局部互联网络（Local Interconnect Network，LIN）是一种将开关、显示器、传感器及执行器等简单控制设备连接起来的串行通信网络，主要用于实现汽车中的分布式电子系统控制。LIN 的目标是为现有汽车网络（如 CAN 总线）提供辅助功能。因此，LIN 总线是一种辅助的总线网络，在不需要 CAN 总线的带宽和多功能的场合（如智能传感器和制动装置之间的通信），使用 LIN 总线可大大节省成本。自 2001 年以来，LIN 总线技术日益成熟，国外一些汽车生产商把 LIN 总线技术应用在车身控制系统中，并且推出了一系列 LIN 总线产品，以降低制造成本，提高整车性能，增强市场竞争力。

LIN 总线的技术特点为：①单主机、多从机结构（没有总线仲裁）；②基于普通 UART/SCI 接口的低成本硬件、低成本软件或作为纯状态机；③带时间同步的多点广播接收，从节点不需要石英或陶瓷振荡器；④确定性的信号传输；⑤低成本的单线实现；⑥速率可达 20kbit/s；⑦总线长度≤40m；⑧保证信号传输的延迟时间；⑨可选的数据场长度：0~8B；⑩配置的灵活性；⑪数据校验的安全性和错误检测；⑫网络中故障节点的检测；⑬使用最小成本的半导体器件（小尺寸，单芯片系统）；⑭不需改变 LIN 从节点的硬件和软件即可在网络上增加节点；⑮通常一个 LIN 网络节点数小于 16 个；⑯汽车蓄电池供电。

LIN 总线的主要优点在于：①LIN 总线是一种低端网络系统，可提供简单的网络解决方案，支持网络节点的互操作性，大大减少了系统安装、调试和接线的成本及时间；②LIN 总线的通信量小、配置灵活，单线连接及单主机/多从机的通信结构（无须总线仲裁），可保证低端设备及电子控制单元简便、快捷地实时通信；③通过主机节点（网关），可将 LIN 总线与上层网络（如 CAN）相连接，实现 LIN 子总线的辅助通信功能，可优化网络结构，提高网络效率及可靠性；④LIN 总线的协议是开放的，任何组织及个人无须支付费用即可获取。

2. LIN 总线技术应用

在汽车电子控制单元中，对于小型系统，如电动门窗、转向盘、座椅、照明灯等，出于成本的考虑可以采用 LIN 总线技术控制。

典型的 LIN 总线应用是在汽车的联合装配单元中，如门、转向盘、座椅、空调、照明灯、湿度传感器、交流发电机等。对于这些成本比较敏感的单元，LIN 可使诸如智能传感器、制动器或光敏器件等元件得到较广泛的使用。这些元件可很容易地连接到汽车网络中，并十分方便地实现维护和服务。在以下的汽车控制系统中使用 LIN 总线可得到非常满意的效果：车顶（湿度传感器、光敏传感器、信号灯控制、汽车顶篷）；车门（车窗玻璃、中控门锁、车窗玻璃开关、吊窗提手）；车头（传感器、小电动机、转向盘、方向控制开关、风窗

124

玻璃刮水器、转向灯、无线电、空调、座椅、座椅控制电动机、转速传感器)。

尽管 LIN 总线技术最初的设计目的是用于汽车电子控制系统，但 LIN 总线技术也可广泛用于工业自动化传感器、执行器及低压电器、继电器等开关总线中，在家用电器中也有一定应用。

知识点 2　BSD 总线技术

1. BSD 总线简介

BSD (Bit-Serial Data Interface) 即位串行数据接口。在宝马车系中，BSD 总线属于子总线系统。BSD 总线采用线性结构，数据以单线形式传输，数据传输速率为 9.6kbit/s。

在早期生产的宝马车系中，BSD 用于电源管理系统，在智能蓄电池传感器 (Intelligent Battery Sensor, IBS) 与发动机电子控制单元之间传输数据，实现通信。

2. BSD 总线的应用

(1) 智能蓄电池传感器　智能蓄电池传感器是一个自身带有微控制器的传感器，直接安装在蓄电池的负极上。智能蓄电池传感器的功能主要包括：

1) 持续监测各工况下蓄电池的基本参数。

2) 测量蓄电池各种基本参数，以此作为计算蓄电池荷电状态 (State of Charge, SOC) 和蓄电池健康状态 (State of Health, SOH) 的基础。

3) 计算蓄电池起动电流特性曲线，以确定蓄电池的 SOH，并平衡蓄电池充电/放电电流。

4) 向上级电子控制单元 (发动机电子控制单元) 传输数据，通报蓄电池的 SOC 值和 SOH 值。当 SOC 值处于临界状态时，要求发动机提高怠速转速，以提高发电机输出电压，确保车辆正常工作。

5) 车辆休眠电流监控。

6) 故障自诊断，全自动更新控制软件和自诊断参数。

7) 休眠模式下的唤醒功能。

(2) 电源管理　以宝马汽车为例，在数字式发动机电子控制单元 [Digital Engine (Motor) Electronics, DME] 的控制程序中，有一个电源管理子程序。电源管理子程序负责完成以下控制任务：

1) 动态调节发电机充电电压。在不利的行驶状态下，动态调节发电机对蓄电池的充电电压以保证蓄电池的电量。电源管理系统根据温度等参数的变化情况，通过 BSD 总线控制发电机充电电压。

2) 当蓄电池电压不足时，电源管理系统会通过 DME 发出控制指令，提高发动机的怠速转速。

3) 电源系统功率不足时通过降低用电设备的功率来减小电源系统的负荷。

4) 根据由 BSD 总线传来的信息，在蓄电池达到起动能力极限时进行抛负载控制，借助微供电模块断开停车预热装置或电话等用电设备。

5) 通过电源管理子程序监控蓄电池荷电状态。电源管理子程序内设有两种程序管理系统，其中一个管理程序用来检测蓄电池储存电量，另一个管理系统用来检测蓄电池输出电量。然后根据储存电量和输出电量的差值来检测蓄电池的荷电状态 (SOC)。电源管理系通过 BSD 总线从智能型蓄电池传感器（Intelligent Battery Sensor，IBS）处获取蓄电池荷电状态（SOC）。发动机重新起动后，电源管理子程序会计算最新的 SOC 值。

6）计算蓄电池的健康状态（SOH）。在发动机起动时，IBS 开始检测蓄电池端电压的下降值以及起动电流值，然后将信息输送至 DME。电源管理系统根据这些信息来判断蓄电池的健康状态（SOH）。

7）在车辆进入休眠模式之前，蓄电池的荷电状态、健康状态、车外环境温度、蓄电池剩余电量、总线端 K1.15 唤醒、DME 关闭等数据通过 BSD 总线传给 IBS。

8）休眠电流诊断。当车辆进入休眠状态后，电源管理子程序始终检测蓄电池的休眠电流值（最大值为十几毫安），若休眠电流超标，DME 就会存储故障记录，并对故障做出相应的分析。

3. 电动冷却液泵

电动冷却液泵是一个由直流电动机驱动的离心泵，内部安装电子控制模块来控制冷却液泵的功率。BSD 连接控制模块和 DME。

DME 根据发动机负荷、运行模式和冷却液温度传感器数据计算出发动机所需要的冷却功率，通过 BSD 总线向电动冷却液泵发出相应的控制指令。电动冷却液泵根据该指令调节自身转速。系统内的冷却液经过冷却液泵使电动机和电子模块冷却，同时还具有润滑作用。

DME 根据需要控制冷却液泵，冷却液需求较低且车外温度较低时功率较小；冷却需求较高且车外温度较高时功率较大。在某些情况下甚至可以完全停止冷却液泵的工作，如在暖机阶段。

DME 内的冷却液温度控制程序设计中有一种计算模型（子程序），可以根据当前发动机的运行状态和热负荷情况预测出气缸温度的发展趋势，并预先做出反应，提前提高冷却液泵的转速或降低冷却液泵的转速，抑或完全停止冷却液泵的工作。

4. 机油状态传感器

机油状态传感器取代了传统的机油尺及导向管，能更准确地检测机油油位。同时，还可以对机油的状态（机油品质、机油温度）做出准确的评估和检测。

机油油位、机油品质、机油温度等参数由机油状态传感器检测，经传感器内集成的电子分析装置分析之后转变成电信号，通过 BSD 总线传输给 DME，DME 再将这些信息通过 PT-CAN（动力驱动 CAN）、SGM（安全和网关模块）和 K-CAN（车身 CAN）发送至组合仪表和中央信息显示器（CID）。机油油位以电子信息的形式在 CID 上显示出来。

通过测定发动机机油油位可避免发动机机油油量过少，从而防止发动机出现无润滑摩擦。通过测定机油内含的杂质可准确判断出何时需要更换发动机机油。发动机机油加注过多会导致泄漏，届时，组合仪表会发出警告信息。

7.4 MOST 总线与 DDB 技术

知识点 1　MOST 总线

1. MOST 总线的定义

MOST（Media Oriented Systems Transport）是一种应用于多媒体数据传输的网络系统。

该系统将符合地址的信息传送到某一接收器上，在这一点上，与 CAN 数据总线是不同的。

2. MOST 总线的结构

（1）MOST 总线电子控制单元的结构

MOST 总线电子控制单元的结构如图 7-10 所示。

1）光纤和光纤插头。光信号通过光纤和光纤插头构成的开关进入电子控制单元或通过该开关传往下一个总线用户。

2）电器插头。电器插头用于供电、环断裂自诊断以及输入和输出信号。

3）内部供电装置。通过内部供电装置可以将电器插头输入的电信号分送到各个部件，这样就可单独关闭电子控制单元内某个部件，从而降低静电流。

图 7-10　MOST 总线电子控制单元的结构

4）收发单元——光导发射器（FOT）。FOT 由一个光电二极管和一个发光二极管构成。发光二极管的作用是把 MOST 收发器接收到的电压信号转变成光信号，产生光波波长为 650nm 的可见红光。将接收的光信号由光电二极管转变成电信号后传至 MOST 收发器。数据经光波调制后传送，调制后的光经光纤传送到下一个电子控制单元。

5）MOST 收发器。MOST 收发器由发射器和接收器两个部件组成。发射器要发送的信息以电压信号形式传至光导发射器；接收器接收来自光导发射器的电压信号，并将所需的数据传至电子控制单元内的标准微控制器。电子控制单元不需要的信息由收发器来传送，但不是将数据输入 ECU 中，而是将这些数据原封不动地发送至下一个电子控制单元。

6）标准微控制器。标准微控制器是电子控制单元的核心元件，其内部有一个微处理器，用于操纵电子控制单元的所有基本功能。

7）专用部件。用于控制某些专用功能，如 CD 播放机和收音机调谐器。

（2）MOST 总线环形结构

1）环形结构。MOST 总线系统的一个重要特征就是其环形结构（图 7-11）。电子控制单元通过光纤沿环形方向将数据发送到下一个电子控制单元，这个过程一直持续到首先发出数据的电子控制单元又接收到这些数据为止，这就形成了一个封闭环。通过数据总线自诊断接口和诊断 CAN 对 MOST 总线进行诊断。

2）系统管理器。系统管理器与诊断管理器一同负责 MOST 总线内的系统管理。如在奥迪 A8 车上，数据总线诊断接口（网关）起诊断管理器的作用，前部的信息电子控制单元执行系统管理器的功能。系统管理器

图 7-11　MOST 总线环形结构

的具体作用有三点：一是控制系统状态；二是发送 MOST 总线信息；三是管理传输容量。

3. MOST 的传输速率

车载多媒体影音娱乐系统工作时，为保证音质清晰、画面流畅，需要传输的数据量很

大，对数据传输速率要求也很高。例如，仅仅是带有立体声的数字式电视系统，就需要约6Mbit/s 的传输速率。

广泛应用于汽车动力系统的 CAN 总线系统，由于其数据传输速率较低（最大数据传输速率为 1Mbit/s），已经无法满足这一要求。因此，在车载多媒体影音娱乐系统中，海量的视频和音频数据是由 MOST 总线来传输的，而 CAN 总线只能用来传输控制信号。

知识点 2　DDB 技术

1. DDB 技术的起源

DDB（Domestic Digital Bus）是由荷兰皇家飞利浦公司于 20 世纪 90 年代初开发的一种光学数据传输总线技术。

当时，消费类电子产品正处于由模拟技术向数字技术过渡的阶段。飞利浦公司适时提出了联网家庭（Connected Home）的概念，开展家庭网络技术的应用研究工作，致力于将家用电器、个人计算机（PC）、音频 CD 播放器、DVD 视频播放器、DVD 录音机、家庭影院等连成网络，以充分实现家务活动、文化娱乐、家庭办公、公关社交的自动化、网络化和智能化。

1990 年，飞利浦公司成功开发了应用于联网家庭系统的数字数据总线技术，此后不久，又将其重新命名为家庭数字总线（Domestic Digital Bus），很多技术资料中也将其写成 D2B。此后，飞利浦公司的 DDB 技术被英国 C&C 电子公司收购，并于 1992 年推向汽车多媒体传输市场。

2. DDB 的特点

DDB 是针对媒体数据通信的一种网络协议，可集成数字音频、视频和其他高数据传输速率的同步或异步信号的传输。早期曾采用 Smart Wire（灵巧导线）非屏蔽双绞线进行多媒体数据传输，后改为采用单根光纤进行多媒体数据传输。

DDB 旨在保持向后兼容的情况下与新技术一起演进。DDB 基于一种开放式架构，仅使用一条聚合物光纤来处理车内多媒体的数据和控制信息，简化了系统结构，便于系统扩展。当在 DDB 的环形拓扑结构中增加一种新设备或一项新功能时，无须改变既有的光纤结构和布局。

3. DDB 的应用

DDB 得到捷豹（Jaguar）和梅赛德斯-奔驰（Mercedes-Benz）汽车公司的支持，在奔驰 S 级、捷豹 X 型、S 型及 XJ 型汽车上均有应用。

（1）奔驰 DDB 系统的组成　DDB 是一种光学数据传输总线，采用光导纤维作为信息传输介质，利用光波来传送信息，数据按次序在光纤网络中传输。奔驰车系的 DDB 系统（图 7-12）用于将收音机、卫星导航、

图 7-12　奔驰车系的 DDB 系统

A—收音机　B—CD 换碟机　C—音频系统控制单元（音频放大器）　D—车载电话　E—车载电话电子控制单元　X11/4—诊断插头

CD 换碟机、音频系统电子控制单元（音频放大器）、车载电话、道路交通导航系统连成网络。

（2）**奔驰 DDB 系统的结构** 奔驰 DDB 系统采用环形拓扑结构，系统各个电子控制单元通过光纤和光纤插接器连接。

除了用于连接电子控制单元之外，光纤插接器还可用于将两根光纤连接在一起。但由于光波信号在光纤插接器处会产生信号强度衰减，因此，由光纤插接器连接的光纤总长度是受限制的。不使用光纤插接器时，光纤长度可达 10m；使用一个光纤插接器连接光纤时，光纤总长度不允许超过 7m；使用两个光纤插接器连接光纤时，光纤总长度不允许超过 3.6m。

（3）**奔驰 DDB 系统的工作原理**

1）主电子控制单元 COMAND 的功能。如图 7-13 所示，DDB 系统采用环形拓扑结构，也称环形网络。DDB 网络中主电子控制单元的作用：认证并存储网络配置；为唤醒信号线提供电源；发出唤醒信号；发出 DDB 网络主令信号，以启动或关闭 DDB 网络；检测自身和 DDB 网络部件的故障和存储故障码；作为 CAN 与 DDB 网络之间的网关；可以从故障诊断仪中对其执行诊断性的唤醒。

为了让 DDB 网络的工作正确，DDB 网络主电子控制单元必须知道网络中各组件的编码，系统组件编码错误或组件工作顺序不正确时，均可造成 DDB 网络间歇性工作或失效。

2）电信号唤醒。因为光纤收发器在工作时会消耗很大的电流，因此，在 DDB 网络不工作时，系统会进入休眠模式，以减少电能消耗。

图 7-13 DDB 系统的环形拓扑结构

DDB 网络组件中的唤醒线电压来源于 DDB 网络的主电子控制单元 COMAND。COMAND 会发送一个唤醒信号，唤醒信号通过唤醒线传递给 DDB 网络的各个组件，以唤醒各组件。奔驰车系的 DDB 网络唤醒线绝缘皮一般为蓝色。

DDB 网络中的每一个组件都各自引出一条电线（唤醒线），然后用插头或星形焊接的形式连接到一起。需要唤醒 DDB 网络组件时，由 DDB 网络主电子控制单元 COMAND 发出电子唤醒脉冲（电信号），以唤醒各组件。在发出电子唤醒脉冲的同时，DDB 网络主电子控制单元 COMAND 还向各个组件发送一系列（最多四个）光波信号。DDB 网络系统即由休眠模式转为清醒模式（系统被激活），转入正常工作状态。电子唤醒顺序如图 7-14 所示。

若 DDB 环形网络中的唤醒导线出现故障（如连接车载电话电子控制单元 CTEL1 的唤醒线出现断路故障），接听或拨打电话时，DDB 网络的主电子控制单元 COMAND 将无法唤醒系统组件，DDB 环形网络将被迫关闭，不能正常工作。

此时，DDB 网络主电子控制单元 COMAND 会额外再发送三次唤醒信号，进行再次唤醒。每次发送唤醒信号时，伴随着再次发送的唤醒信号的还有光波信号。

若车载电话电子控制单元 CTEL1 无法被唤醒（仍处于休眠状态），则 DDB 网络主电子控制单元 COMAND 发出的四个光波信号（首次唤醒的光波信号以及额外发送的三次唤醒光波信号）均无法通过车载电话电子控制单元 CTEL1 在 DDB 环形网络上进行闭环传输。当第四个唤醒光波信号发送完毕之后，DDB 系统声音识别电子控制单元将向 DDB 网络主电子控制单元 COMAND 发出一个反馈信号——未能收到来自车载电话电子控制单元 CTEL1 的信号，即 DDB 唤醒网络信号传输系统未能建立起来。于是，DDB 环形网络被迫关闭，不能正常工作。

图 7-14　电信号唤醒（电子唤醒）顺序图

7.5　Byteflight 总线技术

知识点 1　Byteflight 总线简介

1. Byteflight 总线的功能

Byteflight 主要用于传输时间上要求特别紧迫的智能安全集成系统（ISIS）和高级安全电子系统（ASE），这两个安全系统负责控制安全气囊、安全带拉紧装置和断开安全蓄电池接线柱。Byteflight 总线数据传输介质是塑料光纤，光纤通过光波脉冲传输数据。相对于传统铜质导线来说，光纤可在强电磁干扰条件下可靠地传输数据，数据传输速率为 10Mbit/s，比高速 CAN 总线（如 PT-CAN）还要高出 20 多倍。

Byteflight 总线是由宝马（BMW）与摩托罗拉（Motorola）、艾尔默斯（Elmos）、英飞凌（Infineon）公司合作开发的，首次安装在宝马的 E65、E66、E67 车型上，用于安全气囊系统的数据传输。此后，又安装在 E85、E60、E61、E63 和 E64 车型上。

2. Byteflight 总线的拓扑结构

宝马车系使用 Byteflight 总线将电子控制单元联网，仅需要一根光纤，而且可双向传输数据。电子控制单元以时间和事件触发方式进行通信，既能以同步方式传输数据，也能以异步方式传输数据。

如图 7-15 所示，Byteflight 系统采用星形拓扑结构。星形拓扑结构的特点是一主多副，即系统有一个主电子控制单元和多个副电子控制单元（从属电子控制单元）。副电子控制单元通过一根单独的光纤连接到主电子控制单元上。

主电子控制单元接收各个副电子控制单元发送的数据，随即又将这些数据重新发送给所有副电子控制单元，设有地址代码的副电子控制单元接收这些数据。由于主电子控制单元不具有访问功能，而仅有分配功能，因此各电子控制单元必须通过一个协议进行通信。该协议规定了哪个电子控制单元何时可以发送数据。

星形拓扑结构的优点是易于联网、易于拓展，且具有较高的抗干扰能力。同时，即使某个副电子控制单元失灵，系统也能正常工作。但缺点是布线成本比较高，主电子控制单元有故障或过载时会造成整个网络崩溃。

Byteflight 网络中的每个电子控制单元都通过发送和接收模块将电信号转变为光信号。在早期的宝马车型中，安全和信息模块（SIM）是 Byteflight 的主电子控制单元，而在新款宝马车型中，安全和网关模块（SGM）是 Byteflight 的主电子控制单元。

图 7-15　Byteflight 系统的星形拓扑结构

知识点 2　Byteflight 总线的数据传输

1. Byteflight 总线的数据结构

同 CAN 总线一样，Byteflight 总线数据也通过数据电码传输，除数据字节的长度外数据电码结构完全相同。Byteflight 可传输最长为 12B 的数据。

Byteflight 数据电码的结构如图 7-16 所示。

图 7-16　Byteflight 数据电码的结构

1—起始顺序　2—起始位　3—停止位　ID—标识符（决定电码的优先级和数据内容）　LEN—长度（包括数据字节的数量）　D0—数据字节 0（起始数据字节）　D11—数据字节 11（最大的结束数据字节）
CRCH—高位循环冗余码校验　CRCL—低位循环冗余码校验

Byteflight 结合了同步数据传输和异步数据传输的优点，能够确保重要信息的快速访问和次要信息的灵活使用。SIM 或 SGM 发出一个同步脉冲时，其他电子控制单元必须遵守该脉冲。

Byteflight 数据电码分为优先级较高的电码和优先级较低的电码两类，其优先级的划分如图 7-17 所示。数据优先级通过标识符进行识别。标识符允许范围为 1～255，其中 1 表示最高优先级。优先级较高的信息是碰撞传感器发来的数据，而优先级较低的信息一般是系统状态信息和系统故障信息。

图 7-17 Byteflight 数据电码优先级的划分

1—标识符（决定电码优先级） 2—高优先级信息（优先级较高的电码） 3—正常同步脉冲（正常状态下的同步脉冲）
4—报警同步脉冲（报警状态下的同步脉冲） 5—低优先级信息（优先级较低的电码）
t_{cyc}—循环时间（一个同步脉冲的循环时间）

2. 卫星式电子控制单元

ISIS 有多个集成了碰撞传感器的电子控制单元安装在车内的关键位置，因为这些电子控制单元在星形拓扑结构的 Byteflight 系统中是环绕主电子控制单元的，类似于太阳系中的卫星环绕于太阳，故宝马公司称这些集成了碰撞传感器的电子控制单元为卫星式电子控制单元。

卫星式电子控制单元与主电子控制单元之间的电码始终以起始顺序开始，接下来是一个标识符，数据电码的优先级通过该标识符确定。系统不断查询所有碰撞传感器的信息并将数据分配给 Byteflight 系统所有电子控制单元。

每个字节之前都有一个起始位，之后都有一个停止位。起始位下一个字节 LEN 是长度字节，表示数据字节的数量（不超过 12B）。接下来是校验码，电码最后是一个双停止位。一个电码的时间长度范围为 4.6~16μs。

安装在车内关键位置的多个卫星式电子控制单元记录数据并通过 Byteflight 传输至主电子控制单元（SIM），各个卫星式电子控制单元与 SIM 之间的数据流如图 7-18 所示。

主电子控制单元（SIM）将卫星式电子控制单元提供的数据电码向系统内的所有卫星式电子控制单元发布，卫星式电子控制单元视碰撞的剧烈程度决定由其控制的气囊是否触发及触发程度。

如图 7-19 所示，主控单元（SIM）发送至卫星式电子控制单元的数据电码触发了安全气囊（引爆器引爆，安全气囊膨开）。

3. Byteflight 总线访问程序

Byteflight 总线访问程序根据规定的时间间隔来控制总线的访问情况。执行这个控制程序时，电子控制单元只能在规定时间内发送特定信息，该信息通过其标识符进行识别。

该程序要求所有总线设备都保持相当准确的时间同步性。Byteflight 中央电子控制单元（SIM 或 SGM）通过循环发送一个脉冲（同步脉冲），使该系统同步化。

信息可在两个同步脉冲之间的时间间隔内发送，在每个循环周期内都同步发送非常重要的信息，在其他时间间隔内可异步发送次要信息（只需偶尔发送）。

图 7-18　各个卫星式电子控制单元与
SIM 之间的数据流

1～4—安装于车内不同位置的卫星式电子控制单元

5—SIM（安全和信息模块）

图 7-19　主电子控制单元（SIM）发送至卫星式
电子控制单元的数据电码触发安全气囊

1～3—安装于车内不同位置的卫星式电子控制单元

4—触发了安全气囊的卫星式电子控制单元

5—SIM（安全和信息模块）

　　例如，电子控制单元 A 发送标识符"4"，电子控制单元 B 发送标识符"1"（标识符"1"和"4"的时间长度取决于信息传输要求）。首先发送带有标识符"1"的信息，只有当该信息完全传输成功后，才执行标识符"2"和"3"的发送请求（由于未规定发送标识符"2"和"3"的时间，因此它们的等待时间显得很短），标识符"2"和"3"的信息发送完成后才可发送带有标识符"4"的信息。

4. 发送和接收模块

　　发送和接收模块能够将电信号转变为光信号并通过光纤传输。每个卫星式电子控制单元都有一个电子光学发送和接收模块（SE）。

　　这些 SE 模块分别通过光纤连接在 SIM 内的智能型星形插接器上。SIM 内也有与各个卫星式电子控制单元交换数据的发送和接收模块（SE），其数据交换过程如图 7-20 所示。

　　Byteflight 上传输的所有信息都是以光脉冲形式发送的数据电码，SIM 内的 SE 模块接收所连卫星式电子控制单元发送的光脉冲。在智能型星形插接器内，数据电码发送给所有卫星式电子控制单元，数据交换可朝两个方向进行。SE 模块的光电转换原理与电光转换原理和 MOST 系统完全一致，在此不重复介绍。

5. Byteflight 主电子控制单元

　　Byteflight 主电子控制单元执行两个任务，一是产生同步脉冲（Sync Pulse），二是使卫星式电子控制单元进入报警模式。

　　在 ISIS 内将 SIM 设定为 Byteflight 系统的主电子控制单元（总线主电子控制单元）；而在 ASE 内，SGM 则承担 Byteflight 系统主电子控制单元的功能。

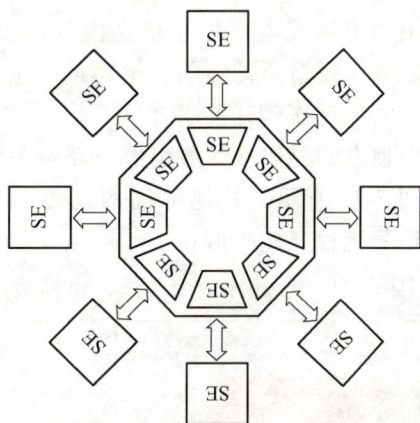

图 7-20　星形插接器与卫星式电子
控制单元通过 SE 进行数据交换

原则上来说，每个卫星式电子控制单元都可以通过软件设定为总线主电子控制单元，但系统内只能有一个总线主电子控制单元。所有其他总线设备（总线副电子控制单元）都通过同步脉冲进行内部优化。每个总线设备都可以在同步脉冲之间将电码发送到 Byteflight 总线上。

6. 同步脉冲

如图 7-21 所示，SIM 内的 Byteflight 总线主电子控制单元以 $250\mu s$ 为时间间隔发送同步脉冲，同步脉冲时间通常约为 $3\mu s$，报警模式通过不同同步脉冲宽度发送，处于报警状态时，一个同步脉冲的持续时间为 $2\mu s$。

图 7-21　Byteflight 总线上的信息循环

A—报警同步脉冲　B—正常同步脉冲　C—同步脉冲　D—电码　Z1—循环 1　Z2—循环 2
Z3—循环 3　Z4—循环 4

总线主电子控制单元必须根据所有碰撞传感器发送的信息决定是否将卫星式电子控制单元设为报警模式。在总线主电子控制单元设置报警模式后，安全系统的所有引爆电路都将设为准备触发状态。

需要触发一个引爆输出级时，必须始终将两个独立的信号传输到 Byteflight 总线上。

卫星式电子控制单元内引爆电路的高压侧开关通过 Byteflight 总线的报警模式来控制。低压侧开关由卫星式电子控制单元内的微处理器控制。触发算法通过所传输的传感器信号电码识别出是否需要使低压侧开关闭合。

使左前侧安全气囊引爆电路触发的信号流程如图 7-22 所示，其他部位的气囊引爆电路触发的信号流程与此类似。

图 7-22　使左前侧安全气囊引爆电路
触发的信号流程

1—报警模式脉冲　2—高压侧开关　3—引爆电容器
4—左前侧安全气囊引爆器　5—低压侧开关
6—微处理器　7—用于控制左前侧安全
气囊的卫星式电子控制单元

知识点 3　Byteflight 总线的应用

【温馨提示】

宝马 E60 汽车车载网络系统视频请扫教学资源 7.4 对应的二维码进行观看。

下面以宝马 E60 车型的被动安全系统——高级安全电子系统（ASE）为例，介绍 Byteflight 总线的具体应用。

1. 宝马高级安全电子系统的特点

高级安全电子系统（ASE）由一个主电子控制单元 SGM（安全和网关模块）和多个卫星式电子控制单元组成。这些卫星式电子控制单元及其传感器散布于车内各个重要位置，并与 SGM 交换信息。

高级安全电子系统（ASE）具有以下优点：快速获取并传输数据（传输速率为 10Mbit/s）；准确识别碰撞；安全气囊控制系统联网；选择性触发；精确控制智能型安全气囊；触发安全性高；抗电磁干扰能力强；必要时可断开安全蓄电池接线柱，进行蓄电池电路诊断等。

通过分布于车内重要位置的多个加速度传感器，能够比多重乘员保护系统（MRS）更准确地识别出碰撞情况。由车内加速度传感器探测到的车辆减速信息都被传送至 SGM。SGM 与所有卫星式电子控制单元交换减速数据，据此判断出准确的碰撞情况，然后根据碰撞情况及时、有选择地触发执行器（气囊）。发生碰撞时，仅触发那些必要的执行器（气囊），以便对车内乘员提供最佳的保护，同时降低维修费用。

2. 宝马高级安全电子系统的组成

高级安全电子系统（ASE）由传感器、电子控制单元、执行器、总线系统组成。ASE 系统组成如图 7-23 所示，ASE 系统电路图如图 7-24 所示。

3. 宝马高级安全电子系统的工作原理

（1）触发规则 针对 E60 车型专门开发的高级安全电子系统（ASE）是在 E65/66 的智能型安全系统（ISIS）基础上演变而来的，其触发逻辑是相同的，只是各种碰撞严重程度和触发阈值有所不同。

1）碰撞严重程度。通过大量的在极端条件下的碰撞和行驶试验，确定所有可能的事故类型的触发阈值。触发阈值取决于碰撞严重程度，碰撞严重程度分为四组：CS0，不必触发乘员保护系统；CS1，轻度碰撞；CS2，中度碰撞；CS3，重度碰撞。

2）触发阈值。触发阈值的确定主要取决于碰撞严重程度以及对其他因素的考虑，如撞击方向、碰撞时接触面积和车内乘员是否系好安全带，由此得出控制各个乘员保护系统的不同阈值。由于触发阈值的不同，前部安全气囊第 2 级的引爆根据碰撞的严重程度而变化。

如果安全带锁扣识别错误，系统会由此推断乘员未系安全带。此时触发阈值降低，尽管是识别错误，但还是会试图激活安全带拉紧装置。

如果座椅占用时识别出现错误，系统将确认座椅被占用（即座椅上坐有成员）。此时，成员保护系统会被激活（相应的安全气囊会引爆）。

（2）碰撞时的触发

1）正面碰撞。发生正面碰撞时，可将碰撞严重程度分为轻度碰撞（CS1）、中度碰撞（CS2）和严重碰撞（CS3）三级。

① 轻度碰撞 CS1。轻度碰撞 CS1 会触发安全带拉紧装置。在识别到车内成员系好安全带时，不会触发驾驶人/前乘员安全气囊。

② 中度碰撞 CS2。从中度碰撞 CS2 起，驾驶人/前排乘员安全气囊和安全带拉紧装置都会触发。

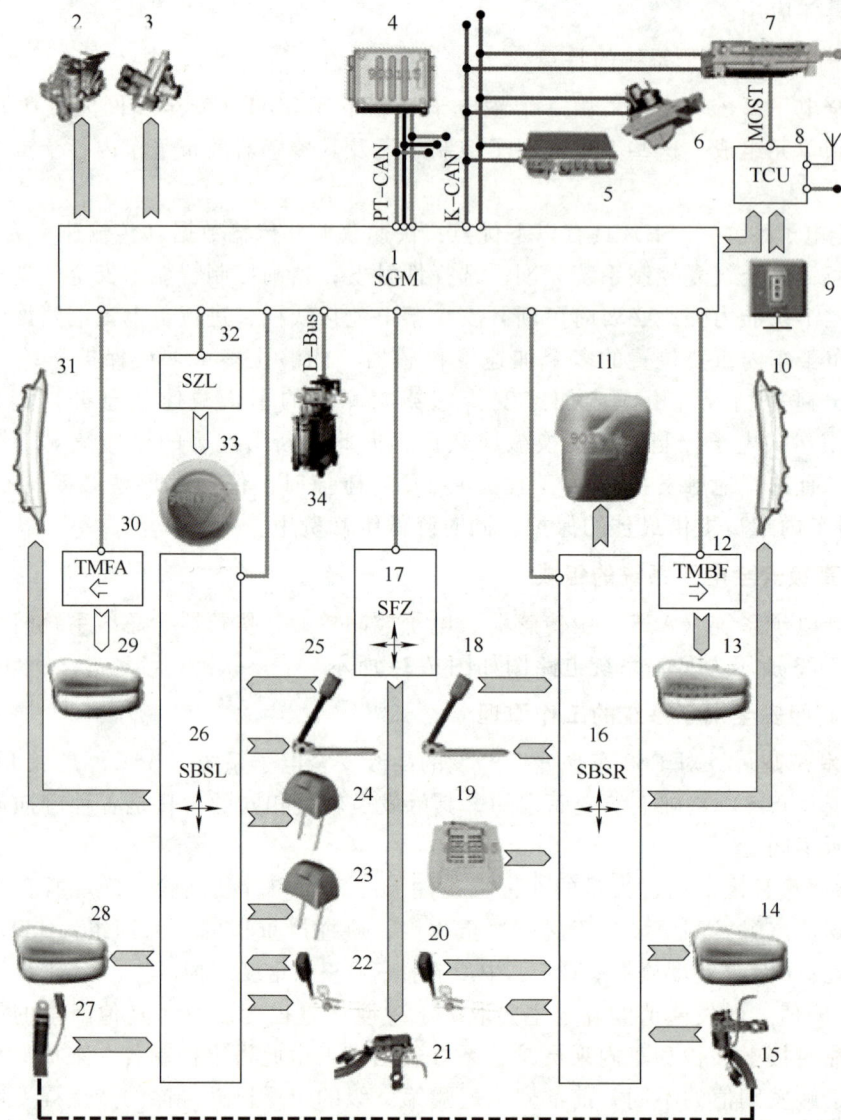

图 7-23　ASE 系统组成

1—安全和网关模块　2—伺服转向助力系统阀（SA）　3—ECO 阀（仅针对 AFS）　4—数字式发动机电子控制单元
5—车身标准模块　6—灯光模块　7—多音频系统控制器　8—电子信息系统电子控制单元　9—紧急呼叫按钮
10—右侧头部安全气囊 AITS II　11—前排乘员前部安全气囊　12—前排乘员侧车门模块　13—前排乘员侧面安全气囊
14—后座右侧侧面安全气囊（SA）　15—行李舱内监控屏蔽插头　16—右侧 B 柱卫星式电子控制单元
17—车辆中央卫星式电子控制单元　18—前排乘员安全带锁扣开关及拉紧装置　19—座位占用识别装置
20—后座右侧安全带锁扣开关及拉紧装置（SA）　21—安全蓄电池接线柱　22—后座左侧安全带锁扣开关及
拉紧装置（SA）　23—主动式前排乘员头枕　24—主动式驾驶人头枕　25—驾驶人安全带锁扣开关及拉紧装置
26—左侧 B 柱卫星式电子控制单元　27—发动机舱内监控屏蔽插头　28—后座左侧侧面安全气囊　29—驾驶人
侧面安全气囊　30—驾驶人侧车门模块　31—左侧头部安全气囊 AITS　32—转向柱开关中心
33—驾驶人前部安全气囊　34—诊断接口

图 7-24　ASE 系统电路图

1—起动机　2—发电机　3—ECO 阀（仅针对 AFS）　4—伺服转向助力系统阀（SA）　5—数字式发动机控制系统
6—灯光模块　7—车身标准模块　8—多音频系统控制器　9—电子信息系统电子控制单元　10—紧急情况扬声器
11—紧急呼叫按钮　12—安全和网关模块　13—右侧头部安全气囊 AITS II　14—前排乘员前部安全气囊　15—前排乘员
侧车门模块　16—前排乘员侧面安全气囊　17—右侧 B 柱卫星式电子控制单元　18—后座右侧侧面安全气囊（SA）
19—后座右侧安全带锁扣开关及拉紧装置（SA）　20—座位占用识别装置　21—前排乘员安全带锁扣开关及拉紧装置
22—车辆中央卫星式电子控制单元　23—驾驶人安全带锁扣开关及拉紧装置　24—主动式驾驶人头枕　25—主动式
前排乘员头枕　26—后座左侧安全带锁扣开关及拉紧装置（SA）　27—安全蓄电池接线柱　28—后座左侧侧面安全
气囊（SA）　29—左侧 B 柱卫星式电子控制单元　30—驾驶人侧面安全气囊　31—驾驶人侧车门模块　32—驾驶人
前部安全气囊　33—转向柱开关中心　34—左侧头部安全气囊 AITS II　35—诊断接口

安全蓄电池接线柱断开，关闭电动燃油泵，如车内装有具备报警功能的电话，还将进行紧急呼叫。

③ 严重碰撞 CS3。发生严重碰撞 CS3 时，驾驶人/前乘员安全气囊和安全带拉紧装置都会触发，但时间延迟不同。

车辆发生正面碰撞时安全气囊的触发过程如图 7-25 所示。**通过安全带锁扣开关和座椅占用识别装置可以确定前排乘员座椅是否被占用。**

图 7-25　车辆发生正面碰撞时安全气囊的触发过程

在 t_0 时刻，车辆发生碰撞，安全带的机械锁止装置阻止安全带伸长，传感器采集车辆减速度数据。

在 t_1 时刻，卫星式电子控制单元触发执行器（引爆阶段），燃爆式执行器被引爆。驾驶人/前排乘员安全带拉紧装置以及驾驶人/前排乘员安全气囊第 1 级被引爆。

碰撞严重程度达到 CS2 时，在引爆气囊的同时，断开安全蓄电接线柱，以避免发动机舱中蓄电池导线短路，引发火灾。

形成阶段，安全气囊开始充气。安全带拉紧装置中的活塞被拉紧管中的气体推动，活塞上固定的拉锁将安全带锁向下拉并将安全带的松弛部分拉紧。

在 t_2 时刻，拉紧安全带的过程结束，安全带开始提供保护。此时，两个安全气囊还在充气。

在 t_4 时刻，安全气囊已经开始对驾驶人提供保护。根据碰撞严重程度，从 t_2 时刻起，可能两个安全气囊就已经开始第 2 级引爆。由于各级别引爆时间错开，所以安全气囊对于车内成员来说攻击性更小。

从 t_8 时刻起，车内成员开始后移，车内成员不再有前冲运动，而是跌回到座椅中。

2）**侧面碰撞。** 发生侧面碰撞时，碰撞严重程度区分为轻度碰撞和中度碰撞两种。

从轻度碰撞 CS1 起，受撞击侧的头部保护系统 AITS II 和侧面安全气囊会被触发。从中度碰撞 CS2 起，气囊触发的同时，还会断开安全蓄电池接线柱，关闭电动燃油泵。如果车内装有具备报警功能的电话，还将进行紧急呼叫。

3）尾部碰撞。从轻度碰撞 CS1 起，主动式头枕和安全带拉紧装置会被触发。

如碰撞严重程度为中度碰撞 CS2，还将断开安全蓄电池接线柱，关闭电动燃油泵。如果车内装有具备报警功能的电话，还将进行紧急呼叫。

（3）紧急呼叫 如果装有车载电话，宝马高级安全电子系统可向乘员提供两种紧急呼叫功能，即手动紧急呼叫功能和自动紧急呼叫功能。如果车内还装有导航系统，发出紧急呼叫的同时还可发出车辆所在位置的数据。

7.6 以太网与 FlexRay 技术

知识点 1 以太网

1. 以太网及其标准

（1）以太网 以太网（Ethernet）最早由施乐（Xerox）公司创建。1980 年由美国数字设备（DEC）公司、英特尔（Intel）公司和施乐（Xerox）公司三家公司联合开发成为一个网络标准，是一项使用电缆连接的网络技术，可供任何制造商使用。现在的大部分计算机网络都是以这种数据传输技术为基础的。

（2）以太网的基础 以太网是应用最为广泛的局域网，包括标准的以太网（10Mbit/s）、快速以太网（100Mbit/s）和 10G 以太网（10Gbit/s）等。以太网采用的是 CSMA/CD（载波监听多路访问/冲突检测）访问控制法，符合 IEEE802.3 标准。

经过 30 多年的发展，以太网的数据传输速率已经得到成倍提高。目前在汽车上使用的是数据传输速率为 100MBit/s 的 IEEE802.3u 标准。IEEE802.3u 是美国电气与电子工程师协会针对电缆连接网络的一项标准，该标准又称为"快速以太网"，使用 TCP/IP（传输控制协议/网际协议）和 UDP（用户数据报协议）作为传输协议。

2. 以太网在汽车上的应用

【温馨提示】

宝马 F01/F02 汽车车载网络系统视频请扫教学资源 7.5 对应的二维码 进行观看。

在宝马车系的 F01/F02 车型（第五代宝马 7 系底盘代号标准版为 F01，长轴版为 F02）上采用快速以太网（100Mbit/s）作为快速编程接口（图 7-26）。同时，快速以太网负责在车辆信息计算机（CIC）与后座娱乐系统（RSE）之间传输媒体数据。

只有插入宝马编程系统（ICOM A）时才会启用诊断插座内的以太网。编程插头内的针脚 8 和针脚 16 之间有一个启用电桥，该电桥负责接通中央网关模块内以太网控制器的供电电路。也就是说，车辆行驶时通过以太网连接中央网关模块的功能处于停用状态，而通信系统间的以太网连接不受诊断插座内启用电桥的影响，始终处于启用状态。

（1）以太网的安全性 以太网上的所有设备都有单独分配的识别号，即 MAC（媒体访问控制）地址。建立连接时，宝马编程系统通过该地址和 VIN（车辆识别代号）识别车辆，以此避免第三方更改数据记录和存储值。

图 7-26 宝马车系 F01/F02 总线系统概览

ACSM—高级碰撞和安全模块　AHM—挂车模块　AL—主动转向系统　CAS—便捷登车及起动系统　CIC—车辆信息计算机　CID—中央信息显示屏　CON—控制器　DDE—数字式柴油机电子控制单元　DME—数字式发动机电子控制单元　DSC—动态稳定控制系统　DVD—DVD 换碟机　EDC SHL—左后电子减振器控制系统卫星式电子控制单元　EDC SHR—右后电子减振器控制系统卫星式电子控制单元　EDC SVL—左前电子减振器控制系统卫星式电子控制单元　EDC SVR—右前电子减振器控制系统卫星式电子控制单元　EGS—变速器电子控制系统　EHC—车辆高度电子控制系统　EKPS—电动燃油泵控制系统　EMA LI—左侧电动安全带拉紧装置　EMA RE—右侧电动安全带拉紧装置　EMF—电动机械式驻车制动器　FCON—后座控制器　FD—后座显示器　FD2—后座显示器 2　FKA—后座暖风和空调系统　HKA—冷气空调系统　FLA—远光灯辅助系统　FRM—脚部空间模块　FZD—车顶功能中心　GWS—选档开关　HiFi—高保真音响放大器　HKL—行李舱门举升装置　HSR—后桥侧偏角控制系统　HUD—平视显示屏　ICM—集成式底盘管理系统　IHKA—自动恒温空调系统　JB—接线盒电子装置　KAFAS—基于摄像机原理的驾驶人辅助系统　KOMBI—组合仪表　NVE—夜视系统电子装置　PDC—驻车距离监控系统　RDC—轮胎压力监测系统　OBD—诊断插座　RSE-Mid—后座娱乐系统　RSE-High—专业级后座娱乐系统　SDARS—卫星调谐器（美国规格）　SM BF—前排乘员座椅模块　SM BFH—前排乘员侧后部座椅模块　SM FA—驾驶人座椅模块　SM FAH—驾驶人侧后部座椅模块　SWW—变换车道警告　SZL—转向柱开关中心　TCU—远程通信系统电子控制单元　TOP HiFi—顶级高保真音响系统　TRSVC—倒车摄像机和侧视系统电子控制单元（顶部后方侧视摄像机）　ULF-SBX—接口盒　ULF-SBX High—高级接口盒（蓝牙电话技术、语音输入和 USB/音频接口）　VDM—垂直动态管理系统（电子减振器控制系统和中央电子控制单元）　VM—视屏模块　VSW—视频开关　ZGM—中央网关模块　D-CAN—诊断 CAN　Ethernet—以太网（快速数据协议）　FlexRay—FlexRay 总线系统　K-CAN—车身 CAN　K-CAN2—快速车身 CAN（500kbit/s）　MOST—多媒体传输系统　PT-CAN—动力传动系统 CAN　PT-CAN2—动力传动系统 CAN2

与办公室内的计算机网络一样，以太网网络内的所有设备都必须拥有唯一的识别号，因此建立连接后，中央网关模块从编程系统得到一个 IP 地址。

网络内的 IP 地址功能相当于电话网络的电话号码。这个 IP 地址通过 DHCP（动态主机配置协议）为网络内终端设备自动分配识别号。

（2）以太网的特点

1）数据传输速率很高，可达 100Mbit/s。

2）建立连接和分配地址时系统启动用时 3s，进入休眠模式用时 1s。

3）只能通过宝马编程系统访问以太网。

（3）以太网的功能

1）进行汽车维修时能更迅速地在系统中编程。

2）在 CIC 与 RSE 间传输媒体数据。

如图 7-27 所示，以太网的导线连接是在 OBD、ZGM 和 CIC 之间通过两个没有附加屏蔽层的双绞线连接的，此外还有一个为各电子控制单元内以太网控制器供电的启用导

图 7-27　以太网的导线连接

CIC—车辆信息计算机　　OBD—诊断插座　　RSE—后座
娱乐系统　ZGM—中央网关模块　　Ethernet—以太网

线。CIC 与 RSE 之间的导线带有屏蔽层，取代了启用导线。

诊断插头与宝马编程系统之间必须使用一个所谓的五类线。这种五类线使用四个非屏蔽双绞线的网络电线，可以在频率带宽为 100MHz 的范围内传输数据。针对宝马车系 F01/F02 车型所需的传输要求，使用两个双绞线即可满足要求。

知识点 2　FlexRay 简介

1. FlexRay 的发展

目前，FlexRay 已经成为车载网络系统的标准，将在今后引领车载网络系统的发展方向。FlexRay 是继 CAN 和 LIN 之后的最新研发成果，可以有效管理多重安全和舒适功能，如 FlexRay 适用于线控操作（X-by-Wire）。

由于目前通过 CAN 总线实现联网的方式已经达到其效率极限，因此业界普遍认为，FlexRay 将是 CAN 总线的替代标准。

FlexRay 是戴姆勒-克莱斯勒的注册商标。1999 年，宝马、戴姆勒-克莱斯勒、半导体制造商 Freescale（现更名为 NXP）和飞利浦合作创建了 FlexRay 协会，以开发新型通信技术。后来博世和通用也加入了该协会。目前，世界范围内几乎所有有影响的汽车制造商和供货商都加入了 FlexRay 协会。

FlexRay 是一种新型通信系统，目标是在电气设备与机械或电子组件之间实现可靠、实时、高效的数据传输，以满足未来新的车载网络技术的需要。

由于电子控制单元在车辆内联网对通信技术的要求越来越高，因此有必要为基础系统提

供一个开放式的标准化解决方案，新型通信系统 FlexRay 就是为此开发的。FlexRay 为车内分布式网络系统的实时数据传输提供了有效协议。

FlexRay 是专门瞄准下一代汽车应用及"线控"应用的新型网络通信系统，应用于需要高通信带宽和决定性容错数据传输能力及底盘控制、车身控制、动力总成控制等场合。FlexRay 不仅能简化汽车电子系统和通信系统的结构，同时还可帮助汽车电子控制单元变得更加稳定和可靠，使汽车系统安全达到一个很高的水平。

2. FlexRay 的数据传输速率

如图 7-28 所示，FlexRay 的最大数据传输速率大约为每通道 10Mbit/s，明显高于以前在车身系统、动力传动系统和底盘系统中所用的数据总线，以前只有使用光纤才能达到该数据传输速率。

图 7-28　各种总线系统的数据传输速率
1—实时、确定性（严格规定）和冗余（重复出现）
2—有条件实时（对控制系统来说已足够）　3—非实时

除较高的带宽外，FlexRay 还支持确定性数据传输，且能以容错方式进行配置，即个别组件失灵后通信系统其余的组件仍能可靠地继续工作。

3. FlexRay 的优点

作为车载网络系统的标准，FlexRay 具有以下优点：
1）数据传输速率较高（可达 10Mbit/s，而 CAN 仅为 0.5Mbit/s）。
2）确定性（实时）数据传输。
3）数据通信可靠。
4）支持系统集成。

4. FlexRay 的特性

下面介绍 FlexRay 总线系统的拓扑结构、冗余数据传输、信号特性、确定性数据传输、唤醒和休眠特性、同步化等重要特性。

（1）**总线拓扑结构**　FlexRay 总线系统可以以不同的拓扑结构和形式安装在车内。既可以采用线形总线拓扑结构，也可以采用星形总线拓扑结构，还可以采用混合总线拓扑结构。

1）**线形总线拓扑结构**。在线形总线拓扑结构（图 7-29）中，所有电子控制单元（如

SG1~SG3）都通过一个双线总线连接，该总线采用两根铜芯双绞线。CAN 总线也使用这种连接方式。

图 7-29　线形总线拓扑结构

线形拓扑结构在两根导线上传输相同的信息，但电平不同。线形拓扑结构所传输的差分（差动）信号不易受到干扰，仅适用于电气数据传输。

2）星形总线拓扑结构。在星形总线拓扑结构（图 7-30）中，卫星式电子控制单元（电子控制单元 SG2~SG5）分别通过一个独立的导线与中央主电子控制单元（SG1）连接。这种星形拓扑结构既适合于电气数据传输，也适合于光学数据传输。

3）混合总线拓扑结构。在混合总线拓扑结构中，同一个总线系统内可以使用不同的拓扑结构，即总线系统的一部分采用线形结构，另一部分为星形结构。

宝马车系 F01/F02 使用的就是混合总线拓扑结构（图 7-26），其根据车辆配置情况，在中央网关模块内带有一个或两个星形插接器，最多可提供 8 个接口。

（2）冗余数据传输　在容错性系统中，即使某一总线导线断路，也必须确保数据能继续可靠传输，这一要求可以通过在第二个数据信道上进行冗余数据传输（图 7-31）来实现。

具有冗余数据传输能力的总线使用两个相互独立的信道，每个信道都由一组双线导线组成，一个信道失灵时，该信道应传输的信息可在另外一条没有发生故障的信道上传输。

图 7-30　星形总线拓扑结构

图 7-31　冗余数据传输

A—信道 1　B—信道 2

（3）信号特性　FlexRay 总线信号电压必须在规定范围内。图 7-32 和图 7-33 所示为 FlexRay 总线信号的正常波形和非正常波形。无论在时间轴上还是电压轴上，总线信号都不应进入内部区域。

FlexRay 总线系统是数据传输速率较高且电平变化较快的一种总线系统，对电平高低以及电压上升沿和下降沿的斜率都有严格的规定，必须达到规定数值，且信号波形不得进入所标记的区域（图 7-32 和图 7-33 所示六边形）。导线安装不正确、接触电阻等产生电器故障可能会导致数据传输出现问题。

FlexRay 总线系统的电压范围如下：

1）系统接通时，如果无总线通信，则其电压为 2.5V。

2）高电平信号的电压为 3.1V（电压信号上升 600mV）。

图 7-32 FlexRay 总线的正常波形

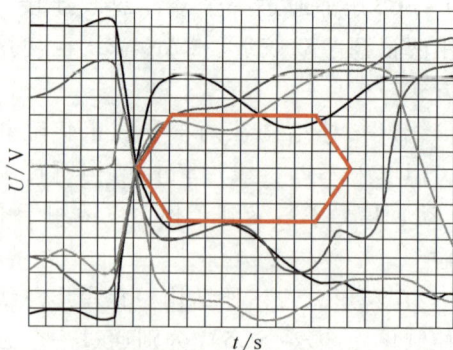

图 7-33 FlexRay 总线的非正常波形

3）低电平信号的电压为 1.9V（电压信号下降 600mV）。

（4）确定性数据传输 CAN 是一个事件触发式总线系统，发生一个事件时就会传输数据，但多个事件汇集在一起时，后续信息发送可能出现延迟现象。如果无法成功准确地传输一条信息，该信息将一直发送，直至相应通信设备确认已接收到。如果 CAN 总线系统内出现故障，可能会导致这些事件触发的信息汇集在一起，并造成总线系统过载，即各信号的传输要延迟很长时间，导致各系统的控制性能变差。

FlexRay 是一种时间触发式总线系统，它也可以通过事件触发方式进行部分数据传输，在时间控制区域内，将时隙⊖分配给确定的信息。这样，在 FlexRay 总线系统内重要的周期性信息会以固定的时间间隔传输，因此不会造成 FlexRay 总线过载。

对时间要求不高的其他信息则在事件控制区域内传输。FlexRay 总线系统内确定性数据的传输过程如图 7-34 所示。

确定性数据传输用于确保时间触发区域内的每条信息都能实现实时传输，即每条信息都能在规定时间内进行传输，因此，FlexRay 不会由于总线系统过载而导致重要总线信息发送延迟。如果由于暂时性总线故障（如 EMC 故障）导致一条信息丢失，则该信息不会再次发送，在为此规定的下一时隙将发送当前数值。

（5）唤醒和休眠特性 在宝马车系 F01 车型中，虽然可通过总线信号唤醒 FlexRay 电子控制单元，但大部分 FlexRay 电子控制单元由 CAS（便捷登车及起动系统）通过一个附加唤醒导线进行唤醒。该唤醒导线的功能与以前宝马车系 PT-CAN 内的唤醒导线（15WUP）相同，其信号曲线也与 PT-CAN 的信号曲线一样。

主动转向系统和 VDM（垂直动态管理系统）不通过唤醒导线唤醒，而是通过总线信号唤醒。随后 VDM 通过接通供电直接启用四个减振器卫星式电子控制单元。

FlexRay 的唤醒信号曲线如图 7-35 所示，从图中可以清楚地看出车辆开锁（打开车门锁）和起动时的典型电压曲线。

第一阶段，驾驶人用车钥匙或遥控器将车辆开锁，CAS 电子控制单元启用唤醒脉冲并通过唤醒导线将车辆开锁信号（高电平）传输给所连接的 FlexRay 电子控制单元。

第二阶段，驾驶人打开车门，进入车内，在将车钥匙插入点火开关之前，由于总线端子

⊖ 时隙是指规定的时间段内，该时间段对特定信息（如转速）开放。

图 7-34　FlexRay 总线系统内确定性数据的传输过程

1—循环数据传输的时间触发区域　2—循环数据传输的事件触发区域　3—循环〔总循环时间 5ms，其中 3ms 为静态（时间触发），2ms 为动态（事件触发）〕　n—转速　∢°—角度　t°—温度　v—车速
xyz...，abc...—事件触发的信息　t—时间

仍处于断开状态，总线系统内的信号电平再次下降（低电平）。

第三阶段，驾驶人起动发动机，总线端子接通，则总线系统内的信号电平保持在设定值（高电平）直至总线端子再次关闭。

第四阶段，驾驶人关闭发动机，拔出车钥匙，锁好车门，此时，总线端子再次处于断开状态。当总线端子处于断开状态时，FlexRay 总线系统进入休眠模式，以免耗电过多。

为确保所有电子控制单元都进入休眠模式，系统会自动存储一条故障信息，当对车辆进行电能（能量）诊断工作时将评估这条故障信息。

图 7-35　FlexRay 的唤醒信号曲线

1—车辆开锁　2—信号电平再次下降
3—起动发动机后信号电平保持在设定值
4—关闭发动机进入休眠模式

（6）同步化　为了能够在联网电子控制单元内同步执行各项功能，需要有一个共同的时基。由于所有电子控制单元都是利用其自身的时钟脉冲发生器工作的，因此必须通过总线进行时基匹配。

电子控制单元测量某些同步位的持续时间并据此计算平均值，根据这个平均值调整总线时钟脉冲。同步位在总线信息的静态部分发送。系统启动后，只要 CAS 电子控制单元发送一个唤醒脉冲，FlexRay 上的两个授权唤醒电子控制单元之间就会开始进行同步化。该过程结束时，其余电子控制单元相继自动在 FlexRay 上注册，计算出各自的差值并进行校正。

此外，在运行期间还会对同步化进行计算校正，这样可以确保最小的时间差，从而在较

长时间内不会导致传输错误。

5. FlexRay 在汽车上的应用

（1）**宝马车系中的 FlexRay**　在宝马车系 F01/F02 车型中，通过 FlexRay 总线系统以跨系统的方式实现了汽车行驶动态管理系统和发动机管理系统的联网。同时，FlexRay 是行驶动态管理系统的综合性主总线系统，中央网关模块（ZGM）用于不同总线系统与 FlexRay 之间的连接，如图 7-36 所示。

宝马车系 F01 车型 FlexRay 总线的拓扑结构如图 7-37 所示。根据车辆配置情况，ZGM 带有一个或两个星形插接器，每个星形插接器都有四个总线驱动器。总线驱动器将电子控制单元数据通过通信控制器传输给中央网关模块（ZGM）。根据 FlexRay 电子控制单元的终端形式，总线驱动器有两种方式与这些电子控制单元相连。

（2）**终端电阻的设置**　与大多数总线系统一样，为了避免在导线上产生信号反射，FlexRay 上的数据导线两端也使用了终端电阻（作为总线终端），这些终端电阻的阻值由数据传输速率和导线长度决定。终端电阻位于各个电子控制单元内部。

如果一个总线驱动器上仅连接一个电子控制单元，则总线驱动器和电子控制单元的接口各有一个终端电阻。中央网关模块的这种连接方式称为"终止节点终端"。

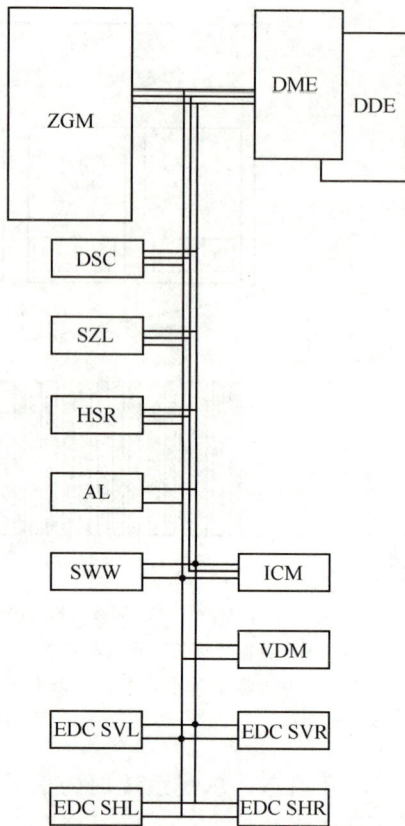

图 7-36　中央网关模块（ZGM）用于不同总线系统与 FlexRay 之间的连接

如果电子控制单元上的接口不是物理终止节点（如总线驱动器 BD2 上的 DSC、ICM 和 DME），而是形成环路，则每个总线路径端部的两个组件内部必须设置终端电阻（图 7-38）。这种连接方式既用于中央网关模块，也用于一些电子控制单元，但是形成环路的电子控制单元还使用一个"非终止节点终端"来获取数据。这种终端模式受电阻/电容器电路所限，无法通过测量技术在电子控制单元插头上对其进行检查。

通过测量（无电流）FlexRay 总线确定导线或终端电阻时，必须使用车辆电路图。

6. FlexRay 的故障处理与检测

（1）**故障处理**　FlexRay 总线导线出现故障（如对电源正极断路或搭铁短路）或 FlexRay 电子控制单元自身出现故障时，可能会切断各电子控制单元或整个支路与总线之间的通信，四个带有授权唤醒 FlexRay 的电子控制单元 ZGM、DME、DSC、ICM 的分支除外。如果这些电子控制单元之间的通信中断，则发动机无法起动。

此外，电子控制单元内的这种总线监控功能还能防止在非授权时间发送信息，从而防止覆盖其他信息。

（2）**布线特点**　宝马车系 F01/F02 车型的 FlexRay 总线采用带电缆套的双芯双绞线电

缆，电缆套用于防止电缆机械损坏。终端电阻位于中央网关模块和终端设备内。由于导线的
波阻抗（高频导线的阻抗）取决于外部影响因素，因此终端电阻根据所需阻值进行了精确
调节。借助万用表可以相对简单地检测至终端设备的部分导线，应从中央网关模块进行
测量。

图 7-37　宝马车系 F01 车型 FlexRay 总线的拓扑结构

AL—主动转向系统　DME—数字式发动机电子系统　DSC—动态稳定控制系统　EDC SHL—左后电子减振器控制系统
卫星式电子控制单元　EDC SHR—右后电子减振器控制系统卫星式电子控制单元　EDC SVL—左前电子减振器控制
系统卫星式电子控制单元　EDC SVR—右前电子减振器控制系统卫星式电子控制单元　HSR—后桥侧偏角控制系统
ICM—集成式底盘管理系统　SZL—转向柱开关中心　VDM—垂直动态管理系统
ZGM—中央网关模块　SWW—变换车道警告系统

图 7-38　形成环路的 FlexRay 终端电阻的设置

(3) 导线电阻的检测　检测 FlexRay 导线电阻时必须使用车辆电路图，由于终端电阻的设计方案不同，如果没有电路图和数据的标准值，可能导致对测量结果做出错误判断。

FlexRay 导线电阻的检测结果无法 100% 地判断出系统功能是否正常。在静态模式下，出现挤压变形或插头腐蚀等损坏情况时，检测的电阻值可能还位于公差范围内；但在动态模式下，电气影响可能会引起波阻抗提高，从而出现数据传输问题。

FlexRay 的导线是双绞线，导线损坏时可以用普通导线进行替换维修，但是安装时必须遵守其特殊要求。

对 FlexRay 的导线进行维修时，必须尽可能保持双绞线的布置方式。剥掉绝缘层的维修部位必须用冷缩管配合软管加以密封（进水后可能会影响波阻抗，进而影响 FlexRay 总线系统的信息传输效率）。

想一想　比较各种总线技术的特点及应用？

7.7　车载网络系统常见故障

知识点 1　车载网络故障状态

(1) 错误激活状态　错误激活状态是指正常参与总线通信的状态。当错误激活状态组件检测到错误时，输出错误激活标志。

(2) 错误认可状态　错误认可状态是指容易出现错误的状态。处于错误认可状态的组件可以参与总线上的通信，但为了不妨碍其组件的通信，接收信息时不能发出出错激活的通知。处于错误认可状态的组件检测到错误，但其余处于错误激活状态的组件若没有检测到错误，即可判断为整个总线没有错误。当处于错误认可状态的组件检测到错误时，输出错误认可标志。

(3) 总线关闭状态　总线关闭状态是 CAN 节点比较重要的错误处理机制。为了避免某个设备因为自身原因（如硬件损坏）导致无法正确收发报文而不断地破坏总线的数据帧，从而影响其他正常节点通信，CAN 网络具有严格的错误诊断功能。CAN 通用规范中规定每个 CAN 控制器中有一个发送错误计数器和一个接收错误计数器，根据计数值不同，节点会处于不同的错误状态，并根据计数值的变化进行状态转换。

知识点 2　车载网络系统常见故障

车载网络系统常见故障见表 7-2。

表 7-2　车载网络系统常见故障

故障名称	故障征象	故障原因
汽车电源系统引起的故障	整个汽车多路信息传输系统出现短暂无法通信的现象	主要是蓄电池、发电机、供电线路、熔丝等元器件有故障
节点故障（电控模块的故障）	多路信息传输系统无法正常工作	各类电子控制单元、传感器等元器件有故障

(续)

故障名称	故障征象	故障原因
链路故障	引起多个电子控制单元无法工作或电控系统错误，使多路信息传输系统无法工作	通信线路的短路、断路，以及线路物理性质引起的通信信号衰弱或失真

知识拓展

1. 车联网的定义

根据中国物联网校企联盟的定义，车联网（Internet of Vehicles）是由车辆位置、速度和路线等信息构成的巨大交互网络。通过 GPS、RFID、传感器、摄像头图像处理等装置，车辆可以完成自身环境和状态信息的采集；通过互联网技术，所有的车辆可以将自身的各种信息传输汇聚到中央处理器；通过计算机技术，这些大量的车辆信息可以被分析和处理，从而计算出不同车辆的最佳路线、及时汇报路况和安排信号灯周期。而随着技术的进步发展，以车内网（车内局域网）、车际网（车与车）和车载互联网（车与以太网连接）为基础，按照约定的通信协议和数据交互标准，实现车-X（车、路、行人以及互联网等）之间进行无线通信和信息交换，并最终实现智能交通、智能汽车、智能驾驶等功能。

车联网通过新一代信息通信技术，实现车与云平台、车与车、车与路、车与人、车与互联网等全方位网络链接，主要实现了"三网融合"，即将车内网、车际网和车载移动互联网进行融合。车联网利用传感技术感知车辆的状态信息，并借助无线通信网络与现代智能信息处理技术实现交通的智能化管理，以及交通信息服务的智能决策和车辆的智能化控制。

2. 车联网的发展历程

车联网在国外起步较早。在 20 世纪 60 年代，日本就开始研究车间通信。2000 年左右，欧洲和美国也相继启动多个车联网项目，旨在推动车间网联系统的发展。2007 年，欧洲六家汽车制造商（包括 BMW 等）成立了 Car2Car 通信联盟，积极推动建立开放的欧洲通信系统标准，实现不同厂家汽车之间的相互沟通。2009 年，日本的 VICS 车机装载率已达到 90%。而在 2010 年，美国交通部发布了《智能交通战略研究计划》，内容包括美国车辆网络技术发展的详细规划和部署。

与国外车联网产业发展相比，我国的车联网技术直至 2009 年才刚刚起步，最初只能实现基本的导航、救援等功能。随着通信技术的发展，2013 年我国汽车网络技术已经能够实现简单的实时通信，如实时导航和实时监控。在 2014~2015 年，3G 和 LTE 技术开始应用于车载通信系统以进行远程控制。2016 年 9 月，华为、奥迪、宝马和戴姆勒等公司合作推出 5G 汽车联盟（5GAA），并与汽车经销商和科研机构共同开展了一系列汽车网络应用场景试验。此后至 2017 年年底，国家颁布了多项方案，将发展车联网提到了国家创新战略层面。在这期间，人工智能和大数据分析等技术的发展使得车载互联网更加实用，如企业管理和智能物流。此外 ADAS 等技术可以实现与环境信息交互，使得 UBI 业务的发展有了强劲的助推力。未来，依托于人工智能、语音识别和大数据等技术的发展，车联网将与移动互联网结合，实现车与 X（即车与车、人、路、服务平台）之间的网络连接，如图 7-39 所示，为用户提供更具个性化的定制服务。

图 7-39　汽车网络应用场景

3. 车联网的构成

（1）**车辆和车载系统**　车辆和车载系统是指参与交通的每一辆汽车和车上的各种设备。通过一些传感器设备，车辆不仅可以实时地了解自己的位置、朝向、行驶距离、速度和加速度等车辆信息，还可以通过各种环境传感器感知外界环境的信息，包括温度、湿度、光线、距离等，不仅方便驾驶人及时了解车辆和信息，还可以对外界变化做出及时的反应。此外，从传感器获取的信息还可以通过无线网络发送给周围的车辆、行人和道路，上传到车联网系统的云计算中心，加强了信息的共享能力。

（2）**车辆标识系统**　车辆上的若干标志、标识和外界的标识识别设备构成了车辆标识系统，其中标志以 RFID 和图像识别系统为主。

（3）**路边设备系统**　路边设备系统会沿交通路网设置，一般会安装在交通热点地区、交叉路口或者高危险地区。通过采集经过特定地点的车流量，分析不同拥堵段的信息，给交通参与者提供避免拥堵的若干建议。

（4）**信息通信网络系统**　有了若干信息之后，还需要信息通信系统对各种数据进行传输，这是网络链路层的重要组成部分。目前车联网的通信系统以 WIFI、移动网络、无线网络、蓝牙网络为主，车联网的大部分网络需求需要和网络运营商合作，以便和用户的手机随时连接。

4. 车联网的应用

车联网是实现自动驾驶乃至无人驾驶的重要组成部分，也是未来智能交通系统的核心组成部分，在以下几个方面将发挥越来越重要的作用。

（1）**车辆安全方面**　车联网可以通过提前预警、超速警告、逆行警告、红灯预警、行人预警等相关手段提醒驾驶人，也可通过紧急制动、禁止疲劳驾驶等措施有效降低交通事故的发生率，保障人员及车辆安全。

（2）**交通控制方面**　将车端信息和交通信息及时发送到云端，进行智能交通管理，从而实时播报交通及事故情况，缓解交通堵塞，提高道路使用率。

（3）**信息服务方面**　车联网为企业和个人提供方便快捷的信息服务，例如，提供高精度电子地图和准确的道路导航。车企也可以通过收集和分析车辆行驶信息，了解车辆的使用状况和问题，确保用户行车安全。其他企业还可通过相关特定信息服务了解用户需求和兴趣，挖掘盈利点。

（4）智慧城市与智能交通方面　以车联网为通信管理平台可以实现智能交通。例如，交通信号灯智能控制、智慧停车、智能停车场管理、交通事故处理、公交车智能调度等方面都可以通过车联网实现。而随着交通的信息化和智能化，必然有助于智慧城市的构建。

本章小结

1. 车载网络技术有四大类以及相对应的主流协议。车载网络技术的应用研究可分为两个层次：第一个层次是在单个ECU中嵌入车载网络功能，使单个ECU能通过车载网络实现与其他ECU之间的信息交换；第二个层次是确保车载网络在量产汽车中可靠工作。

2. 控制器局域网（CAN）极大地减少了汽车导线数量，提高了可靠性，节约了制造和维修成本。

3. CAN由若干个电子控制单元、CAN控制器、CAN接收发送器、传输数据总线等组成。

4. 车载网络一般分为四个系统：动力传动系统、车身系统、安全系统、信息系统。

5. 动力CAN数据传输系统连接发动机电子控制单元、ABS电子控制单元及自动变速器电子控制单元三个电子控制单元。每个电子控制单元和很多传感器、执行机构连接，各电子控制单元之间又通过CAN总线交换信息。

6. 舒适CAN数据总线连接五个电子控制单元，包括中央电子控制单元及四个车门的电子控制单元，具有负荷管理、车内灯控制、燃油泵供给控制、外后视镜和后窗加热装置控制、后座椅靠背监控、接通后风窗玻璃刮水器、控制前风窗玻璃刮水器锁止装置、转向信号和警告灯控制和编码等功能。

7. 在汽车电子控制单元中，对于小型系统，如电动门窗、转向盘、座椅、照明灯等单元，出于成本的考虑可以采用LIN总线技术控制。

8. MOST总线系统的一个重要特征就是其环形结构。通过数据总线自诊断接口和诊断CAN可以对MOST总线进行诊断。

9. DDB总线是针对媒体数据通信的一种网络协议，可集成数字音频、视频和其他高数据传输速率的同步或异步信号的传输。DDB采用单根光纤进行多媒体数据传输。

10. 高级安全电子系统ASE由一个主电子控制单元SGM（安全和网关模块）和多个卫星式电子控制单元组成。这些卫星式电子控制单元及其传感器散布于车内各个重要位置，并与SGM交换信息。ASE具有以下优点：快速获取并传输数据（传输速率为10Mbit/s）；准确识别碰撞；安全气囊控制系统联网；选择性触发；精确控制智能型安全气囊；触发安全性高；抗电磁干扰能力强；必要时可断开安全蓄电池接线柱；可进行蓄电池电路诊断等。

11. FlexRay具有以下优点：数据传输速率较高（可达10Mbit/s，而CAN仅为0.5Mbit/s）；确定性（实时）数据传输；数据通信可靠；支持系统集成。

汽车电器与电子控制技术 第5版

思考题

1. 名词解释：CAN、多路传输、数据总线、网关、节点、车载网络、汽车动力 CAN、汽车舒适 CAN、LIN 总线、BSD 总线、DDB 总线、MOST 总线、Byteflight 总线、FlexRay 总线。

2. 车载网络技术主要分哪几类？其对应的主流协议是什么？

3. 汽车 CAN 有何作用？

4. CAN 总线系统由哪几部分组成？

5. 简述大众汽车 CAN 系统的基本组成与工作原理。

6. POLO 汽车舒适 CAN 总线有哪些功能？

7. LIN 总线的主要优点有哪些，跟 DSB 总线有什么区别？

8. Byteflight 总线技术的优点有哪些？

9. FlexRay 总线的结构特点有哪些？

第8章　汽车其他电气设备

【本章内容架构】

```
                        第8章  汽车其他电气设备
  ┌──────┬──────┬──────┬──────┬──────┬──────┐
  8.1    8.2    8.3    8.4    8.5    8.6
  刮水器的  风窗洗涤  风窗除霜  电动后  汽车巡   汽车附属
  结构原理  器的结构  (雾)装置  视镜的  航控制   电气设备
          原理     的结构   结构原理  系统的   的常见故
                  原理            结构原理  障及使用
                          │
                    1.汽车后视镜概述
                    2.电动后视镜结原理
```

【学习目标要求、重点与难点】

序号	学习目标要求	学习重点	学习难点
1	掌握汽车刮水器的作用、结构与工作原理	√	
2	理解汽车风窗洗涤器的作用、结构与工作原理	√	
3	理解风窗除霜（雾）装置的作用、结构与工作原理	√	
4	理解电动后视镜的基本结构与工作原理	√	
5	掌握巡航控制系统（CCS）的作用、结构与工作原理	√	√
6	能够识别刮水器、风窗洗涤器、除霜（雾）装置、电动后视镜、电动车窗、电动座椅、电动天窗和CCS系统的主要零部件	√	

一辆行驶里程约 2.6 万 km 的标致 307 自动档乘用车，该车起动发动机后，刮水器就一直缓慢地自行摆动。请分析故障可能的原因。

8.1　刮水器的结构原理

1. 刮水器的作用

刮水器用于清除玻璃外表面的雨水、雪及灰尘，以保证驾驶人有良好的视野。

2. 刮水器的类型

刮水器有真空式（真空泵驱动）、气动式（空气源驱动）和电动式（电驱动）三种，现代汽车刮水器都采用电动机驱动。电动式刮水器又有绕线式和永磁两种，永磁式结构简单，控制效果好，应用广泛。

3. 电动刮水器结构与工作原理

电动刮水器的结构如图 8-1 所示，主要由电动机、刮水器刮片和驱动杆系组成。

【温馨提示】

电动刮水器的拆装视频请扫教学资源 8.1 对应的二维码▣进行观看。

图 8-1　电动刮水器的结构

电动刮水器的工作原理如图 8-2 所示。当刮水器开关在 I 档位置（低速）时，电流由蓄电池正极→电源开关→熔断器→接线柱②→接触片后分成两路，一路通过接线柱③→串励绕组→电枢至蓄电池负极而形成回路；另一路通过接线柱④→并励绕组→蓄电池负极而形成回路。此时，在串励绕组和并励绕组的共同作用下，磁场增强，电动机以低速旋转。

当刮水器开关在 Ⅱ 档位置（高速）时，电流由蓄电池正极→电源开关→熔断器→接线柱②→接触片→接线柱③→串励绕组→电枢→蓄电池负极而形成回路。此时，由于并励绕组被隔出，磁场减弱，于是电动机以高速旋转。

当刮水器开关在 0 档位置（停止）时，如果刮片胶条未停在合适的位置，则与电枢联动的凸轮会使触点闭合（图 8-3a），这时电流由蓄电池正极→电源开

图 8-2　电动刮水器的工作原理

关→熔断器→接线柱①→触点→串励绕组→电枢→蓄电池负极构成回路，于是电动机继续转动。当与电枢联动的凸轮转至图 8-3b 所示位置时，触点分开而电路被切断；但由于电枢旋转时的惯性，电枢不能立即停止，于是电动机作为发电机运行发电。此时，电枢电流所产生的电磁作用力与原来电枢的旋转方向相反，于是便产生制动转矩，使电动机迅速停止转动，刮水器停止工作，而刮片胶条便停在风窗玻璃下部适当的位置。

图 8-3　电动刮水器自动复位原理
a）闭合　b）分开

乘用车电动刮水器开关一般在组合开关右手边的操作杆上（图 8-4a），OFF 档为停止档，Ⅰ 档为低速档，Ⅱ 档为高速档。如图 8-4b 所示的刮水器电动机控制方式增加了两个档位。INT 档为间歇档，在 OFF 档上面，其利用间歇继电器完成隔几秒刮一下的动作。"1x"档是处在 OFF 档位时，向下触发一下，刮水器来回刮水一次。

图 8-4　乘用车电动刮水器开关
a）无间歇档　b）有间歇档

4. 新型刮水器

上述的刮水器属于有骨架刮水器，比较结实，但在曲面玻璃上使用时各点的压力不一致，刮水性能差。无骨架刮水器整个由橡胶制成，无骨架，结构简单，质量小，运行噪声小，寿命是传统刮水器的 2~3 倍。无骨架刮水器与曲面玻璃贴合紧密，受力均匀，刷玻璃干净。此外，无骨架刮水器有一块突起的橡胶，冬天可以帮助除雪。

更先进的刮水器是基于模糊控制的智能刮水器，其采用红外线雨水传感器，感应落在风窗玻璃上雨水的大小，使刮水器自动工作在低速状态或高速状态。

> **找一找**　还有什么新型刮水器？

8.2 风窗洗涤器的结构原理

1. 作用

风窗洗涤器的功用是将清洁的水或洗涤液喷射到风窗玻璃上，在刮水器的作用下，清洗风窗玻璃上的尘土和污物，使驾驶人有良好的视野。

2. 风窗洗涤器的组成与工作原理

洗涤器主要由洗涤液泵、洗涤液罐和喷嘴等组成。洗涤液泵一般为齿轮式，由电动机直接驱动。电动机和洗涤液泵之间有两个水封和一个排水孔，用以保持其密封性，其工作原理如图 8-5 所示。当按下控制开关时，电动机即带动洗涤液泵齿轮旋转，洗涤液即以一定的压力经喷嘴喷到风窗玻璃的外表面上。

图 8-5　风窗洗涤器的工作原理

8.3 风窗除霜（雾）装置的结构原理

1. 作用

在较冷的季节，有雨、雪或雾的天气时，空气中的水分会在冷的风窗玻璃上凝结成细小的水滴甚至结冰，从而影响驾驶人的视线。为了防止水蒸气在风窗玻璃上凝结，应设置风窗除霜（雾）装置，需要时可以对风窗玻璃加热。

2. 风窗除霜（雾）装置的组成与工作原理

在装有空调或暖风装置的汽车上，可以通过风道向前面及侧面风窗玻璃吹热风以加热玻璃、防止水分凝结。对后风窗玻璃的除霜，常常利用电热丝加热实现，如图 8-6 所示，在风窗玻璃内表面间隔均

图 8-6　后窗除霜（雾）装置

匀地镀有数条很窄的导电膜，形成电热丝，在需要时接通电路，即可对风窗玻璃进行加热。

8.4 电动后视镜的结构原理

知识点 1 汽车后视镜概述

1. 汽车后视镜的作用

汽车后视镜用来反映车辆后方、侧方和下方的环境情况，使驾驶人能够看清必要的间接视界，以保证行车安全。

2. 汽车后视镜的分类

后视镜按其安装位置分为内后视镜和外后视镜，内后视镜安装在汽车内部，外后视镜安装在车身外部。按照后视镜的控制方式分机械调节式和电动式。

（1）内后视镜 内后视镜一般为平面镜。夜间受后方车辆的前照灯照射时，从镜面反射的光线易使驾驶人处于眩目状态而发生危险，因此一般多采用防眩目后视镜（图 8-7），它利用棱镜的内表面反射和外表面反射原理制成。白天使用反射率约为 80% 的内表面，黑夜使用反射率约为 4% 的外表面，以便看清汽车后方情况。

有的防眩目后视镜在普通反射平面镜的镜面上敷一层液晶导电层，利用液晶通电改变透光率（变色）的原理，就可以降低反射率，实现防眩目的目的。

为了防止汽车碰撞时内后视镜伤害驾驶人和乘员，后视镜设置有安全机构，常见的方式有破坏式、脱开式和变位式。

图 8-7 所示的后视镜的安全机构为破坏式。它在基座上设置了两处刚性较弱的破坏部位，当超过规定负荷时，此处易折断，起保护乘员的作用。

脱开式是指镜杆与基座之间用板簧固定，当超过规定负荷时，板簧弯曲脱开而起保护作用。

图 8-7 防眩目后视镜

变位式是指镜杆与基座之间用球铰链机构固定并保持一定转矩，当超过规定负荷时可以改变位置而起保护作用。

（2）外后视镜 外后视镜常用凸面镜，其角度可以调节，有机械调节和电动调节两种方式。

图 8-8 所示是机械调节式后视镜，主要由镜体、镜片和位置调节机构组成，通过控制钮拉动操纵绳可以在车内对后视镜进行调节。

知识点 2 电动后视镜结构原理

1. 电动后视镜结构

现代乘用车普遍使用电动后视镜，图 8-9 所示是一种双电动机式的电动后视镜，它主要由后视镜壳体、镜面总成、两个永磁电动机、连接杆和传动机构组成。

图 8-8　机械调节式后视镜

图 8-9　电动后视镜

2. 电动后视镜基本工作原理

图 8-10 所示为汽车电动后视镜的控制电路。两侧的电动后视镜内各有两个永磁电动机，通过控制两个电动机的开关，可以获得二顺二反四种电流，即可使镜面产生上、下、左、右四种运动，以获得不同方位的位置调整。

控制开关安装在左前门内侧把手上方。当点火开关置于 ON 时，旋转控制开关球形钮，可以选择所需要调整的后视镜。在控制开关面板上印有 L、R，L 表示左侧后视镜，R 表示右侧后视镜，中间则是停止操作。选择好需要调整的后视镜后，只需上、下、左、右摇动开关的球形钮，就可以调整后视镜反射面的空间角度。调整工作完毕，可将开关转回中间位置以防误碰。

部分高级乘用车电动后视镜还设有电子控制系统，各后视镜调整好后，其角度便以电信号的形式储存在存储器中。一旦需要调整后视镜时，只要按下所需调整项目的按钮，后视镜便可调整至所需的角度。

有的后视镜还具有自动折叠、刮水、洗涤、除霜、测距、防止晃眼等功能。Volvo 汽车

图 8-10　汽车电动后视镜的控制电路

公司的后视镜盲点信息系统（BLIS），是将两台快速摄像机分别放置在两个车门的后视镜上，当另一辆汽车进入监视区时，后视镜附近的警告灯就会闪亮，驾驶人就可以清晰地看到另外一车辆正在靠近，从而采取安全措施。

【温馨提示】

电动后视镜的拆装视频请扫教学资源 8.2 对应的二维码█进行观看。

8.5　汽车巡航控制系统的结构原理

1. 作用

汽车巡航控制系统（Cruise Control System，CCS）又称为巡航行驶装置、速度控制系统、恒速行驶系统或巡航行驶控制系统等。它是指在一定的车速范围内，驾驶人不用控制加速踏板就能使汽车保持以设定的速度行驶的控制装置。采用了这种控制系统的汽车，在高速公路上长时间行驶时，驾驶人不用控制加速踏板，从而降低了驾驶疲劳，提高了行驶安全性，同时减少了不必要的车速变化，节省了燃料。

2. 电子巡航控制系统基本组成与工作原理

汽车电子巡航控制系统由传感器、操作开关、执行器和巡航控制 ECU 等组成，如图 8-11 所示。传感器和开关将信号送入巡航控制 ECU，ECU 根据这些信号计算节气门应有的开度，并给执行器发出信号，自动调节节气门开度，使汽车行驶速度保持一定。

图 8-11　汽车电子巡航控制系统组成

3. 电子巡航控制系统主要部件

（1）**操作开关**　操作开关主要用于设置巡航车速或将其重新设置为另一车速以及取消巡航控制等，主要包括主开关、控制开关和退出巡航开关。

1）主开关（MAIN）。主开关是巡航控制系统的主要电源开关，多数采用按键方式（图 8-12），每次将其推入，该系统的电源就接通或关闭。即使点火再次接通，主开关仍保持关闭。

2）控制开关。手柄式控制开关有五种控制功能：SET（设置）、COAST（减速）、RES（恢复）、ACC（加速）和 CANCEL（取消）。其中 SET 和 COAST 模式共用一个开关，RES 和 ACC 模式共用另一个开关。当沿箭头方向操作开关时，开关接通；而松开时，则关断。

3）退出巡航控制开关。退出巡航控制开关包括取消开关、停车灯开关、驻车制动开关、离合器开关和空档起动开关。当其中任一开关接通时，巡航控制系统将被自动取消。但 CCS 取消瞬间的车速>35km/h 时，此车速会存于巡航控制 ECU 中，当接通 RES（恢复）开关时，最后存储的车速就会自动恢复。

图 8-12　主开关和控制开关

（2）**传感器**

1）车速传感器。车速传感器用于提供一个与汽车实际车速成比例的交变振荡脉冲信号，巡航控制 ECU 将该信号进行处理，车速传感器与汽车电控系统共用。

2）节气门位置传感器。其作用是给巡航控制 ECU 提供一个与节气门位置（开度）成正比例的信号，节气门控制传感器与发动机电控系统共用。

3）节气门控制摇臂传感器。此传感器采用较多的是滑线电位计式，当节气门控制摇臂转动时，电位计随之变动，便输出一个与控制摇臂位置成比例且连续变化的电信号。

（3）巡航控制 ECU　巡航控制 ECU 由处理器芯片、A-D 转换、D-A 转换、集成电路、输出重置驱动和保护电路等模块组成。ECU 接收来自车速传感器和各种开关的信号，按照存储的程序进行处理。当车速偏离设定的巡航车速时，ECU 给执行器一个电信号，控制执行器的动作，使实际车速与设定车速相一致。

汽车在巡航控制状态下，一般当车速<40km/h 时，ECU 将取消巡航控制，使汽车在制动、转弯时，巡航控制不起作用。当车速超过设定车速 6～8km/h 或当汽车的减速度>$2m/s^2$，以及汽车的制动灯开关出现动作等情况时，ECU 也会自动取消巡航控制，以确保行车安全。

（4）执行器　执行器将 ECU 输出的电流或电压信号转变为机械运动，进而控制节气门的开度，最终达到控制车速的目的。目前使用的执行器有两种类型，一种是真空驱动型，另一种是电动机驱动型。前者由负压操纵节气门，后者由微电动机操纵节气门，如图 8-13 所示。

图 8-13　电动机驱动型执行器

1—电路板　2—电位计　3—控制臂　4—电动机　5—线束　6—输出信号　7—支架
8—蜗杆轴　9—蜗杆　10、15—壳体　11—蜗轮　12—集电环　13—磁极
14—电枢　16—电枢轴　17—电位计主动齿轮

4. 自适应巡航控制系统

传统电子巡航控制系统虽然具有加速、减速、恢复车速、消除等控制车速的功能，但往往在道路交通复杂的情况下不便于进行车辆接近时减速和车辆拉开距离时加速。为了解决这一问题，出现了自适应巡航控制系统（Adaptive Cruise Control，ACC）。它是基于巡航控制技术发展而来的一种智能化的车速自动控制系统，可以视交通情况自动采取适宜措施（加速、减速、制动）。ACC 在车辆前面设置一个车载雷达或激光发射器，向前方车辆发射毫米波（30～300Hz）或激光束，用以测定与前方车辆之间的距离。驾驶人只需要简单地设定自己的汽车与前车的间隔时间以及自己的巡航速度，系统就会自动工作，保持与前车安全的行车距离。

ACC智能自适应巡航控制系统组成视频请扫教学资源8.3对应的二维码进行观看。

找一找

还有什么新型巡航控制系统？

8.6 汽车附属电气设备的常见故障及使用

1. 汽车附属电气设备的常见故障

汽车附属电气设备的常见故障见表8-1。

表8-1 汽车附属电气设备的常见故障

故障	现象	原因
刮水器常见故障	刮水器在下小雨使用时,玻璃面上留下擦拭不均的痕迹,有时还会卡在玻璃上造成视线不良	刮水器刮片老化。为确保行车安全,刮水器的刮片需要每六个月至一年更换一次
	刮水器电动机不转	熔丝烧断;导线松动或接触不良;刮水器控制开关损坏或接触不良;电枢绕组断路或减速器齿轮损坏;线圈接头松脱;电刷损坏或夹住以及转子卡死所致,如果有故障应检修或更换新件
	刮水器动作迟缓,达不到预定的速度	电压过低或开关接触不良;刮片与玻璃的接触面脏污;电动机轴承和减速器齿轮润滑不良;电刷接触不良或弹簧过软所造成
	开关断开后,刮水器电动机不能停转	多半是由于控制开关触点烧结粘连或接触短路;自动停位器触点损坏所致
	刮片不能自行复位	刮片不能自行复位,即刮水电动机不能停在自动停止位置。多半是由于探测开关损坏,电动机自动复位器工作不良,或连接导线断路所致
	刮水器摇臂有不正常响声	连杆机构抵触,接头磨损
电动后视镜常见故障	后视镜电动机不工作	熔断器断路;连接导线断路或相关插接件松脱;有关的继电器或开关损坏;电动机损坏;搭铁线锈蚀、松动
	某后视镜不能调节或只能一个方向运动	后视镜开关或电动机损坏;该处导线断路或插接件松脱;开关故障
	电动机工作时有异响	安装时未调整好电动机及相关部件;电动机盖板或固定部件等机械故障

2. 刮水器的日常使用与维护

1）保持前风窗玻璃清洁，以免损坏刮水片。

2）定期检查刮水器，遇到问题及时处理，避免干刮，定期更换刮水片。洗车时清理刮水器。

3）避免长时间曝晒和低温。

1. 流媒体后视镜（图8-14）

流媒体后视镜通过安装在车身上的摄像头实时将画面无损、无延时地传输到后视镜显示屏上，边录边播，实现超广的可视视野、有效消除视野盲区的效果，为车主提供更好的安全保障的一种技术。

流媒体后视镜除了具备行车记录仪的传统基本功能外，还有几项核心功能。

（1）超大视野 传统记录仪视野很小，只能满足基本的行车需求，想要进一步拓宽视野很难。但是流媒体后视镜通常有着五倍超宽视野，基本上可以全面覆盖后方各条车道的情况。

（2）超清不变形 购买流媒体后视镜时首要考虑的因素就是清晰度。流媒体后视镜能够拍摄非常清晰的画面，色彩还原度高，而且不会变形，清晰记录前方路况。距离和空间感能够真实还原，可以轻松掌握后方路况。

图 8-14 流媒体后视镜

（3）超强防眩光 行车时特别是夜晚，刺眼的车灯容易使驾驶人视力疲劳，看不清后方情况，危险因素也会增多，不利于安全行车。流媒体后视镜有着很好的收光效果，画面不眩目、不刺眼，视觉舒适度高，如图8-15所示。

图 8-15 超强防眩光功能

（4）破雨破雾 雨雾天气开车，雨水沾在后视镜上，严重影响驾驶人的视野，流媒体后视镜可以解决这一问题。通常，流媒体后视镜的镜头都经过特殊处理，不沾雨水，恶劣天气行车时依旧可以清楚看到后方视野情况。

2. 全速自适应巡航

全速自适应巡航在自适应巡航基础上增加了自动起停和全速度范围内的智能控制，如图 8-16 所示。一般车速达 40km/h 或 60km/h 以上时可以开启自适应巡航功能，而全速自适应巡航可以实现全时速范围内的巡航功能。实际上，全速自适应巡航并不代表车辆可以在 0km/h 至最高时速之间自适应行驶。因为随车速增加感应单元的灵敏度会下降，安全性能也随之降低，所以一般全速自适应巡航设定的车速为 0~150km/h 范围内。另外，也有车型做到 25~150km/h 范围内的巡航，但不包含起停功能，也称为全速自适应巡航。因此，全速自适应巡航可以看作是自适应巡航的一个功能分支，它提供了"全时速"范围内的巡航功能。

图 8-16　全速自适应巡航功能

本章小结

1. 刮水器用于清除玻璃外表面的雨水、雪及灰尘，以保证驾驶人行驶有良好的视野。现代汽车广泛采用永磁式电动机驱动，它主要由电动机、刮水器刮片和驱动杆件组成。

2. 风窗洗涤器的功用是将清洁的水或洗涤液喷射到风窗玻璃上，在刮水器的作用下，清洗风窗玻璃上的尘土和污物，使驾驶人有良好的视野。它主要由洗涤液泵、洗涤液罐和喷嘴等组成。

3. 风窗除霜（雾）装置可以防止和去除水蒸气在风窗玻璃上凝结。在装有空调或暖风装置的汽车上，可以通过风道向前面及侧面风窗玻璃吹热风以加热玻璃。对后风窗玻璃的除霜，常常是利用电热丝加热实现的。

4. 汽车后视镜用来反映车辆后方、侧方和下方的环境情况，使驾驶人能够看清必要的间接视界，以保证行车安全。按其安装位置分为内后视镜和外后视镜，按照后视镜的控制方式分机械调节式和电动式。现代汽车普遍采用电动后视镜。

5. 巡航控制系统（CCS）的作用是根据行车阻力自动调节节气门开度，使汽车行驶速度保持一定。它主要由传感器、操作开关、执行器和巡航控制 ECU 等组成。自适应巡航控制系统（ACC）可以视交通情况自动采取适宜措施（加速、减速、制动）。

思考题 ·

1. 名词解译：防眩目后视镜、巡航控制系统（CCS）、自适应巡航控制系统（ACC）。
2. 叙述汽车电动刮水器的作用和基本结构原理。
3. 叙述汽车风窗洗涤器的作用和基本结构原理。
4. 叙述汽车除霜（雾）装置的作用和基本结构原理。
5. 叙述汽车电动后视镜的作用和基本结构原理。
6. 叙述汽车巡航控制系统（CCS）的作用和基本结构原理。

第9章 汽车总电路

【本章内容架构】

第9章 汽车总电路

- 9.1 汽车电路图类型
- 9.2 汽车电路元器件
  - 1.汽车导线
  - 2.汽车线束
  - 3.插接器
  - 4.控制开关
  - 5.保险装置
- 9.3 全车电路图与识读方法
  - 1.国产传祺汽车电路图识读
  - 2.大众捷达汽车电路图识读
  - 3.丰田雷克萨斯汽车电路图识读
  - 4.通用别克汽车电路图识读
- 9.4 汽车线路常见故障及检测方法
  - 1.汽车线路常见故障
  - 2.汽车线路万用表检测方法

【学习目标要求、重点与难点】

序号	学习目标要求	学习重点	学习难点
1	掌握汽车电路图的种类与连接特点	√	
2	掌握汽车电路图的组成与主要元件	√	
3	掌握汽车总电路图结构特点与连线规律	√	√
4	学会大众、日系及通用公司汽车电路图的识读	√	√
5	能够识别汽车电路各种常用元器件	√	

【引入案例】

一辆 2015 年出厂的卡罗拉 GL 1.6AT 乘用车，行驶 12 万 km 后，喇叭不能发出声音了，请分析故障可能的原因。

随着科学技术的迅速发展，车用电器和电子控制设备的应用越来越多，它们用各种电路进行连接，形成了汽车总电路。汽车总电路的布置因车而异，但都存在一定的规律性。本章重点介绍汽车电路图类型、电路元件及全车电路图的识别方法。

9.1　汽车电路图类型

汽车总电路图主要有电路原理图、线路图、线束图和接线图四种。

1. 电路原理图

电路原理图是用简明的图形符号表明电路系统的组成和电路原理（图 9-1）的。它可以是子系统的电路原理图，也可以是整车电路原理图。电路原理图对分析电路原理及电路故障较为方便。

图 9-1　汽车电路原理

汽车电路原理图以表达汽车电路的工作原理和相互连接关系为重点，不讲究电气设备的形状、位置和导线的走向等实际情况，对电路图做了高度简化，因此图面清晰、电路简单明了、通俗易懂、电路连接控制关系清楚，对了解汽车电气设备的工作原理和迅速分析排除电气系统的故障十分有利。电路原理图是参考原车电路图、相关资料和实物改画成的，各个系统由主到次、由表及里、由上到下合理排列，然后再将各个系统连接起来，使电路原理变得简明扼要、准确清晰。

2. 线路图

线路图是传统汽车线路的表示方法。由于汽车电气设备的实际位置及外形与图中所示方位相符，且较为直观（图9-2），所以便于循线跟踪地查找导线的分布和节点，适用于载货汽车等较简单的汽车线路。但由于线路图线条密集、纵横交错，所以可读性较差，进行线路分析也较为复杂。

图 9-2　汽车线路图

3. 线束图

为了安装方便及保护导线的绝缘，汽车上全车电路除点火高压线之外，一般将同路的导线用薄聚乙烯带缠绕包扎成束，称为线束。一辆汽车可以有多个线束，如空调线束、车顶线束、电动车窗线束、ABS线束、自动变速器线束、电动座椅线束等，如图9-3所示。

图 9-3　汽车线束图

线束图是根据汽车线束在汽车上的布置、分段以及各分支导线端口的具体连接情况而绘制的线路图。其重点反映的是已制成的线束外形，组成线束各导线的规格大小、长度和颜色，各分支导线端口所连接的电气设备的名称、连接端子和护套的具体型号、线束各主要部分的长度等，因此主要用于汽车线束的制作和电气设备的连接。有的车型线束图还表示了各段线束在汽车上的具体布置情况，即汽车线束布置图，以便于在汽车上安装。

图 9-4　继电器接线图

（不接、接油路(87a)、接主机(86)黄色线、接12V正极(85)白色线、接油路(30)绿色线）

4. 接线图

接线图是一种专门用来标记接线与插接器的实际位置、色码、线型等信息的指示图（图 9-4），用于检修时寻查线束走向、电路故障复原，图中不涉及所连接电器的工作原理及型号。接线图中的导线在接近于线束相应的连接点引出，便于维修电路故障，但不便于进行电路分析。

9.2　汽车电路元器件

知识点 1　汽车导线

汽车导线有低压导线和高压导线两种。低压导线又分为普通导线、起动电缆和蓄电池搭线电缆三种。高压导线可分为铜芯导线和阻尼导线两种。

1. 低压导线

（1）普通低压导线　普通低压导线根据外皮绝缘包层的材料不同又分为 QVR 型（聚氯乙烯绝缘包层）和 QFR 型（聚氯乙烯-丁腈复合绝缘包层）两种。

导线的截面积主要根据用电设备的工作电流进行选择，但是对功率小的电器，仅从工作电流的大小来选择导线，其截面积将太小，机械强度差，易于折断，因此汽车电气系统中所用的导线截面积至少不得 $<0.5mm^2$。汽车用低压导线的结构与规格见表 9-1，其允许载流量见表 9-2，汽车 12V 电气系统主要电路导线截面积的推荐值见表 9-3。

表 9-1　低压导线的结构和规格

标称截面积 /mm²	线 芯 结 构		绝缘层标称厚度/mm	电线最大外径	标称截面积 /mm²	线 芯 结 构		绝缘层标称厚度/mm	电线最大外径
	根数	单根直径/mm				根数	单根直径/mm		
0.5			0.6	2.2	6	19	0.64	0.9	5.2
0.6			0.6	2.3	8	19	0.74	0.9	5.7
0.8	7	0.39	0.6	2.5	10	49	0.52	1.0	6.9
1.0	7	0.43	0.6	2.6	16	49	0.64	1.0	8.0
1.5	17	0.52	0.6	2.9	25	98	0.58	1.2	10.3
2.5	19	0.41	0.6	3.8	35	133	0.58	1.2	11.3
4	19	0.52	0.8	4.4	50	133	0.68	1.4	13.3

表 9-2　低压导线允许载流量

导线标称截面积/mm²	0.5	0.8	1.0	1.5	2.5	3.0	4.0	6.0	10	13
允许载流量/A			11	14	20	22	25	35	50	60

表 9-3　汽车 12V 电系主要电路导线截面积的推荐值

电 路 名 称	标称截面积/mm²
尾灯、指示灯、仪表灯、牌照灯、刮水器电动机、电钟	0.5
转向灯、制动灯、停车灯、分电器	0.8
前照灯的近光、电喇叭（3A 以下）	1.0
前照灯的近光、电喇叭（3A 以上）	1.5
其他 5A 以上的电路	1.5～4
电热塞	4～6
电源线	4～25
起动电路	16～95

随着汽车电器的增多，导线数量也不断增加，为了便于维修，低压导线常以不同的颜色加以区分。其中截面积在 4mm² 以上的采用单色，而 4mm² 以下的均采用双色，搭铁线均用黑色。

汽车用低压导线的颜色与代号见表 9-4。汽车电气系统中各系统的主色见表 9-5。汽车用低压线的颜色，必须符合国家有关的规定。单色线的颜色由表 9-4 中的颜色组成，双色线的颜色由表 9-4 中的两种颜色配合组成。双色线的主色所占比例大，辅助色所占的比例小，辅助色条纹与主色条纹沿圆周表面的比例为 1∶3～1∶5。双色线的标注第一色为主色，第二色为辅助色。

表 9-4　汽车用低压导线的颜色与代号

导线颜色	黑	白	红	绿	黄	棕	蓝	灰	紫	橙
代号	B	W	R	G	Y	Br	B1	Gr	V	O

表 9-5　汽车电气系统中各系统的主色

序号	系统名称	主色	颜色代号
1	电源系统	红	R
2	点火、起动系统	白	W
3	雾灯	蓝	B1
4	灯光、信号系统	绿	G
5	防空灯及车身内部照明系统	黄	Y
6	仪表、报警系统、喇叭系统	棕	Br
7	收音机、电子钟、点烟器等辅助系统	紫	V
8	各种辅助电动机及电气操纵系统	灰	Gr
9	搭铁线	黑	B

在汽车电气设备的线路图中，导线上一般都标注有符号，该符号用来表示电线的截面积和颜色。如 1.5RW，其中"1.5"表示电线的截面积为 $1.5mm^2$，R 表示电线的主色，W 表示电线的辅助色。

（2）起动电缆 起动电缆是带绝缘包层的大截面积铜质或铝质多股软线，用来连接蓄电池正极与起动机电源端子，截面积有 $25mm^2$、$35mm^2$、$50mm^2$、$70mm^2$ 等多种规格，允许电流达 500~1000A。为保证起动机正常工作并能产生足够的驱动转矩，要求起动电路上每100A 电流产生的压降为 0.1~0.15V，且允许电流达 500~1000A。

（3）蓄电池的搭铁电缆 蓄电池搭铁电缆又称搭铁线，一种是由铜丝编织成的扁形软铜线，另一种外形同起动机电缆，覆有绝缘层。搭铁电缆常用于蓄电池与车架、车架与车身、发动机与车架等总成之间的连接。国产汽车常用的搭铁线有 300mm、450mm、600mm、760mm 四种长度。

2. 高压导线

高压导线用来传送高电压。由于工作电压很高（一般在 15kV 以上），而电流较小，因此高压导线的绝缘包层很厚，耐压性能好，线芯截面积很小。高压导线的型号和规格见表9-6。

表9-6 高压导线的型号和规格

型号	名称	线芯结构		标称外径 /mm
		根数	单线直径/mm	
QGV	铜芯聚氯乙烯绝缘高压点火线	7	0.39	7.0±0.3
QGXV	铜芯橡胶绝缘聚氯乙烯护套高压点火线			
QGX	铜芯橡胶绝缘氯丁橡胶护套高压点火线			
QGZ	全塑料高压阻尼点火线	1	2.3	
QGZV	电抗性高压阻尼点火线	1	—	

为了衰减火花塞产生的电磁波干扰，目前已广泛使用高压阻尼点火线。高压阻尼点火线的制造方法和结构也有多种，常用的有金属阻丝式和塑料芯导线式。

金属阻丝式又有金属阻丝线芯式和金属阻丝线绕电阻式两种。金属阻丝线芯式是用金属电阻丝绕在绝缘线束上，外包绝缘体制成阻尼线；金属丝线绕电阻式是用电阻丝绕在耐高温的绝缘体上制成电阻，再与不同形式的绝缘套组合而构成。塑料芯导线式是用塑料和橡胶制成直径为 2mm 的电阻线芯，在其外面紧紧地编织着玻璃纤维，外面再包有高压 PVC 塑料或橡胶等绝缘体，电阻值一般在 6~25kΩ。这种结构形式的制造过程易于自动化，成本低且可制成高阻值线芯，美国、日本等国家已大量生产，我国也已小批量生产。

知识点2 汽车线束

汽车上的全车电路（除高压线以外）为了不零乱、安装方便和保护导线的绝缘，一般都将同路的不同规格的导线用棉丝纺织或用薄聚氯乙烯带缠绕包扎成束，称为线束。一辆汽车有多个线束，有主线束和分线束之分。一般汽车线束以仪表线束为核心，进行前后延伸，仪表板位置接近中央位置。分线束主要由发动机（点火、电喷、发电、起动）、车身、仪表、照明等线束组成。分线束与分线束之间、线束与终端电器之间采用插接器连接。线束上各端头均标注数字和字母，以标明导线的连接对象，便于正确地连接导线和电气设备。

近年来，随着汽车电器与电子设备的增多，线束总成的电路也越来越复杂，因此对线束的结构、功能、适用性、可靠性都提出了更高的要求。

现代汽车的线束总成由导线、端子、插接器、护套等组成。

端子一般由黄铜、纯铜、铝材料制成，它与导线的连接均采用冷铆压合的方法。

现代汽车线束总成中有很多插接器，为了保证插接器的可靠连接，其上都有一次锁紧、二次锁紧装置，极孔内都有针对端子的限位和止退装置。为了避免装配和安装中出现差错，插接器还可制成不同的规格型号、不同的形体和颜色，这样不仅装拆方便还不会出现差错。

知识点3　插接器

插接器是汽车电路中简单但不可缺少的元件，其使用方便，连接可靠，尤其适用于大量线束的连接。插接器的种类很多，可供几条到数十条导线使用，有长方体、多边体等不同形状，如图9-5所示。

图9-5　插接器

连接插接器时，应先对准插头与插座的导向槽，然后稍稍用力插入到位，通过闭锁装置固定插头与插座。拆开插接器时，应先压下闭锁装置，再用力分开插头与插座，注意不可拉动导线，以免损坏导线和插接器。

知识点4　控制开关

（1）电源总开关　在有的汽车上装有电源总开关，用于切断蓄电池与外电路的连接，以防止汽车停驶过程中蓄电池经外电路漏电。电源开关主要有闸刀式和电磁式两种。闸刀式电源开关直接由手动切断或接通电源，电磁式电源开关原理如图9-6所示。

接通开关时，电磁线圈1通电（常闭触点接通电磁线圈1搭铁电路，并将电磁线圈2短路），产生的电磁力将常开触点吸合，蓄电池与外电路接通。与此同时，常闭触点断开，电磁线圈1的电流经电磁线圈2到搭铁，两线圈产生的同向电磁力保持触点在吸合的位置。

当断开开关时，电磁线圈1和电磁线圈2断电，常开触点断开，蓄电池与外电路断开。

（2）灯光开关　灯光开关通常是两档式开关，按操纵的形式分主要有推拉式、旋转式两种。灯光开关I档接通示廓灯、尾灯、仪表照明灯等；灯光开关II档接通前照灯、尾灯、仪表照明灯等。

（3）**点火开关**　点火开关是一个多档开关，需用相应的钥匙才能对其进行操纵。点火开关通常用于控制点火电路、仪表电路、发电机励磁电路、起动电路及一些辅助电器电路等。国产汽车常见车型的点火开关工作档位及内部连接情况如图9-7所示。

点火开关的四个接线柱是：1号为电源接线柱（BAT），与蓄电池正极和发电机电枢接线柱相连；2号为点火接线柱（IG），连接点火电路、仪表电路及发电机励磁电路等；3号为辅助电器接线柱（ACC），连接收放机等辅助电器；4号为起动接线柱（ST），连接起动电路。

图9-6　电磁式电源开关原理

点火开关的三个档位是：Ⅰ档为点火档，Ⅱ档为起动档（自动复位），Ⅲ档（在O位时逆时针转）为辅助电器档。

开关档位 ＼ 接线柱	1 (BAT)	2 (IG)	3 (ACC)	4 (ST)
Ⅲ	○—		—○	
0	○			
Ⅰ	○—	—○—	—○	
Ⅱ	○—	—○		—○

○—○：连接

图9-7　点火开关工作档位

一些进口汽车的点火开关通常还有一个转向盘锁止（LOCK）档，当点火开关在LOCK档时，转向盘被锁止。这种点火开关的档位布置及接线端子排列情况如图9-8所示。

开关档位 ＼ 接线柱	1 (BAT)	2 (IG)	3 (ACC)	4 (ST)
LOCK				
OFF	○			
ACC	○—		—○	
ON	○—	—○—	—○	
ST	○—	—○—		—○

○—○：连接

图9-8　具有LOCK档的点火开关档位布置及接线端子排列情况

（4）**组合开关**　组合开关将两种及两种以上的开关集装在一起，可使操纵更加方便。图9-9所示为JK322A型组合开关。

JK322A型组合开关集中了转向灯开关、警告灯开关、灯光开关、前照灯变光开关、刮水器开关、洗涤器开关等。其工作档位及内部连接情况如图9-10所示。

图 9-9　JK322A 型组合开关

a）前后方向工作状态　b）上下方向工作状态

1—左组合开关（刮水器操作手柄与洗涤器开关按钮）　2—右组合开关（转向信号灯及前照灯
变光操作手柄与灯光开关旋钮）　3—危险警告灯开关拉钮　4—组合开关线束

开关名称 与档位		连接导线颜色																				
		绿/黑	绿/白	绿/黄	绿/蓝	绿/红	绿/橙	绿黄	绿	红	白	红/黄	红/绿	红/白	白/黑	蓝	蓝/黑	蓝/橙	蓝/红	黑	蓝	绿/红
转向开关	左			o—o	o—o																	
	OFF				o—o																	
	右		o—o	o—o																		
警告开关	拉出	o—o	o—o				o—o															
灯光开关	OFF																					
	Ⅰ								o—o—o													
	Ⅱ								o—o—o													
前照灯 变光开关	向上										o—o—o											
	中间									o—o—o												
	向下									o—o—o												
刮水器 开关	OFF														o—o							
	LO														o—o							
	HI														o—o							
洗涤器开关	按下																		o—o			
喇叭按钮																						o

o—o：连接

图 9-10　JK322A 型组合开关工作档位及内部连接情况

知识点 5　保险装置

（1）熔断器　熔断器的保护元件是熔丝，**串联在其所保护的电路中**。当通过熔丝的电流超过其规定值时，熔丝发热熔断，从而保护了电路和用电设备不被烧坏。

熔断器的熔丝固定在可插式塑料片上或封装在玻璃管中。通常将熔断器集中安装在一个盒中，并称之为熔断器盒或电源盒（图9-11）。各熔断器都编号排列，有的还在熔断器上涂以不同的颜色，以便于检修时识别。

图 9-11　熔断器盒

（2）易熔线　易熔线比熔丝粗一些，**被保护的电路的工作电流往往较大**，通常连接在电源电路和通过电流较大的电路上。

（3）断路器　断路器起保护作用的主要元件是双金属片和触点，有自恢复式和按压恢复式两种。

1）自恢复式断路器。 如图9-12所示，当被保护电路中的电流超过规定值时，双金属片受热弯曲使触点张开而切断电路。电路断电后，双金属片因无电流通过而逐渐冷却伸直，触点又重新闭合接通电路。如果电路电流过大的原因未及时排除，自恢复式断路器就会使电路时而接通，时而切断，以限制通过电路的电流，起到电路过载保护的作用。

2）按压恢复式断路器。 如图9-13所示，当被保护电路中的电流超过规定值时，双金属

图 9-12　自恢复式断路器
a）触点闭合通路　b）触点张开断路

图 9-13　按压恢复式断路器

片受热向上弯曲，使双金属片两端的触点张开而切断电路。向上弯曲的双金属片冷却后不能自行恢复原形，若要重新接通电路，必须按下按钮才能使双金属片复位。

这种断路器的限定电流是可调的，需要调整时，松开锁紧螺母，旋动调整螺钉，改变双金属片的挠度即可。

想一想 汽车电路元件还有没有其他组成元件？

9.3 全车电路图与识读方法

识读一辆汽车的全车电路基本步骤是：首先应熟悉汽车电路的一些特点（如单线制、并联制、负极搭铁），了解不同国家的汽车电气设备的图形符号，认真阅读图注，了解电路图的名称、技术规范，明确图形符号的含义；其次应该掌握每一电气设备的结构、工作原理和该电气设备所需要的控制开关、熔断器、插接器等；然后根据"模块原则"，化整为零，逐个系统（点火系统、燃油喷射电控系统、自动变速器电控系统、ABS电控系统、起动系统、电源系统、灯光系统、信号系统等）进行电路分析；最后再归纳综合，化零为整，以中央接线盒为中心，向外辐射。

找一找 我国对汽车电气设备的图形符号有哪些规定？

由于许多车型汽车电路原理图的很多部分都是类似或相近的，为此可以通过一个具体的例子举一反三，以掌握汽车电路图的一些共同的规律，并以这些共性为指导，了解其他型号汽车的电路原理，发现更多的共性以及各种车型之间的差异。下面以国产、欧美、日系等车型为例，说明电路图识读基本方法。

知识点1 国产传祺汽车电路图识图

1. 传祺汽车电路图的特点

国产传祺汽车电路图将整车电路根据关联绘制成全车电路图，使用时可单独将子系统提取并绘制成局部电路图，以更好地表达汽车的工作原理及各系统之间的联系。电路图中各电器不再按电器在实车上的安装位置布局，而是依据工作原理，在图中合理布局，各子系统相对独立，易于对各用电设备进行单独分析。电路图中各电器旁通常标注有电器名称及代码，且图中所有开关及用电设备均处于不工作的状态。

2. 传祺汽车电路图符号

（1）电路图中使用的符号及含义 传祺汽车电路图中使用的符号及含义见表9-7。

（2）术语缩写 传祺汽车电路图中各术语缩写及代表的含义见表9-8。

3. 传祺汽车电路图识读示例

下面以传祺GS5汽车为例，讲解国产汽车识图的方法。

表 9-7 传祺汽车电路图中使用的符号及含义（部分）

1	不可拆式导线连接(通常在线束内部使用)	5	母连接器	9	蓄电池：存储化学能，并将其转换成电能，为车辆的各种电器部件提供直流电	13	发光二极管(LED)：使用电流发光，但发光时不产生热量
2	可拆式导线连接	6	公连接器与母连接器对接，芯脚号不同，在电路图中的表现方式	10	接地点：连接在车身金属件上，为电路提供电流回路的点	14	灯泡：电流流过灯丝，使灯丝变热并发光
3	部件内部导线连接(不可拆)	7	交叉导线，在交叉处无接合	11	电阻：带有固定阻值的电气元件，可将电压降到规定值	15	开关：打开或闭合电路，可允许或阻断电流通过
4	部件的连接器连接	8	双绞线：缠绕在一起的导线	12	可变电阻：一种带有可变电阻额定值的可控电阻器，也被称为分压器或变阻器	16	麦克风：将声音信号转换为电信号的能量转换器件，也称话筒

表 9-8　传祺汽车电路图中使用的术语缩写及含义

术语缩写	含　义	术语缩写	含　义
ABS	防抱制动系统	GND	接地
A/C	空调	DEF	除雾装置
AT	自动变速器	HHC	上坡辅助系统
TPMS	轮胎压力监测系统	HDC	下坡辅助系统
AFS	前照灯自动调节系统	HID	氙气前照灯
OBD	车载诊断系统	IP	仪表板线束
CAN-L	控制器局域网信号线 CAN-L 线	BD	车身线束
CAN-H	控制器局域网信号线 CAN-H 线	FB	前舱线束
LIN	本地内联网	EN	发动机线束
KL30	蓄电池电源	DD	左前车门线束
KL15	点火开关电源	PD	右前车门线束
PEPS	无钥匙起动和智能进入系统	LD	左后车门线束
EBD	电子控制制动力分配系统	RD	右后车门线束
ESP	电子稳定程序系统	PCB	印刷电路板
EPB	电子驻车制动系统	TG	后行李舱线束
TMM	四驱控制单元	RB	后保险杠线束
4WD	四轮驱动	FU	油箱线束
RPA	倒车雷达系统	RF	顶棚线束
GPS	车载卫星定位导航系统	CN	副仪表板线束
SIG	信号		

（1）传祺 GS5 电路图识读示例 1　如图 9-14 所示。

图 9-14　传祺 GS5 电路图识读示例 1

（2）传祺 GS5 电路图识读示例 2 如图 9-15 所示。

代码	代码含义
22	断接代码：图示为图例12中导线相对位置的对接示意。这种方式的断接导线上下页直接对接
23	系统元件断接符号：表示系统元件上下页间的关联关系
24	系统元件内部电路断接连接：通过系统元件断接示意，直接对接

代码	代码含义
25	电源电路颜色区分：机械锁起动开关、无钥匙起动系统开关分别以蓝色、黄色的标题颜色在系统电路图里面标明，以区分两种电源电路
26	跳接指向：指向要跳接的系统页码
27	电源电路跳接说明：机械锁起动开关用方框示意；无钥匙起动系统开关用圆示意
28	跳接说明：用蓝色方框表示机械锁起动开关跳接符号
29	跳接说明：用黄色圆表示无钥匙起动系统开关跳接符号
30	跳接区域选项：在虚线内的所有跳接都采用图例26指向的系统页码

图 9-15 传祺 GS5 电路图识读示例 2

知识点 2 大众捷达汽车电路图识读

捷达汽车电气系统电路图如图 9-16 所示。该系统主要由发电机、蓄电池、起动机、点火开关等组成。"30"为常火线，"15"为点火开关接通时的小容量火线，"X"为在点火开关接通、卸荷继电器触点闭合时的大容量火线，"31"为搭铁线，最下面的横线是电路接续号，用以标志电路图中电路的定位。

图 9-16 捷达汽车电气系统电路图（部分）

A—蓄电池 B—起动机 C—发电机 C1—电压调节器 D—点火开关 J59—卸荷继电器
T1a—单孔插头（蓄电池附近）
①—搭铁（蓄电池-车身） ②—搭铁（变速器-车身） ⑲—搭铁连接点（前照灯线束内）

（1）蓄电池的电路分析 蓄电池在电路图中用 A 表示，其负极搭铁，搭铁点①表示在车身上；搭铁点②表示在变速器上，这两条搭铁线较粗，截面积为 25mm²。蓄电池另一个搭铁点用⑲表示，在前照灯线束内，线粗 4mm²，棕色。还有一个搭铁点在晶体管点火系统电子控制单元上，位置在压力通风舱左侧，线粗 1.5mm²，为黑/棕两色线。

蓄电池的正极与起动机接线端子 30 用粗线连接，用来向起动机提供大电流。同时通过接线端子 30 用一根 6.0mm² 的红色线与发电机的 B+接线端子连接，是充电电路的一部分。还有一条 6.0mm² 的红色线与插接器 Y 的第三个接线端子连接，向其他用电设备供电，用"30"线表示。

（2）起动机的电路分析 起动机在电路图中用 B 表示。接续号 5、6 表示自身内部搭铁。接点 30 如前述。接点 50 用粗 4.0mm² 的红/黑两色线与插接器 F 第一个接点连接，并通过插接器 H1 的接点 1 与点火开关接点 50 连接，组成起动机电磁开关的控制电路，50 端子得电，起动机便工作。起动机接点 30 的接线如前蓄电池接线所述。

（3）**发电机的电路分析**　发电机在电路图中用 C 表示。发电机电压调节器用 C1 表示。电路编号 1 的细实线表示自身搭铁。发电机的 D+端子通过一个单孔插头 T1a 与插接器 A2 的 1 号接点连接，通过电路编号 55 位置接仪表板，经二极管后接点火开关。在点火开关断开时 D+端子无电，而 B+端子为蓄电池电压。点火开关闭合，发动机未起动时，D+端子得电，仪表板内的二极管正向导通，向发电机励磁绕组提供励磁电流，发电机警告灯亮。发电机起动后，发电机发电，D+端子电压由发电机提供，进入自励，D+端子电位升高后，二极管截止，发电机警告灯熄灭。插头 T1a 的安装位置在蓄电池附近。

（4）**点火开关的电路分析**　点火开关在电路图中用 D 表示。开关有六个接点端子。接点 SU 用 $0.5mm^2$ 的棕/红双色线控制收放机电路。接点 15 用 $0.5mm^2$ 的黑线通过插接器 H1 的 4 号接点向点火系统等供电。接点 P 向停车灯供电。接点 X 用 $2.5mm^2$ 的黑黄双色线，经 H1 插接器 3 号接点与 4 号位（触点卸荷继电器 J59）继电器座的 1 号接点相连。继电器座的 1 号接点与继电器 86 引脚相接。卸荷继电器 J59 工作，X 线便与 30 接点相通得电。接点 50 是起动机控制线。

知识点 3　丰田雷克萨斯汽车电路图识读

图 9-17 所示为丰田雷克萨斯 LS400 型汽车 ABS 控制电路。该系统与牵引力控制系统（TRC）共用一个 ECU。在识读该系统电路图时，应先找出传感器及相关开关等信号输入元件，然后再找出执行元件以及它们的去向，最后根据 ABS ECU 的工作情况将上述两部分联系起来分析，就基本可读懂系统电路原理图了。该系统的执行元件主要是液压单元，而液压单元控制的是车轮制动器。

图 9-17　LS400 型汽车 ABS 控制电路

1. ABS ECU 插接器

ABS ECU 插接器端子排列方式如图 9-18 所示，插接器端子编号和字母符号见表 9-9。

图 9-18 LS400 型汽车 ABS ECU 插接器端子排列方式

2. ABS 电路分析

（1）电源电路 ECU 的 IG（A16-7）端子为供电输入及检测端，该端子的电压来自点火开关，经熔丝后得到。当该端电压低于 9.5V 或高于 17V 时，自诊断系统就进入电源欠电压或过电压保护状态，并产生故障码 41，同时也使 ABS 警告灯点亮。

ECU 的 BAT（A16-6）端子为备用电源输入端，该端子的电压是经蓄电池正极→ALT FL 熔丝→ECU 电路保护元件后得到的，作为 ABS ECU 自诊断系统故障码存储器信息保持的电源，只要拔下 ECU 熔丝或拆下蓄电池的负极接线，BAT 端就保持通电状态。

表 9-9 插接器端子编号和字母符号

端子编号	端子符号	连接对象	端子编号	端子符号	连接对象
A16-1	D/G	诊断插头 TDCL	A16-16	GND	搭铁
A16-2	RR-	后右车轮速度传感器	A16-17	/	
A16-3	RL-	后左车轮速度传感器	A16-18	/	
A16-4	TC	诊断插头 TDCL	A17-1	SFR	液压控制单元中控制前右轮的三位三通电磁阀线圈
A16-5	GND	搭铁	A17-2	WA	ABS 警告灯
A16-6	BAT	备用电源	A17-3	STP	停车灯开关
A16-7	IG	电源	A17-4	/	
A16-8	SFL	液压控制单元中控制前左轮的三位三通电磁阀线圈	A17-5	PKB	驻车制动开关
A16-9	RR+	后右车轮速度传感器	A17-6	SRR	液压控制单元中控制后轮的三位三通电磁阀线圈
A16-10	R-	继电器搭铁	A17-7	/	
A16-11	RL-	后左车轮速度传感器	A17-8	MT	回油泵电动机继电器监控器
A16-12	FR-	前右车轮速度传感器	A17-9	SR	液压单元电磁继电器线圈
A16-13	FR+	前右车轮速度传感器	A17-10	MR	回油泵电动机继电器
A16-14	FL-	前左车轮速度传感器	A17-11	TS	诊断插头
A16-15	FL+	前左车轮速度传感器	A17-12	AST	监测电磁阀继电器

（2）**电磁阀继电器电路**　液压控制单元中三位三通电磁阀继电器的电磁线圈一端与 ECU 的 R-（A16-10）端子相连，属于继电器搭铁端；另一端接 SR（A17-9）端子，当接通点火开关后，若系统自检结果正常，则 ABS ECU 控制 SR 端就有电流输出，这一电流流过电磁继电器线圈后，会使其内的②③触点闭合，向三个三位三通电磁阀的线圈 L1～L3 供电。同时也经电阻 R1 加至 ABS ECU 的 AST（A17-12）端子作为检测信号。

ABS 工作时，ABS ECU 的自诊断系统经 AST 监测 ABS 液压单元电磁阀继电器的工作。当 ABS ECU 向液压单元电磁阀继电器 KA1 发送 ON（接通）信号时，若 ECU 监测 AST 端的电压为 0V，则产生故障码 11，说明电磁阀继电器有断路故障；若 ECU 监测 AST 端的电压为蓄电池电压，则产生故障码 12，说明 ABS 液压单元电磁继电器有短路现象。

若自检中发现 ABS 控制电路中有故障，则 ABS ECU 立即切断电磁继电器 KA1 线圈的电路，闭锁 ABS 的控制，使制动系统的工作情况与无 ABS 的系统工作情况相同。

（3）**三位三通电磁阀电路**　液压控制单元中的三个三位三通电磁阀的线圈分别为 L1、L2、L3。L1 线圈受控于 ABS ECU 的 SFR（A17-1）端子，L2 线圈受控于 ABS ECU 的 SFL（A16-8）端子，L3 线圈受控于 ABS ECU 的 SRR（A17-6）端子。ABS ECU 输出不同信号，对电磁阀线圈的电流（0、2A、5A）进行控制，从而改变滑阀的位置和制动液的通道，实现对车轮制动器的增压、保压、降压的调节，防止车轮抱死。同时，自诊断系统还监视各电磁阀的工作。

（4）**回流泵电动机及其继电器电路**　回流泵电动机继电器 KA2 线圈的一端接 ABS ECU 的 R-（A16-10）端子；另一端接 MR（A17-10）端子，用以控制回流泵电动机的电源。当制动压力调节进入降压阶段时，ECU 经 MR 端子接通回流泵电动机继电器线圈电流的通路，使其内的触点闭合。这样，蓄电池正极输出的电流，经 ABS FL 熔丝→回流泵电动机继电器的触点后分成两路：一路加压在回流泵驱动电动机上，使其运转；另一路经降压电阻 R2，作为检测信号加至 ABS ECU 的 MT（A17-8）端子。

当自诊断系统经 MT 端检测到回流泵电动机继电器电路出现故障时，ABS ECU 内的安全保护功能启动工作，切断回流泵电动机继电器 KA2 线圈的电流通路，闭锁 ABS 控制系统，从而达到了自动保护的目的。

（5）**车轮转速传感器电路**　前后车轮转速传感器共有四路：前左车轮速度传感器分别与 ABS ECU 的 FL+（A16-15）和 FL-（A16-14）端子相连；前右车轮速度传感器分别与 ABS ECU 的 FR+（A16-13）和 FR-（A16-12）端子相连；后左车轮速度传感器分别与 ABS ECU 的 RL+（A16-11）和 RL-（A16-3）端子相连；后右车轮速度传感器分别与 ABS ECU 的 RR+（A16-9）和 RR-（A16-2）端子相连。

（6）**制动灯开关电路**　制动灯开关 SA1 一端通过 STOP 熔丝与蓄电池正极相连，另一端与 ABS ECU 的 STP（A17-3）端子相连。当踩下制动踏板时，制动开关 SA1 接通，蓄电池经过 ALT FL→STOP 电路保护装置→制动灯开关 SA1 后分成两路：一路经制动灯故障传感器→制动灯 H1→搭铁→蓄电池负极，使制动灯 H1 点亮；另一路经 STP 端进入 ABS ECU 内，作为制动踏板是踩下（或放开）的检测信号。

（7）**驻车制动开关电路**　驻车制动开关 SA2 连接在驻车警告灯与 ABS ECU 的 PKB（A17-5）端子相接的连线上。

当驻车制动拉起时，驻车制动开关 SA2 闭合，点火开关输出的蓄电池电压经 FU1 熔丝→驻车制动和液位警告灯 H2→驻车制动开关 SA2→搭铁→蓄电池负极，使 H2 点亮。同时，驻车制动开关接通的信号也经 PKB 端进入 ABS ECU 内，作为驻车制动拉起（或放开）的检测信号。

(8) **ABS 警告灯**　ABS 警告灯 H3 一端通过熔丝 FU1→点火开关→AM1 FL 易熔丝→ALT FL 易熔丝与蓄电池正极相连，另一端与 ABS ECU 的 WA（A17-2）端子相连。当 ABS 工作时，其自诊断系统监视各传感器和执行器的工作情况，若发现有故障，从其 WA 端输出低电平，使 ABS 警告灯点亮，同时闭锁 ABS 控制作用，并将故障码存入存储器中。当 ABS 维修插接器脱开，诊断插头或 TDCL 的相应端子被短接后，ABS 警告灯闪烁，输出故障码。完成上述操作后如果 ABS 警告灯不亮或持续亮，不输出故障码，也不输出正常代码，则表明 ABS 警告灯电路故障。

(9) **诊断插头**　ABS 诊断插头连接在 ABS ECU 的 TS（A17-11）、D/G（A16-1）与 TC（A16-4）端子上，其中诊断插头主要用于手工调故障码，一般安装在发动机舱内；TDCL 插头主要用于解码器调故障码，也可用于手工调故障码，一般安装在驾驶室内仪表板下。

诊断系统具有两种诊断模式，即一般模式和试验模式。一般模式下调故障码时，应用短导线将诊断插头的 TE1 与 E1 端短接，由仪表板上的故障灯从小到大地逐一显示出故障码。当存储的故障码全显示完后，应脱去短接线，否则故障灯将重复显示故障码。试验模式下调故障码是在汽车运行状态下进行的，它可以检测到一般模式下难以检测到的故障，而且具有较高的灵敏度。

知识点 4　通用别克汽车电路图识读

图 9-19 所示为上海通用别克汽车冷却风扇控制电路。冷却风扇由 6 号 40A 和 21 号 15A 这两个熔丝分别向发动机冷却风扇供电。其控制电路分析如下：

(1) **冷却风扇低速工作时电路分析**　PCM 控制继电器 12 的电磁线圈通电，其电流回路：常电线（与电源直接连接）→熔丝 6→继电器 12→PCM 的低速风扇控制电路搭铁。于是，继电器 12 的线圈中有电流通过，控制继电器 12 触点闭合，向冷却风扇电动机供电。此时由于左侧的冷却风扇电动机与右侧的冷却风扇电动机串联，所以风扇低速运转，电流通路：常电线（与电源直接连接）→熔丝 6→继电器 12→左侧的冷却风扇电动机→继电器 9 的常闭触点→右侧的冷却风扇电动机→导线系统搭铁分配器搭铁，构成回路。

(2) **冷却风扇调整工作时电路分析**　PCM 先经低速风扇控制电路对继电器 12 提供搭铁路径，经 3s 延时后，PCM 经高速风扇控制电路为继电器 9 和继电器 10 提供搭铁路径。左侧风扇电动机继续由熔丝 6 提供电流，而熔丝 21（15A）为右侧风扇电动机提供电流，各风扇接收不同的搭铁路径，因此，风扇高速运行。左侧风扇电动机电流通路：常电线（与电源直接连接）→熔丝 6→继电器 12→左侧的冷却风扇电动机→继电器 9 的触点→导线系统搭铁分配搭铁。右侧风扇电动机电流通路：常电线（与电源直接连接）→熔丝 21→继电器 10 的触点→右侧的冷却风扇电动机→导线系统搭铁分配器搭铁，形成回路。

同时还应理解 PCM 在什么情况下控制继电器 12 搭铁，其条件如下：

1）发动机冷却液温度>106℃。

2）A/C 制冷剂压力>1.31MPa。

3）请求 A/C 且环境温度>50℃。

4）当点火关闭且发动机冷却液温度>140℃。

图 9-19　上海通用别克汽车冷却风扇控制电路

对于风扇高速控制：PCM 延时右侧冷却风扇电动机和继电器 10 控制达 3s，3s 延时后可确保冷却风扇电负荷不超过系统的容量。

PCM 在以下情况为继电器 12、继电器 9 和继电器 10 提供搭铁。

1）当发动机冷却液温度>110℃。

2）A/C 制冷剂压力>1.655MPa。

9.4　汽车线路常见故障及检测方法

知识点 1　汽车线路常见故障

线路常见故障包括断路、短路、漏电以及接线松脱、潮湿及腐蚀等导致的接触不良或绝缘不良等。见表 9-10。

表 9-10　汽车线路常见故障

故障现象	故障描述	故障原因分析
断路	电源到负载的电路中某一点中断时，电流不通，导致灯不亮、电动机停转	一般由导线折断、导线连接端松脱或接触不良等原因造成
短路	电源正、负极的两根导线直接接通，使电器部件不能工作,导线发热或线路中的熔断器烧断	导线绝缘破坏，并相互接触造成短路,开关、接线盒、灯座等外接线螺钉松脱,造成线头接碰;接线时不慎,使两线头接碰;导线头碰金属部分等
漏电（搭铁故障）	短路故障的典型代表	电线设备绝缘不良、导线破坏、绝缘老化、破裂、受潮等

知识点2　汽车线路万用表检测方法

1. 利用电路图检修线路故障

当电气系统出现故障时，首先应确定故障的现象和发生故障的条件，这样可以大致确定故障的范围。检查时，应首先对电源、故障系统的供电情况及故障部件本身进行检查。如果通过上述检查工作还不能确定故障原因，就需借助电路图进行故障诊断。电路图可以提供电气设备的基本电路、电器部件的安装位置、线束及插接器的基本情况。在使用电路图进行故障诊断时，可按下述步骤进行：①在电路图中找出故障系统的电路，并仔细阅读；②通过阅读电路图，找出故障系统电路中所包含的电器部件、线束和插接器等；③通过电路图找出上述电器部件、线束和插接器在车上的安装位置及电器部件与插接器上各端子的作用或编码；④对怀疑有故障的部件按前述内容进行检测；⑤根据电路图检查线束的短路和断路情况，直至查出故障的部位。

2. 断路和接触不良故障的检测方法

如图9-20所示，当线路发生断路故障时，可利用万用表检测电阻或电压的方法来确定断路的部位。

图9-20　断路故障示例

（1）检测电阻法　检测线路电阻的方法如图9-21所示，其具体步骤如下：

1）脱开插接器A和C，测量A和C相应端子之间的电阻值。若插接器A端子1与插接

图9-21　万用表电阻检测法1

器 C 端子 1 之间的电阻值为∞，则它们之间的导线发生断路故障；若插接器 A 端子 2 端与插接器 C 端子 2 之间的导线电阻值为 0Ω，则它们之间导通（无断路），表明电路连接正常。

2）脱开插接器 B，测量插接器 A 与 B、B 与 C 之间的电阻值。若插接器 A 的端子 1 与插接器 B 的端子 1 之间的电阻值为 0Ω，而插接器 B 的端子 1 与插接器 C 的端子 1 之间的电阻为∞，则插接器 A 的端子 1 与插接器 B 的端子 1 之间的导线导通，而插接器 B 的端子 1 与插接器 C 的端子 1 之间的导线有断路故障。当插接器 A 与插接器 C 距离较远时，可采用如图 9-22 所示方法进行检测。即用导线短接插接器 C 端子 1 与端子 2，用万用表检测插接器 A 端子 1 与端子 2 之间的电阻值。

（2）**检测电压法**　可利用万用表检测线路各接点的电压大小来确定断路的部位。图 9-23 所示为一电子控制电路，ECU 输出电压为 5V。在各插接器接通的情况下，依次测量插接器 A 的端子 1、插接器 B 的端子 1 和插接器 C 的端子 1 与车身（搭铁）之间的电压，测得的电压值分别为 5V、5V 和 0V，则可以判定：在 B 的端子 1 与 C 的端子 1 之间的导线有断路故障。线路接触不良故障的检测方法与断路故障的检测方法基本相同，主要是测量线路两连接点之间的电阻值或电压是否在允许范围内，超出标准范围，说明线路连接点接触不良。

图 9-22　万用表电阻检测法 2　　　　图 9-23　万用表电压检测法

3. 线路短路和搭铁故障的检测方法

（1）**短路故障的检测**　如图 9-24 所示，脱开插接器 A 和 C，测量插接器 A 端子 1 与端子 2 之间的电阻。若测量的电阻值为 0Ω，则 1 号导线与 2 号导线间发生短路故障；若测量的电阻值为∞，则 1 号导线与 2 号导线之间不导通（无短路），表明电路连接正常。

（2）**搭铁故障的检测**　如图 9-25 所示，如果导线搭铁，可通过检查导线与车身是否导通来判断短路的部位。

1）脱开插接器 A 和 C，测量插接器 A 的端子 1 和端子 2 与车身之间的电阻值。若插接器 A 的端子 1 与车身之间的电阻值为 0Ω，而插接器 A 的端子 2 与车身之间的电阻为∞，则插接器 A 的端子 1 与插接器 C 的端子 1 的导线与车身之间有搭铁故障。

2）脱开插接器 B，分别测量插接器 A 的端子 1 和插接器 B 的端子 1 与车身之间的电阻值。如果测得的电阻值分别为∞和 0Ω，则可以判定：插接器 B 的端子 1 与插接器 C 的端子 1 之间的导线与车身之间有搭铁故障。

图 9-24　短路故障检测法　　　　　　　图 9-25　搭铁故障检测方法

找一找

找一辆汽车的总电路进行分析。

【温馨提示】

汽车电路识别、接线与检测视频请扫教学资源 9.1 对应的二维码进行观看。

本章小结

1. 汽车总电路图主要有电路原理图、线路图、线束图和接线图四种。

2. 汽车电路元件主要有汽车导线、线束、插接器、控制开关和保险装置等，它们对总电路的安全可靠运行起着重要作用。

3. 识读一辆汽车的全车电路应熟悉汽车电路的一些特点（如单线制、并联制、负极搭铁）、汽车电气设备的图形符号含义及其标注规则、掌握每一电气设备的结构和工作原理；根据"模块原则"，化整为零，逐个系统地进行电路分析。最后再归纳综合，化零为整，以中央接线盒为中心，向外辐射。

4. 欧（如大众）、美（如通用）、日（如丰田）系等车型的汽车总电路标注有所不同，应学会识读和分析。

思考题

1. 名词解释：电路原理图、线路图、线束图、接线图、并联单线、负极搭铁。

2. 汽车电路连接有哪些特点？

3. 简述 JK322A 型组合开关的结构原理。

4. 大众捷达汽车电气电路图上的一些统一符号：如"30"、"15"、"X"、"31"分别表示什么？

5. 大众汽车总电路由哪些部分构成？简述其电流回路。

6. 如何正确识读汽车电路原理图？

第10章　电动汽车动力蓄电池系统

【本章内容架构】

第10章 电动汽车动力蓄电池系统

10.1 动力蓄电池结构与原理

10.2 电动汽车充电系统

10.3 动力蓄电池系统常见故障

1. 动力蓄电池及其分类
2. 锂离子电池
3. 镍氢电池
4. 燃料电池

1. 电动汽车充电系统组成
2. 电动汽车充电系统工作原理

【学习目标要求、重点与难点】

序号	学习目标要求	学习重点	学习难点
1	熟悉动力蓄电池及其分类	√	
2	掌握锂离子电池的结构与原理	√	√
3	理解镍氢电池的结构与原理		√
4	掌握电动汽车充电系统的结构与原理	√	√
5	能够识别动力蓄电池系统主要部件	√	

一辆停在车库的特斯拉 Model S 电动汽车突然发生自燃，请分析事故的可能原因。

10.1 动力蓄电池结构与原理

知识点1 动力蓄电池及其分类

动力蓄电池是为电动汽车提供能量的蓄电池，其基本结构原理与普通蓄电池类似，但其性能远远优于普通蓄电池，特别是其比能量和使用寿命都大大高于普通蓄电池。如比亚迪电动汽车使用的磷酸铁锂动力蓄电池比能量为 $110\sim130\mathrm{W\cdot h/kg}$，循环寿命>2000 次，而普通的铅酸电池比能量是 $30\sim50\mathrm{W\cdot h/kg}$，循环寿命 $250\sim350$ 次。

目前，电动汽车的动力蓄电池主要有锂离子电池、镍氢电池和燃料电池等，其优缺点见表 10-1。

表 10-1 动力蓄电池的优缺点对比

电池分类	优 点	缺 点
镍氢电池	比能量较铅酸蓄电池提高 3 倍；对环境无污染；具有较高的运行电压和比能量；不受记忆效应限制	低温容量衰退严重；高温充电耐受性不佳
锂离子电池	体积小，重量轻，循环寿命长，自放电率低；无记忆效应；对环境无污染；比能量高，较镍氢电池提高 3 倍	由于使用有机溶剂作为电解液，导致易燃、易爆，安全性存在问题；钴价格较高，导致整体成本较高
燃料电池	产物为水，清洁环保；燃料转换效率高达 50% 以上；比功率高、工作温度低、起动快速	造价高；核心技术（稳定性和耐久性）尚不成熟，还有待进一步研究和突破

知识点2 锂离子电池

锂离子电池是利用锂离子作为导电离子，在阳极和阴极之间移动，通过化学能和电能互相转化实现充放电的电池。

锂离子电池结构如图 10-1 所示，由阳极、阴极和电解质组成。阳极材料由碳材料构成，商业上使用得最多的是石墨；阴极一般是层状氧化物（如钴酸锂）、聚阴离子（如磷酸铁锂）、尖晶石（如锰酸锂）和三元锂材料（钴镍锰酸锂或钴镍铝酸锂正极材料）。电解质通常是有机碳酸盐等混合物。工业上，根据不同的使用场景，通过选择不同类型材料的搭配，可得到不同的锂离子电池电压、容量、使用寿命和安全性。

锂离子电池工作原理如图 10-2 所示。充电时，正极中的锂离子脱离出来，经过电解液、穿过隔膜进入到负极材料中；放电时，锂离子电池又从负极中脱离出来，经过电解液，穿过隔膜回到正极材料中。由于充放电过程中锂离子在电极之间来回移动，因此又称为"摇椅电池"。

图 10-1　商业用锂离子电池结构图

图 10-2　锂离子电池工作原理图

$$正极 \quad LiCoO_2 \underset{充电}{\overset{放电}{\rightleftarrows}} Li_{1-x}CoO_2 + xLi^+ + xe^-$$

$$负极 \quad 6C + xLi^+ + xe^- \underset{充电}{\overset{放电}{\rightleftarrows}} Li_xC_6$$

$$总反应 \quad LiCoO_2 \underset{充电}{\overset{放电}{\rightleftarrows}} Li_{1-x}CoO_2 + Li_xC_6$$

比亚迪 e5 纯电动汽车动力蓄电池采用磷酸铁锂电池，其结构如图 10-3 所示。由 13 个电池模组依次串联组成，电池模组则由数个单体电池依次串联组成，其中单体电池有 198 个，每个单体电池额定电压为 3.2V，动力蓄电池总电压 653.4V，电池容量 42.47kW·h。动力蓄电池包分为上下两层，每个模组都有一个电池信息采集器 BIC。其次蓄电池包内部还包括动力连接片、连接电缆、电池采样线、电池组固定压条、密封条等。

图 10-3　比亚迪 e5 纯电动汽车动力蓄电池

【温馨提示】

比亚迪 e5 纯电动汽车动力蓄电池结构认识、电池检测及更换视频请分别扫教学资源 10.1、10.2、10.3 对应的二维码进行观看。

知识点 3　镍氢电池

镍氢电池主要由正极板、负极板、隔板、安全排气孔等部件组成。其结构图如图 10-4 所示。其正极是氢氧化镍［$Ni(OH)_2$］，负极是储氢合金，电解质为 KOH 水溶液，隔膜采用尼龙纤维、聚丙烯纤维、维纶纤维等。丰田 Pruis 电动汽车动力蓄电池即采用镍氢电池。

镍氢电池充电时，负极析出氢气，储存在容器中，正极由氢氧化亚镍转变成氢氧化镍［$NiO(OH)$］和 H_2O；放电时氢气在负极上被消耗掉，正极由氢氧化镍转变成氢氧化亚镍。

图 10-4　圆柱形镍氢电池结构示意图

$$正极\quad Ni(OH)_2+OH^--e \underset{放电}{\overset{充电}{\rightleftharpoons}} NiO(OH)+H_2O$$

$$负极\quad H_2O+e \underset{放电}{\overset{充电}{\rightleftharpoons}} \frac{1}{2}H_2+OH^-$$

$$总反应\quad Ni(OH)_2 \underset{放电}{\overset{充电}{\rightleftharpoons}} NiO(OH)+\frac{1}{2}H_2$$

由于镍氢电池存在单体电压低（1.2V）、自放电损耗大、对环境温度敏感等不足，所以目前镍氢在纯电动汽车动力蓄电池上的应用慢慢退出市场。

知识点 4　燃料电池

区别于将电能储存于内的蓄电池，燃料电池是一种可将化学能直接转换为电能的能量转换装置。以质子交换膜燃料电池为例，单体燃料电池主要由电解质膜、燃料电极、空气电极和隔板等组成（图 10-5）。阳级和阴极板采用多孔石墨或金属制成，置于电解质溶液中。

燃料电池工作时，外界不断供给阳极氢气，供给阴极空气（图 10-6），在催化剂（铂、多孔石墨等）作用下，产生如下反应：

图 10-5　燃料电池的基本结构

$$阳极\quad 2H_2 \longrightarrow 4H^++4e^-$$

$$阴极\quad O_2+4H^++4e^- \longrightarrow 2H_2O$$

阳极经催化剂作用，氢原子中的电子被分离出来，经外电路形成电流，失去电子的氢离子，经过电解质膜，到达阴极与氧及电子结合为水，氧可从空气中获得，只要不断地供给氢气和带走水，燃料电池就可不断供给电能。

由于燃料电池的发电过程只产生水，没有任何污染物。因此，氢燃料电池被认为是电动汽车最理想的动力电源。但是由于技术难度大，价格昂贵，目前正处于深入研发过程。

$$H_2 \longrightarrow 2H^+ + 2e^-$$

$$2H^+ + 2e^- + \frac{1}{2}O_2 \longrightarrow H_2O$$

图 10-6　燃料电池的工作原理

10.2 电动汽车充电系统

知识点 1　电动汽车充电系统组成

典型车型电池充电系统的基本组成包括交流充电口、直流充电口、车载充电机（集成在高压配电箱内）、电池管理系统、充电枪、充电插座、动力蓄电池包等。2019 款比亚迪 e5 实车充电系统结构如图 10-7 所示。在汽车充电罩下分别有直流充电口（快充口）和交流充电口（慢充口）。高压配电箱为三合一，含有车载充电机、DC/DC 变换器、高压控制盒。

图 10-7　比亚迪 e5 充电系统结构图

1. 车载充电机

车载充电机是指固定安装在纯电动汽车上的充电器，根据高压电池管理系统提供的数据，能动态调节充电电流或电压参数，执行相应的动作，完成充电过程。车载充电机如图 10-8 所示。

车载充电机采用高频开关电源技术，其具备提供直流电源、保护以及通信的功能。提供直流电源是指将外部提供的220V交流电，通过整流、升压转换成动力蓄电池充电所需的稳定的高压直流电，为动力蓄电池充电，保证车辆正常行驶。此外，充电时，还为低压系统提供低压电源。其提供的保护功能包括过电压、过电流、过温、欠电压等多种，能够在充电系统出现异常时及时切断供电，在充电完成后自动

图 10-8　车载充电机

切断输出。通信则是指充电机的通信系统将充电状态发送给 BMS，而 BMS 通过通信系统控制车载充电机的工作状态，可以将内部故障信号发送到 CAN 网络。

车载充电机内部可分为主电路、控制电路、线束及标准件三部分。主电路前端将交流电转换为恒压的直流电，主要是全桥电路+PFC电路；后端为 DC/DC 变换器，将前端转出的直流高压电变换为合适的电压及电流供给动力蓄电池。控制电路具有控制 MOS 管的开关，与 BMS 之间通信，监测充电机状态等功能。线束用于主电路及控制电路的连接，固定元器件及电路板。

车载充电机工作时，整流电路将输入的220V交流电转化为脉动电流，经过 PFC 电路后转变为直流电，然后再进行逆变升压，最后将变压器输出的交变电流整流滤波后输入动力蓄电池进行充电。充电过程中充电机接收 VCU 或 BMS 发送的充电电压、充电电流等指令进行工作。

2. DC/DC 变换器

DC/DC 变换器（图 10-9）能够实现直流到直流的电量变换，有升压、降压、双向降-升三种形式，是实现电气系统电能变换、传输和电气拖动的重要电气设备。其主要由主电路、控制电路、驱动及保护电路组成。DC/DC 变换器工作原理是 ECU 控制绝缘栅双极晶体管的导通和截止，把动力蓄电池的直流电逆变成高压、高频的交流电，然后通过变压器把这一高压、高频交流电转变为低压、高频的交流电，最后通过二极管整流滤波变成 12V 直流电。

图 10-9　DC/DC 变换器

具体工作过程如图 10-10 所示。当 ECU 控制 IGBT2 和 IGBT3 导通时，动力蓄电池组件电流从正极→IGBT2→变压器初级绕组上端，向下流过初级绕组；经过 IGBT3→动力蓄电池组件负极，完成回路。当 ECU 控制 IGBT1 和 IGBT4 导通时，动力蓄电池组件电流从正极→IGBT1→变压器初级绕组下端，向上流过初级绕组；经过 IGBT4→动力蓄电池组件负极，完成回路。

两次不同的导通过程，在变压器初级绕组中产生不同方向的交变磁场，在变压器次级绕组感应出 12V 交流电。此过程完成了将高压直流电转变为交流电，经变压器进行降压，在次级绕组输出 12V 低压交流电。12V 低压交流电经全波整流器进行整流，再经滤波器电路过滤，形成一个趋于平稳的 12V 直流输出。

图 10-10　DC/DC 变换器电路图

【温馨提示】

比亚迪 e5 纯电动汽车充电系统组成与结构认识视频请扫教学资源 10.4 对应的二维码进行观看。

当充电枪连接电源和车载充电机时，电池管理系统通过检测 CC 点电阻判断充电电缆的额定容量及充电枪是否连接良好。车载充电机交流输入端得电和自检完成无障碍后，向电池管理系统发出充电唤醒信号，电池管理系统关闭充电接触器，开始导通充电回路。比亚迪 e5 充电口如图 10-11 所示。

图 10-11　比亚迪 e5 充电口

a）直流充电口　b）交流充电口

S-—充电通信 CAN-L　S+—充电通信 CAN-H　CC1—充电连接确认　CC2—直流充电感应信号　DC+—直流电源+
DC-—直流电源-　A+—低压辅助电源+　A-—低压辅助电源-　PE—车身接地 CC—充电连接确认
CP—充电连接控制　L1、N—220V 交流电　L2、L3—备用线

在充电过程中，电池管理系统和充电机相互发送各自的充电状态，确保充电安全。电池管理系统向充电机发送充电需求，充电机以此调整充电电压和充电电流，确保充电过程可控。车载充电机充电连接示意图如图 10-12 所示。

图 10-12　车载充电机充电连接示意图

知识点 2　电动汽车充电系统工作原理

1. 直流充电系统工作原理

直流充电模式即为常说的快充模式。其通过导通直流充电机，经过高压配电盒配送给电动汽车动力蓄电池充电。这种模式的优点是充电的速度快，但直流充电的电流比较大，因此对电动汽车的电池寿命影响也比较大，不建议频繁使用。直流充电系统的工作原理如图 10-13 所示，多个控制单元之间也需要进行数据交换，图示的箭头是通信的方向。

图 10-13　直流充电控制原理

比亚迪 e5 直流充电工作原理如图 10-14 所示，充电过程如下：

（1）**准备阶段**　将直流充电枪插入车辆充电口，充电桩中 U_1 与电阻 $R1$、机械锁止开关、CC1、$R4$ 和车身接搭铁成工作回路；车辆控制装置中 U_2 与电阻 $R5$、CC2、$R3$ 和车身搭铁形成电路回路。当充电桩控制装置检测到检测点 1 电压为 4V，则确认充电线路完全连接。

（2）**自检阶段**　充电枪线路完全连接后，充电桩控制装置控制接触器 K3/K4 闭合，将 12 V 低压电通过 A+、A−端子传输给车辆控制器。车辆控制装置 U2 检测到检测点 2 电压为 6V ［U 检测点 2 = 12V×1kΩ/（1kΩ+1kΩ）］，然后车辆控制装置通过 S+、S−与充电桩控制装置进行通信，充电桩控制装置控制接触器 K1/K2 闭合，检测充电直流母线搭铁绝缘性，保证充电过程安全进行。绝缘测试完成后，断开接触器K1/K2，自检阶段完成。

（3）充电阶段　充电桩自检阶段完成后，车辆控制装置控制接触器K5/K6闭合，形成充电回路，充电桩检测到车辆端电池电压正常（电压与通信中描述的电池电压误差<5%），且在充电桩输出最大、最小电压范围内，控制接触器K1/K2闭合，开始充电。在充电过程中，车辆控制装置实时发送电池充电需求参数，充电桩根据该参数实时调整充电电压和电流，并相互发送各自的状态信息（充电模式、充电电压、充电电流、电池温度、当前SOC、单体电池最高和最低电压等信息）。

（4）充电结束　车辆根据BMS是否达到充满状态或者是否收到充电桩发来的"充电桩中止充电"信息来判断是否结束充电。满足以上条件，车辆会发出"车辆中止充电"信息，在确认充电电流<5A后断开K5/K6接触器，充电桩控制器接收到"车辆中止充电"信息，在确认充电电流<5A后，断开K1/K2接触器，然后断开接触器K3/K4，结束充电。

图 10-14　直流充电工作原理

2. 交流充电系统工作原理

交流充电系统即为常说的慢充模式，比亚迪e5交流充电模式的充电导引控制电路原理如图10-15所示，从左至右分别是供电设备、供电接口、车辆接口和电动汽车四部分。交流充电与直流充电相比，单相交流电通过车辆接口先进入车载充电机，车载充电机把交流电转换为直流电，然后进行升压处理后给电池充电。交流充电电流相对较小，充电速度比较慢，对电池的寿命相对来说较好。

比亚迪e5交流充电过程如下：

（1）充电连接确认　充电枪插入车辆接口后，供电设备端子CC由供电控制装置检测点4检测到充电连接信号，然后供电控制装置控制S1开关由12V切换至PWM（脉宽调制信号）端子。PWM信号经充电枪接口和车辆接口CP端子送至检测点2，车辆控制装置检测到脉冲信号后，确认供电设备供电能力并完成充电连接确认。

图 10-15　交流充电导引控制电路原理

（2）**充电唤醒**　车辆控制装置通过检测点 3 检测 CC 与 PE 之间的电阻 R_c，其中开关 S3 为车辆插头内部常闭型开关，该开关与机械锁止装置关联，当按下充电枪机械锁止开关时，S3 开关会断开。通过检测 R_c 电阻（正常值为 680Ω），确认正常后，完成充电唤醒过程。

（3）**供电设备给车辆充电**　充电枪完好插入充电接口，充电连接正常并完成充电唤醒后，供电控制装置通过检测点 1 脉冲电压，确定充电功率，接通电源 K1、K2 开关。传导线分别与车辆充电接口 L 端子和 N 端子连接，BMS 电池管理系统控制模块控制车辆低压 IG3 继电器吸合给相关部件提供电源。BMS 得电后执行充电程序，绿色充电指示灯点亮，并在显示屏显示充电信息（SOC 值、充电电压、充电电流、剩余充电时间等）。

（4）**充电保护监控**　在充电过程中，供电控制装置和车辆控制装置周期性监测各个检测点信号。车辆控制装置通过监测检测点 2 脉冲电压信号，调节车载充电机输出功率。在充电过程中，为了节省充电时间和保护电池，一般先采用恒流充电，当电池电压达到一定值或者达到单体电压额定值和限定温度时，采用恒压充电，以较小电流对电池充电直至充满。在充电过程中，BMS 电池管理控制器周期性监测 13 个电池模组中单体电池电压、电流、温度，防止电池过充、温度过高。单体电池电压不得高于 3.7V，电池最高温度不得超过 65℃，否则限制供电功率，甚至停止充电。

（5）**充电结束**　当 BMS 电池管理控制器检测到充电完成，或者达到预约充电时间以及驾驶人停止充电操作，车辆控制装置断开 S2 开关，同时开关 S1 切换至 12 V，S2 开关断开使供电控制断开 K1、K2，结束充电。

【温馨提示】

电动汽车充电系统检测和充电视频请分别扫教学资源 10.5、10.6 对应的二维码进行观看。

10.3　动力蓄电池系统常见故障

动力蓄电池系统常见故障见表 10-2。

表 10-2　动力蓄电池系统常见故障

故障名称	故障特征	故障原因
动力蓄电池单体过电压	过度充电或进行制动能量回收会引起电池过充、鼓包、膨胀甚至爆炸	1. 充电机失控 2. 电机系统失控
动力蓄电池单体电压不均衡	动力蓄电池单体压差过大,破坏充电均衡,影响整车性能	动力蓄电池单体一致性不好或均衡效果不好
动力蓄电池温度过高	出现热失控,着火、爆炸	1. 动力蓄电池内部短路 2. 动力蓄电池热管理系统故障 3. 动力蓄电池电芯本身问题 4. 动力蓄电池装配节点松弛
动力蓄电池温度不均匀	动力蓄电池在差异化的温度下同工况工作,电芯一致性变差,同时电池温度指示灯不能很好反应电池温度状态	动力蓄电池热管理系统故障
动力蓄电池温升过快	电池隔膜融化,出现动力蓄电池内短路,出现热失控,着火、爆炸	1. 动力蓄电池内部短路 2. 动力蓄电池焊接、装配等问题引起火花
动力蓄电池冷却液温度过高	动力蓄电池冷却液过热,电池降温效果差	1. 冷却液缺少 2. 冷却系统泄漏 3. 电池散热器外部堵塞过多杂物或散热片变形损坏 4. 电池散热器内部污垢或杂质堵塞 5. 冷却液温度传感器故障 6. 电动冷却液泵不能正常起动 7. 电动三通阀故障 8. 冷却管路故障 9. 温控系统故障 10. 动力蓄电池总成故障
绝缘电阻低	整车漏电	1. 高压部件内部有短路 2. 高压回路对车身绝缘阻值下降
充电电流异常	充电电流异常引起动力蓄电池过充、鼓包、膨胀甚至爆炸	1. 充电机故障 2. 充电回路故障
无法充电	电池继电器正常闭合,但无输出电流	1. 充电桩与动力蓄电池 BMS 软件版本不匹配 2. 高压连接器及线缆未正确连接
	充电桩跳闸,充电机无法充电	充电机内部短路
	充电机指示灯不亮,无法正常启动充电	1. 充电机内部故障 2. 充电唤醒信号中断 3. 互锁电路故障
	插上充电枪不充电、充电灯不亮、充电机保护	1. 分线盒熔断器熔断 2. 充电回路断路 3. 充电回路绝缘故障 4. 充电回路短路故障 5. 分线盒故障
	充电桩显示车辆未连接	1. 快充口 CC1 端与 PE 端可能没有 1kΩ 电阻 2. 快充口导电层可能脱落 3. 充电枪 CC2 与 PE 可能未导通
	插上充电枪,充电线连接指示灯点亮,但无法正常启动充电	1. 动力蓄电池系统故障 2. CAN 通信故障 3. 车载充电机故障 4. 充电插座温度传感器、电子锁止及反馈信号端子故障

动力蓄电池梯次利用技术

从电动汽车上退役的动力蓄电池通常剩余有60%~80%的初始容量，并且具有一定的使用寿命，目前可通过梯次利用技术将退役的动力蓄电池用在储能等其他领域作为电能的载体使用，从而充分发挥剩余价值。经过几年的研究探索和试点示范，我国动力蓄电池阶次利用应用领域以集中在电力系统储能、通信基站备用电源、低速电动汽车以及小型分布式家庭储能、风光互补路灯、移动充电车和电动叉车等相关领域。

1. 梯次利用关键技术

动力蓄电池梯次利用是指电动汽车的动力蓄电池已经达到原设计寿命，再通过其他方法使其功能全部或部分恢复并继续使用的过程，且该过程属于基本同级或降级应用的方式，其核心是需要对动力蓄电池进行一系列复杂的检测和分析，科学地判断其生命周期价值以及可再使用性，从而设计出符合该产品的梯度等级和应用领域。

动力蓄电池梯次利用企业从电池厂、主机厂、4S店以及消费者手中回收退役的动力蓄电池，将回收到的废旧蓄电池运输到电池自动拆解线上，把拆解下来的蓄电池包等材料分销给金属提炼企业或材料回收企业实现材料的回收，再将拆解得到的蓄电池模块通过检测分级，把蓄电池模块按照容量分类，然后将一致性好且具有相同容量的蓄电池模块重组，再加入蓄电池管理系统及蓄电池包等得到梯次利用电池，最终通过检测认证将合格的蓄电池根据需求销售给终端客户，应用于通信基站储能、低速电动汽车等领域。

检测和筛选是梯次利用技术的关键，需要综合应用软件技术、测控技术、制程工艺等，涉及光、机、电等跨行业多学科技术。由于回收动力蓄电池的不一致性，在梯次利用时需要对其剩余使用价值和健康状态进行大量检测，对于使用情况类似、可以成组的蓄电池进行筛选。在蓄电池一次使用期间，BMS检测系统能够记录较完整的充、放电运行数据，有助于在其退役时准确评估其剩余工作量，降低退役蓄电池的检测成本。系统集成新蓄电池包环节所面临的也是不同类型的电芯集成。蓄电池包工序分为加工、组装和包装三大部分，其核心是将多个单一的电芯通过机械结构串联和并联起来形成蓄电池包。动力锂蓄电池电芯包括软包、钢壳/铝壳方体、圆柱形等，种类繁多，尺寸不一，且各类电芯标称容量、开路电压及电阻各异，需要涉及热管理、电流控制与检测、模组拼装涉及及计算机虚拟开发等大量的成熟技术相互交叉协作，是梯次利用过程的高门槛环节。

2. 动力蓄电池梯次利用于通信基站

随着我国通信技术的快速发展，通信基站对蓄电池的需求量也逐年上升，而通信基站对蓄电池寿命和安全性又有较高要求。考虑到铅酸蓄电池成本低，目前我国通信基站多采用铅酸蓄电池作为备用电源，而锂离子蓄电池在循环寿命、能量密度、高温性能等方面具有比铅酸蓄电池更大的优势，此外退役动力蓄电池在成本上又大幅度下降，特别是磷酸铁锂电池退役后仍在各方面表现出很强优势，因此将退役磷酸铁锂电池应用在通信基站领域，将具有很大的优势。

就我国铁塔基站而言，单座基站约需要备用蓄电池容量为30kW·h，按照车用动力蓄电池容量低于80%退役及低于60%报废来算，需要约60kW·h的退役动力蓄电池，相当于一辆纯电动乘用车的动力蓄电池容量。为保证重组电池的一致性，可将同一辆纯电动汽车退役下来的动力蓄电池模组进行单个或多个重组，重组后的蓄电池模块即可满足铁塔基站的供电需求。若检测到一个模组出现问题，可对此模组进行单独替换即可解决蓄电池模块一致性的问题，有效地避免了退役动力蓄电池一致性差的问题。

本章小结

1. 动力蓄电池是为电动汽车提供能量的蓄电池，其基本结构原理与普通蓄电池类似，但其性能远远优于普通蓄电池，特别是其比能量和使用寿命都大大高于普通蓄电池。电动汽车的动力蓄电池主要有锂离子电池、镍氢电池和燃料电池等。

2. 锂离子电池是利用锂离子作为导电离子，在阳极和阴极之间移动，通过化学能和电能互相转化实现充放电的电池。由正极、负极和电解质组成，正极材料由碳材料构成，商业上使用得最多的是石墨；负极一般是层状氧化物（如钴酸锂）、聚阴离子（如磷酸铁锂）、尖晶石（如锰酸锂）和三元锂材料（钴镍锰酸锂或钴镍铝酸锂正极材料）。

3. 燃料电池是一种可将化学能直接转换为电能的能量转换装置。以质子交换膜燃料电池为例，单体燃料电池主要由电解质膜、燃料电极、空气电极和隔板等组成。燃料电池的发电过程只产生水，没有任何污染物。因此，氢燃料电池被认为是电动汽车最理想的动力电源。但是由于技术难度大，价格昂贵，目前正处于深入研发过程。

4. 动力蓄电池充电系统的基本组成包括交流充电口、直流充电口、车载充电机、电池管理系统、充电枪、充电插座、动力蓄电池包等。

5. 直流充电系统为快充模式。其通过直流充电机，经过高压配电盒配送给电动汽车动力蓄电池充电。这种模式的优点是充电的速度快，但充电电流比较大，因此对电动汽车的电池寿命影响也比较大。

6. 交流充电系统为慢充模式。交流充电与直流充电相比，单相交流电通过车辆接口先进入车载充电机，车载充电机把交流电转换为直流电，然后进行升压处理后给电池充电。交流充电电流相对较小，充电速度比较慢，对电池的寿命相对来说较好。

思考题

1. 普通蓄电池和动力蓄电池最大的区别在哪里？
2. 锂离子电池发生爆炸的原因可能有哪些？
3. 质子交换膜燃料电池的基本结构如何？
4. 动力蓄电池交流充电系统的组成和工作原理是怎么样的？如何提高电池充电时的安全性？

第11章　电动汽车驱动电机及其控制系统

【本章内容架构】

第11章　电动汽车驱动电机及其控制系统

| 11.1 电动汽车驱动电机的构造与工作原理 | 11.2 驱动电机控制器 | 11.3 驱动电机及其控制系统常见故障 |

1.驱动电机基本构造
2.驱动电机基本工作原理

1.驱动电机控制系统基本组成与工作原理
2.驱动电机控制器系统主要部件

【学习目标要求、重点与难点】

序号	学习目标要求	学习重点	学习难点
1	掌握驱动电机的构造与工作原理	√	√
2	掌握驱动电机控制系统基本组成与工作原理	√	√
3	理解驱动电机控制系统主要部件结构原理	√	
4	能够识别驱动电机及其控制系统主要部件	√	

近日，李先生的家用比亚迪 e5 电动汽车的驱动电机在零负载状态下无法起动，请分析故障可能原因。

11.1　电动汽车驱动电机的构造与工作原理

驱动电机系统是电动汽车的三大电系统之一。2019 款比亚迪 e5 驱动电机系统由驱动电机、电机控制器构成，并通过高低压线束、冷却系统等与整车其他系统进行连接，其系统组成如图 11-1 所示。

图 11-1　驱动电机系统组成

整车控制器根据加速踏板、制动踏板、档位等信号通过 CAN 总线向电机控制器发送指令，实时调节驱动电机的转矩输出，以实现整车的怠速、加速、能量回收等功能。电机控制器能对自身温度、电机的运行温度、转子位置进行实时监测，并把相关信息传递给整车控制器，进而调节水泵和冷却风扇工作，使电机保持在理想温度下工作。

知识点 1　驱动电机基本构造

驱动电机作为电动汽车的动力，采用的是电机的电磁感应原理，主要分为直流电机、交流电机、永磁同步电机和开关磁阻电机，目前多数采用永磁同步电机。下面以比亚迪 e5 电动汽车驱动电机为例，介绍其基本构造。

比亚迪 e5 电动汽车驱动电机为永磁同步电机，其主要由转子、定子、旋转变压器、冷却液温度传感器、冷却液道等组成（图 11-2），采用液冷方式，其最大输出功率 160kW、最大转矩 310N·m，最大输出转速 12000r/min。

【温馨提示】

驱动电机拆装视频请扫教学资源 11.1 对应的二维码进行观看。

图 11-2　驱动电机基本构造

a) 永磁同步电机结构分解图　b) 比亚迪 e5 驱动电机

（1）**转子**　转子上安装有永磁体，同普通异步电机的转子结构不同，其分别有 N 极与 S 极相间镶在转子上，如图 11-3 所示。

转子的作用是输出转矩。当定子三相线通电时，产生的旋转磁场带动永磁转子同步转动，转子转动产生力矩带动整个动力系统运转。

（2）**定子**　定子主要由定子铁心和绕组组成。定子绕组有三组，按照一定的规律布置安装在定子铁心上。三相绕组接收来自电机控制器输出的交流电，产生磁场，其结构如图 11-4 所示。

图 11-3　驱动电机转子结构图

图 11-4　驱动电机定子结构图

定子铁心的作用是作为驱动电机磁路的一部分和嵌置定子绕组。在定子铁心内圆上有许多形状相同的半开口槽，定子绕组由高强度漆包铜线绕成，嵌放入槽内。定子绕组是电机的电路部分，其主要作用是产生感应电动势，通过电流产生旋转的磁场带动永磁转子旋转产生力矩，实现能量的转换。

（3）**旋转变压器**　旋转变压器简称为旋变，主要由旋转变压器定子绕组和旋转变压器转子组成。旋转变压器转子安装在驱动电机转子轴上，随驱动电机转子共同转动。旋转变压器定子绕组固定在壳体上，包含励磁绕组、正弦绕组和余弦绕组。当励磁绕组以一定频率的交流电压励磁时，输出绕组的电压幅值与转子转角成正、余弦函数关系。比亚迪 e5 驱动电机的旋转变压器安装位置如图 11-5 所示。

旋转变压器用于检测驱动电机转子的位置和速度。它是依据电磁感应原理，利用气隙变

旋转变压器定子绕组

旋转变压器转子

图 11-5　比亚迪 e5 驱动电机旋转变压器

化和磁阻变化，而使输出绕组的感应电压随机械转角变化作相应正弦或余弦变化的角度传感元件。旋转变压器输出信号经电机控制器解码后，可以获取驱动电机的转速、转向、速度等信息。

（4）温度传感器　比亚迪 e5 驱动电机定子绕组中设有温度传感器，用来检测驱动电机定子的温度。当定子绕组温度过高时，启动冷却系统对驱动电机进行降温。

（5）冷却液道　驱动电机在工作时会产生热量，为了保证驱动电机工作在额定温度范围内，比亚迪 e5 驱动电机采用液冷式冷却系统，冷却液道盘绕在定子外壳上。通过电机外壳上一进一出的冷却管路，冷却液在冷却液道中循环，对驱动电机进行散热降温，如图 11-6 所示。

图 11-6　比亚迪 e5 驱动电机的冷却管路

知识点 2　驱动电机基本工作原理

驱动电机是应用电流的磁效应运行的旋转电磁机械，可以实现电能向旋转机械能的转换，运行时从电系统吸收电功率，向机械系统输出机械功率。以目前常用永磁同步电机为例，介绍其驱动时基本工作原理。

永磁同步电机的转子一般为多对极，现以简化为两极的转子为例说明其工作原理。如图 11-7 所示，当定子三相绕组通上交流电后，便产生一个旋转磁场，在图中用一对旋转磁极 N、S 表示。当定子磁场以同步转速 n_s 逆时针方向旋转时，根据异性极相吸的原理，定子旋转磁极与转子的永磁磁极相互吸引，带动转子旋转，转子的旋转速度与定子磁场的旋转速度相等。当转子加上负载转矩后，转子磁极轴线将落后定子磁场轴线一个 θ 角，随着负载增加，θ 角随之增大，负载

图 11-7　永磁同步电机工作原理

减小时，θ 角也减小，只要超过一定限度，转子始终跟着定子的旋转磁场以恒定的同步转速旋转，即转子转速为

$$n = n_s = \frac{60f}{p}$$

式中，f 为电源频率；p 为电机极对数。

由此可知，转子转速取决于电源频率和极对数，简化定子电阻，永磁同步电机的电磁转矩为

$$T_e = \frac{mpE_0U}{\omega X_d}\sin\theta + \frac{mpU^2}{2\omega}\left(\frac{1}{X_d} - \frac{1}{X_q}\right)\sin 2\theta$$

式中，m 为电机相数；$\omega = 2\pi f$ 为电角速度；U、E_0 分别为电源电压和空载反电动势有效值；X_d、X_q 分别为电机直轴、交轴同步电抗；θ 为转矩角。

当负载超过一定极限时，转子不能再按同步转速旋转，甚至可能不旋转，这就是同步电机的失步现象，此负载的极限称为最大同步转矩。

比亚迪 e5 电动汽车驱动电机工作原理如图 11-8 所示。三相正弦电压施加在定子绕组上时，会与永磁体建立一个旋转的磁场并产生旋转力矩，驱动永磁体旋转。转子在旋转磁场作用下不停地旋转，最后转子和定子频率相同，实现旋转磁场与永磁体转子同步转动，驱动电机的转速由调节三相电源的电机控制器控制。

图 11-8　驱动电机工作原理

永磁体
定子绕组
接电机控制器

11.2　驱动电机控制器

知识点 1　驱动电机控制系统基本组成与工作原理

1. 驱动电机控制系统基本组成

驱动电机控制器主要采用三相两电平电压源逆变器，是驱动电机系统的控制核心，如图 11-9 所示。电机控制器以 IGBT 模块（绝缘栅双极型晶体管）为核心，主要由控制板、冷却水道、UVW 高压插件、直流高压插件、IGBT 模块及驱动板组成。电机控制器具有 CAN 通信、过电流保护、过载保护、欠电压保护、过电压保护、缺相保护、能量反馈、限制功率、高压互锁、故障上报等功能。主要作用是把充配电总成分配的高压直流电整流转换成三相交流电供给驱动电机。

控制板　　　冷却水道

UVW高压插件

直流高压插件

IGBT模块及驱动板

图 11-9　电机控制器

　　驱动电机控制器主要依靠电流传感器、电压传感器、旋转变压器、温度传感器等进行电机运行状态的监测，根据相应参数进行电压、电流的调整控制以及实现其他控制功能的。电流传感器用于检测电机工作实际电流，包括母线电流、三相交流电流。电压传感器用于检测供给电机控制器工作的实际电压，包括动力蓄电池电压、电压蓄电池电压。温度传感器用于检测电机控制系统的工作温度，包括 IGBT 模块的温度等。

【温馨提示】

　　驱动电机控制器结构视频请扫教学资源 11.2 对应的二维码▦进行观看。

2. 驱动电机控制原理

　　电机控制器主要通过调节驱动电机的电压大小、频率高低、相位变化等参数来控制电机的运转，即通过相应的电力转换来控制电机工作，其工作框架如图 11-10 所示。

图 11-10　电机控制器工作框架

　　电机控制器接收档位开关、加速踏板位置、旋转变压器、制动等信号，经过判断和逻辑运算之后控制电机的正反转以及转速。电机控制器内部主要包括控制电路板和驱动电路板两部分。控制电路板以信号采集、旋转变压器解码、模数转换以及 CAN 通信功能为主，并计算出所需占空比，产生正弦脉宽调制信号。驱动电路板以电源控制、功率调节为主，通过 IGBT 向驱动电机输送 U、V、W 三相交流电。

驱动电机控制系统工作过程中，电机控制器的主要功能包括：

（1）**驱动与制动控制** 通过改变逆变器输出三相交流电的频率，控制驱动电机处于电动机状态或是发电机状态，从而控制汽车的驱动和制动。驱动时，逆变器将动力蓄电池提供的直流电逆变为电压频率可调的三相交流电，供电动机使用，驱动汽车运行；制动时，电动机做发电机运行，将动能变为电能产生三相交流电，经逆变器变为直流电反馈回动力蓄电池，进行再生制动。

（2）**运行速度控制** 通过脉宽调制控制改变逆变器输出的三相交流电的电压和频率，可以改变电机的转速，从而对汽车进行调速。

（3）**运行方向控制** 改变逆变器中控制模块的导通顺序就可以改变输出三相交流电的相序，从而改变汽车的运行方向。

知识点 2　驱动电机控制器系统主要部件

2019 款比亚迪 e5 电机控制器内部结构如图 11-11 所示。主要由电机控制器面板、预充电容、扼流圈、电流传感器以及各输入输出接口等组成。

图 11-11　2019 款比亚迪 e5 电机控制器内部结构

1. 电机控制器主控板

电极控制器主控板位于控制器的上层，是电机控制器的中心操控模块，包含 PWM 波生成电路、复位电路、传感器信号处理电路、交互电路等。主控模块经过对外接口，接收整车其他部件的指令和状态信息，同时将解析之后的指令传递给逆变器驱动电路。

2. 预充电容

预充电容是电动汽车高压上电时预充电环节里重要的零部件，如图 11-12 所示。该电容与动力蓄电池包并联，作为补充电源，可在瞬间高负载情况下提供大电流，提高高压电输出的能力；此外，具有滤波的作用，实现电压的稳定输出。

图 11-12　预充电容

3. 电流传感器

电流传感器检测电机控制器三相输出的电流，计算电机控制器输出功率，如图 11-13 所示。依据测量原理不同，主要包括：分流器、电磁式电流互感器、电子式电流互感器等，在电动汽车中霍尔电子式电流传感器使用最广泛。

电流传感器

图 11-13　电流传感器

4. IGBT 驱动板

IGBT 驱动板是由 IGBT 驱动芯片、驱动辅助电源、外围电路及接插件组成的板卡级电路产品，其主要作用是将微处理器脉冲输出的功率进行放大，将电平信号变换为能可靠驱动 IGBT 的信号，同时具有隔离和保护的作用，如图 11-14 所示。

图 11-14　IGBT 驱动板

5. IGBT 模块

IGBT 是一种典型的双极 MOS（半导体金属氧化物）复合型功率器件。IGBT 导通后的功耗很小，可以看作导线，断开时的电阻很大，可以看作开路，具有高电压、大电流、高速三大特点，工作功率小、饱和压降低。IGBT 模块是 IGBT 与续流二极管（FWD）通过特定的电路桥接封装而成的模块化半导体产品。用来进行大功率直流/交流（DC/AC）逆变后控制电机的运转，如图 11-15 所示。

图 11-15　IGBT 模块

IGBT 有栅极 G、集电极 C 和发射极 E，属于三端器件，其内部结构如图 11-16 所示。IGBT 具有两层 P+注入区，这两个区域构成了一个面积较大的 PN 结 J_1。当 IGBT 接入电路工作时，部分载流子从注入区 P+发射到基区 N，达到调制漂移区电导率的作用，因此，IGBT 具有较强的通流能力。缓冲区介于 P+注入区与 N−漂移区之间的 N+层。有无缓冲区的 IGBT 表现出不同特性。有 N+缓冲区的 IGBT 称为非对称型 IGBT（也称穿通型 IGBT），具有正向压降较小、关断时间短、关断时尾部电流小等优点，但其反向阻断能力相对较弱。无 N+缓冲区的 IGBT 称为对称型 IGBT（也称非穿通型 IGBT）具有较强的正反向阻断能力，它的其他特性与穿通型 IGBT 相比较差。

IGBT 可以看成是一个 PNP 型晶体管（通过 MOSFET 驱动）。与普通的 PNP 型晶体管相比，它的基区更厚，等效电路如图 11-17a 所示。图中的 R_N 为 PNP 晶体管基区内的调制电阻，MOSFET 为 N 沟道场效应晶体管，这种结构的 IGBT 称为 N 沟道 IGBT，其符号为 N-IGBT。类似的还有 P 沟道 IGBT，即 P-IGBT。IGBT 的电气图形符号如图 11-17b 所示。IGBT 是一种场控器件，它的开通和关断由栅极和发射极间电压 U_{GE} 决定，若开启电压 $U_{GE}(th)$ 值

图 11-16　IGBT 内部结构截面图

图 11-17　IGBT 等效电路图与电气图形符号
a）IGBT 等效电路图　b）电气图形符号

小于栅极与发射极间的电压 U_{GE} 并且栅极电压为正值，PNP 型晶体管接收 MOSFET 内部沟道中的电流，IGBT 导通。这时，从 P+区进入 N-区的载流子对 N-区实施电导调制，电阻 R_N（N-区）会逐渐降低，IGBT 获得一个较小的通态压降。若栅、射极间电压 U_{GE} 等于零或者为反向电压时，MOSFET 内不会形成沟道，没有载流子从 P+区进入 N-区对 N-区实施电导调制，晶体管内没有基极电流，IGBT 不工作即关断。IGBT 的驱动原理如下。

当 U_{GE} 为负时：J_3 结处于反偏状态，器件呈反向阻断状态。当 U_{GE} 为正时：$U_G < U_{TH}$，沟道不能形成，器件呈正向阻断状态；$U_G > U_{TH}$，绝缘门极下形成 N 沟道，由于载流子的相互作用，在 N-区产生电导调制，使器件正向导通。

【温馨提示】

驱动电机及其控制系统检测视频请扫教学资源 11.3 对应的二维码 进行观看。

11.3　驱动电机及其控制系统常见故障

驱动电机及其控制系统常见故障见表 11-1。

表 11-1　驱动电机及其控制系统常见故障

故障名称	故障特征	故障原因
电机起动困难	通电后，驱动电机起动困难或不起动，"嗡嗡"响	1. 电源未接通或电源电压过低 2. 定子绕组故障（断路、短路、接地和连接错误等） 3. 电机负载过大或机械卡住
定子高温	驱动电机运行温度升高	1. 负载过大 2. 驱动电机扫堂 3. 电机绕组故障 4. 电源电压过高、过低或三相不平衡
电机振动及噪声	驱动电机运行时振动过大	1. 转轴弯曲 2. 转子磁极松动 3. 负载不平衡 4. 转子不平衡 5. 定子绕组故障（断路、短路、接地和连接错误等） 6. 铁心变形或松动 7. 气隙不均
动力不足	车辆行驶时功率受限	1. 驱动电机驱动系统温度偏高 2. 电机轻微超速、母线轻度过电压与欠电压
无动力输出	车辆无法行驶	1. 驱动电机驱动系统温度过高 2. 温度传感器检测失效 3. 低压电源供电异常、相电流过电流、母线过电流、过电压、旋转变压器故障、电机超速等
绝缘故障	绕组绝缘电阻低	1. 绕组受潮或被水淋湿 2. 绕组绝缘粘满粉尘、污垢 3. 引出线绝缘老化破裂 4. 绕组绝缘老化

典型车型电机

1. 搭载直流电机的车型

电动汽车用直流电机主要是他励式直流电机（包括永磁直流电机）、串励式直流电机、复励式直流电机三种类型。他励式直流电机在运行过程中励磁磁场稳定而且容易控制，容易实现电动汽车的再生制动要求。但当采用永磁激励时，虽然电机效率高，重量和体积较小，但由于励磁磁场固定，电机的机械特性不理想，驱动电机产生不了足够大的输出转矩来满足电动汽车起动和加速时的大转矩要求。串励式直流电机在低速运行时，能给电动汽车提供足够大的转矩，而在高速运行时，电机电枢中的反电动势增大，与电枢串联的励磁绕组中的励磁电流减小，电机高速运行时的弱磁调速功能易于实现，因此串励式直流电机驱动系统能较好地符合电动汽车的特性要求。但串励式直流电机由低速到高速运行时弱磁调速特性不理想，随着电动汽车行驶速度的提高，驱动电机输出转矩快速减小，不能满足电动汽车高速行驶时由于风阻大而需要输出较大转矩的要求。复励式直流电机的永磁励磁部分采用高磁性材料钕铁硼，运行效率高。由于电机永磁励磁部分有稳定的磁场，因此用该类电机构成驱动系统时易实现再生制动功能。同时由于电机增加了增磁绕组，通过控制励磁绕组的励磁电流或励磁磁场的大小，能克服纯永磁他励式直流电机不能产生足够的输出转矩来满足电动汽车低速或爬坡时的大转矩要求，而电机的重量或体积比串励式直流电机的小。小功率（小于10kW）的电机多采用小型高效的永磁式电机，一般应用在小型、低速的专用车辆上，如电动自行车、高尔夫球车、观光车、电动叉车、警用巡逻车等。中等功率（10~100kW）的电机采用他励、串励或复励式直流电机，可以用在结构简单、转矩较大的电动货车上。大功率（大于100kW）的电机采用串励式直流电机，可用在要求低速、高转矩的大型专用电动汽车上，如电动矿石搬运车、电动玻璃搬运车等。如图11-18所示为采用了直流电机的观光车。

图11-18　采用直流电机的观光车

2. 搭载交流异步电机车型

从电机的特性来说，配备交流异步电机的电动汽车更倾向于性能策略，充分利用这种电机在高转速下的性能输出和效率优势。特斯拉Model S的前电机是行业内最常见的永磁同步电机，其特点是效率高，起动速度快，同时兼具高性能和高耐热性，缺点是极限性能不高；所以后电机则是采用可做到更高极限性能的交流异步电机。前、后双电机的组合，不仅实现了电控四驱，更是用两种类型的驱动电机互补了各自的不足。如图 11-19 所示，采用了后交流异步电机的特斯拉 Model S，其特性是：当汽车处于高速行驶时，其能够保持高速运转和高效的电能使用效率，在为汽车保持最大动力输出的同时，减少能耗。其交流异步电机如图 11-20 所示。

图 11-19　采用后交流异步电机的特斯拉 Model S

图 11-20　特斯拉 Model S 交流异步电机

3. 搭载永磁同步电机的车型

相比于交流异步电机的控制系统，永磁式电机的控制系统更加简单。但是由于受限于永磁材料的限制，在高温、振动和过电流等极端条件下，转子永磁体会产生退磁现象，所以在相对复杂的工作条件下，永磁式电机容易发生损坏，加上永磁材料高价和稀土资源的紧缺，导致了整个电机及其控制系统成本较高。永磁同步电机主要是我国纯电动汽车品牌使用，其中很大一部分原因则是因为我国拥有全球 70% 的稀土资源，钕铁硼磁性材料的总产量达到全球的 80%，这一优势也使得我国永磁同步电机产量得到保证。

如图 11-21 所示，以比亚迪元 PLUS 为例，采用现阶段在电动汽车上运用最为广泛的三相交流永磁同步电机来提供驱动力，转子由强磁性的永磁体制作而成，在定子旋转磁场的驱动下，能自由提供正反转驱动力，驱动车辆前进或后退，同时也能在车辆高速滑行或制动的时候，把来自惯性旋转车轮的

图 11-21　比亚迪元.PLUS

动能，转换为三相交流电能反向输出，从能量的流动方向来看，电机既是一台在驱动车辆行驶时，能提供动力的电动机，也是一台在制动能量回馈工况下，能输出电能的发电机。

本章小结

1. 电动汽车采用的永磁同步电机主要由转子、定子、旋转变压器、冷却液温度传感器、冷却液道等组成。

2. 旋转变压器简称为旋变，主要由旋转变压器定子绕组和旋转变压器转子组成，用于检测驱动电机转子的位置和速度。

3. 永磁同步电机的工作原理是电磁感应原理。

4. 驱动电机控制器以 IGBT（绝缘栅双极型晶体管）模块为核心，主要由控制板、预充电容、扼流圈、电流传感器、冷却水道、UVW 高压插件、直流高压插件、IGBT 模块及驱动板组成。

思考题

1. 描述电动汽车采用的永磁同步电机的基本构造和工作原理？
2. 永磁同步电机的旋转变压器的作用、结构和工作原理如何？
3. 描述 IGBT 的作用、结构和工作原理？
4. 典型电动汽车（比亚迪 e5）驱动电机控制器的组成？各系统的功能？

第12章　电动汽车整车控制系统

【本章内容架构】

第12章　电动汽车整车控制系统

| 12.1 电动汽车整车控制系统基本组成及工作原理 | 12.2 整车控制系统主要部件结构原理 | 12.3 典型电动汽车整车控制系统 | 12.4 电动汽车整车控制系统常见故障 |

1.整车控制系统作用
2.电动汽车整车控制系统基本组成
3.整车控制系统基本原理

1.整车控制器
2.动力电池管理系统

【学习目标要求、重点与难点】

序号	学习目标要求	学习重点	学习难点
1	掌握电动汽车整车控制系统的基本作用、组成和工作原理	√	√
2	熟悉整车控制器的基本结构和工作原理	√	√
3	熟悉动力蓄电池管理系统的功用、组成和工作原理	√	√
4	学会识别电动汽车整车控制系统主要零部件	√	

一台比亚迪电动汽车仪表板中的动力故障指示灯点亮，仪表显示"请检查动力系统"。车辆可以挂档，但是踩加速踏板无反应，车辆无法运行。请分析故障可能原因。

12.1 电动汽车整车控制系统基本组成及工作原理

知识点1 整车控制系统作用

在电动汽车中，整车控制系统根据驾驶人操控要求，综合、协调控制整车所有控制器的动作，在很大程度上影响了整车性能。整车控制系统基本功能如下：

1）整车控制器根据车辆运行工况和控制策略，协调控制下层控制器工作，使整车性能指标得到改善。

2）能够实现驾驶人的驾驶意图（加速踏板、制动踏板等），并采用相应的控制策略，实现驱动、再生制动功能。

3）根据动力蓄电池组荷电状态和行驶工况，整车控制器可以协调电机控制器与电池管理系统，实现动力蓄电池组各种保护措施，提高动力蓄电池的安全性和使用寿命。

4）负责整车高压防护、漏电检测、故障诊断及处理等功能。

知识点2 电动汽车整车控制系统基本组成

纯电动汽车整车控制系统一般包括：整车控制器（Vehicle Control Unit，VCU）、电机控制器、电池管理系统、电动汽车组合仪表、车载网络系统等，其系统方案如图12-1所示。

图 12-1 电动汽车整车控制系统组成

其中整车控制器、电池管理系统、电机控制器是整车控制系统的核心。

【温馨提示】

电动汽车整车控制系统组成视频请扫教学资源 12.1 对应的二维码 ▨ 进行观看。

知识点3　整车控制系统基本原理

电动汽车动力系统的部件都有自己的控制器,为分布式分层控制提供基础。分布式分层控制可以实现控制系统的拓扑分离和功能分离。拓扑分离使得物理结构上各个子系统控制系统分布在不同位置上,从而减少了电磁干扰;功能分离使得各个子部件完成相对独立的功能,从而可以减少子部件的相互影响并提高了容错能力。

电动汽车分层结构控制系统如图 12-2 所示。最底层是执行层,由部件控制器和一些执行单元组成。其任务是正确执行中间层发送的指令,这些指令通过 CAN 总线进行交互,并且有一定的自适应和极限保护功能。中间层是协调层,也就是整车控制器。它的主要任务一方面根据驾驶人的各种操作和汽车当前的状态解释驾驶人的意图,另一方面根据执行层的当前状态,做出最优的协调控制。最高层是组织层,由驾驶人或者自动驾驶仪来实现车辆控制的闭环。

图 12-2　电动汽车整车控制分层结构图

整车控制器采集驾驶人的操作信号和汽车传感器发送的信号进行分析计算,向电机控制器发送控制指令,间接控制车轮的转速,实现整车的行驶控制。其中,驾驶人的操作信号一般包括:加速踏板信号、制动踏板信号、档位信号和转向盘转角信号等。汽车传感器信号一般包括:纵向加速信号、横向加速信号、横摆角速度信号和四个车轮的转速信号等。

根据控制变量的不同,电动汽车整车控制系统可分为整车供电控制和整车信号控制。纯电动汽车能量来源于动力蓄电池组。动力蓄电池组输出的高压直流电流入电机逆变器、DC/DC变换器、空调电机、转向助力电机等。电机逆变器将高压直流电转变为三相交流电供给驱动电机。DC/DC变换器将高压直流电变换为低压直流电为辅助电源供电，辅助电源为整车低压电器供电，一般包括：制动系统、ABS系统、数据传输单元、电动汽车组合仪表、电池管理系统（BMS）、整车控制器、安全控制器、加速踏板和制动踏板的角位移传感器等。打开点火开关一档，整车低压电路各控制器上电并进行初始化和自检。打开点火开关二档，高压系统上电，动力蓄电池组为高压电气系统供电。

12.2 整车控制系统主要部件结构原理

知识点1 整车控制器

1. 整车控制器功能

整车控制器（VCU）是电动汽车整车控制系统的核心部件，相当于汽车的大脑，对汽车的正常行驶、电池能量的制动回馈、网络管理、故障诊断与处理、车辆状态监控等功能起着关键作用。整车控制器的功能包括：

（1）对汽车行驶控制的功能　接收、处理驾驶人的驾驶操作指令，根据驾驶人意图、车辆状态等工况，合理控制驱动电机的工作状态及功率输出，满足驾驶工况要求，包括加减速、恒速、制动和倒车的工况。

（2）制动能量回馈控制　根据制动踏板和加速踏板信息、车辆行驶信息、动力蓄电池荷电状态信息，判断制动模式，计算制动力矩分配，回收部分能量。

（3）整车能量管理和优化　通过对电动汽车的电机驱动系统、电池管理系统、传动系统以及其他车载耗能部件的协调和管理，获得最佳的能量利用率。

（4）故障诊断与处理　连续检测整车电控系统，进行故障诊断，并及时进行相应的安全保护处理，故障码的存储和回调。

（5）整车的网络管理　组织信息传输、网络状态监控、网络节点管理等。包括：驱动电机控制系统、DC/DC变换器、BMS等通信，通过汽车CAN总线（或关键信息模拟量）进行状态的采集输入和控制指令的输出。

（6）车辆状态的检测与显示　对车辆的状态进行实时监测，将各自管辖对象的状态信息和故障诊断信息发至总线，由整车控制器通过组合仪表显示出来。

（7）外接充电管理　实现充电的连接、监控充电过程、报告充电状态等。

（8）诊断设备的在线诊断和下线检测　负责与外部诊断设备的连接和诊断通信，实现诊断服务（Unified Diagnostic Services，UDS），包括数据流读取、故障码的读取和清除及控制端口的调试。

2. 整车控制器的结构原理

电动汽车整车控制器主要包括微控制器、模拟量调理、开关量调理、继电器驱动、高速CAN总线接口和电源等模块，如图12-3所示。整车控制器对新能源汽车动力链的各个环节进行管理、协调和监控，以提高整车能量利用效率，确保安全性和可靠性。整车控制器采集驾驶人操作指令，通过 CAN 总线获得驱动电机和电池系统的相关信息，进行分析和运算，通过 CAN 总线输出驱动电机控制和电池管理指令，实现整车驱动控制、能量优化控制和制动回馈控制。整车控制器还具有组合仪表接口功能，可显示整车状态信息；具备完善的故障诊断和处理功能；具有整车网关及网络管理功能。

图 12-3　整车控制器结构原理框图

1）开关量调理模块，用于开关输入量的电平转换，其一端与多个开关量传感器相连，另一端与微控制器相接。

2）继电器驱动模块，用于驱动多个继电器，其一端通过光电隔离器与微控制器相连，另一端与多个继电器相接。

3）高速 CAN 总线接口模块，用于提供高速 CAN 总线接口，其一端通过光电隔离器与微控制器相连，另一端与系统高速 CAN 总线相接。

4）电源模块，可为微处理器与各输入和输出模块提供隔离电源，并对蓄电池电压进行监控，与微控制器相连。

5）模拟量调理模块，包括：模拟量输入和输出模块、脉冲信号输入和输出模块。

知识点 2　动力蓄电池管理系统

1. 动力蓄电池管理系统功能

动力蓄电池管理系统（Battery Management System，BMS）的主要任务是保证动力蓄电池系统的安全性、耐久性和动力性，其功能指标如图 12-4 所示。具体如下：

1）电池状态检测。包括总电压、总电流、单体电池电压检测（防止出现过充、过放甚至反极现象）、温度检测、烟雾探测（监测电解液泄漏）、绝缘检测（监测漏电）和碰撞检测等。

2）电池安全保护。包括热系统控制、高压电安全控制。BMS诊断到故障后，通过网络通知整车控制器，并要求整车控制器进行有效处理（切断主回路电源），以防止高温、低温、过充、过放、过电流、漏电等对电池和人身的损害。

3）电池状态估计及分析。包括荷电状态（SOC）或放电深度（DOD）、健康状态（SOH）、功能状态（SOF）、能量状态（SOE）和故障及安全状态（SOS）等。

4）能量控制管理。包括充电控制和电池均衡。BMS中具有一个充电管理模块，它能够根据电池的特性、温度高低以及充电机的功率等级，控制充电机给电池进行安全充电。不一致性的存在使得电池组的容量小于组中最小单体的容量。电池均衡是指根据单体电池信息，采用主动或被动、耗散或非耗散等均衡方式，尽可能使电池组容量接近于最小单体的容量。

5）电池信息管理。BMS需要与整车控制器等网络节点通信；同时，BMS在车辆上拆卸不方便，需要在不拆壳的情况下进行在线标定、监控、升级维护等。一般的车载网络均采用CAN用于存储关键数据，如SOC、SOH、SOF、SOE、累积充放电量、故障码和一致性等。

图12-4　电池管理系统功能指标

6）热管理。根据电池组内温度分布信息及充放电需求，决定主动加热/散热的强度，使得电池尽可能工作在最适合的温度，充分发挥电池的性能。

2. 动力蓄电池管理系统的组成与结构原理

电池管理系统由硬件和软件两大部分组成，其基本组成框架如图12-5所示。

其工作过程为：

1）通过数据采集模块获取电池电路中的重要数据（如单体电池和电池组电流、电压和温度等）。

2）将获取的数据发送给中央处理器进行分析和处理。

3）比对数据库记录，发出程序控制和变更指令。

4）将实时数据发送到数据显示器，同时对应的执行模块做出动作，对电池组进行调控。

图 12-5 电动汽车电池管理系统软硬件基本组成框架

12.3 典型电动汽车整车控制系统

比亚迪 e5 整车控制器的组成框架如图 12-6 所示。整车控制器安装在副驾驶席的座椅底部（图 12-7），主要接收加速踏板信号、制动踏板信号和真空压力传感器信号。通过 CAN 总线获得驱动电机和动力蓄电池系统的参数，进行分析和运算，通过 CAN 总线给出电机控制和动力蓄电池管理指令，实现整车驱动控制、能量优化控制和制动回馈控制等。此外，整车控制器还具有组合仪表接口功能，完善的故障诊断和处理功能，整车网关及网络管理功能等。

图 12-6 比亚迪 e5 整车控制器组成框架

图 12-7 比亚迪 e5 整车控制器的安装位置

比亚迪 e5 的整车控制器电路简图如图 12-8 所示。

图 12-8 比亚迪 e5 整车控制器电路简图

【温馨提示】

电动汽车整车控制系统检测视频请扫教学资源 12.2 对应的二维码 📱 进行观看。

12.4 电动汽车整车控制系统常见故障

电动汽车整车控制系统常见故障见表12-1。

表 12-1　电动汽车整车控制系统常见故障

故 障 名 称	故 障 特 征	故 障 原 因
整车控制器供电故障	1. 仪表 OK 灯不亮 2. 仪表显示"请检查电子驻车系统" 3. 挂档无反应	整车控制器的低压供电熔丝或电路故障
真空泵继电器回检故障	1. 仪表显示"请检查制动系统" 2. 真空泵异响	真空泵继电器回检熔丝或电路故障
加速踏板深度传感器故障	1. 动力故障指示灯点亮 2. 仪表显示"请检查动力系统"	加速踏板深度传感器信号电路故障
制动踏板深度传感器故障	1. 踩制动踏板时,动力故障指示灯点亮 2. 仪表显示"请检查动力系统" 3. 车辆行驶缓慢	制动踏板深度传感器信号电路故障
真空压力传感器故障	1. 仪表显示"请检查制动系统" 2. 仪表板警告灯点亮	真空压力传感器信号电路故障
无级风扇故障	1. 未开空调情况下,散热风扇高速运转 2. 车辆可运行	无级风扇控制信号电路故障
无法加速故障	1. 只能怠速行驶,踩加速踏板,无法加速 2. 仪表无故障提示	1. BMS 限制功率输出 2. 加速踏板信号异常 3. 驱动电机系统故障
整车上电故障	1. 踩下制动踏板,点火开关指示灯不亮 2. 踩制动踏板数次并保持,点火开关绿色指示灯正常点亮;打开点火开关后,组合仪表正常点亮,但是车辆系统立刻进入防盗锁止状态	—
车辆换档异常	1. 档位一直在 P 档,无法切换其他档位 2. 仪表档位指示一直闪烁,无法换档,同时整车系统故障灯点亮 3. 档位只能从 P 档切换到 N 档,不能切换到 D 档和 R 档	整车高压或低压系统存在严重故障
电控系统冷却异常	车辆无法加速,仪表限功率指示灯点亮	1. 水泵及相关控制线路故障 2. 冷却风扇及相关控制线路故障
防盗系统故障	防盗验证失败	1. CAN 网络故障 2. 低压接插件,低压线束退针 3. I-KEY、BCM 模块故障

知识拓展

整车控制器设计要求

直接向整车控制器发送信号的传感器包括加速踏板传感器、制动踏板传感器和档位开关，其中加速踏板传感器和制动踏板传感器输出模拟信号，档位开关输出信号是开关量信号。整车控制器通过向电机控制器、电池管理系统发送指令间接控制驱动电机运转和动力蓄电池充放电，通过控制主继电器来实现车载模块的通、断电。

根据整车控制网络的构成以及对整车控制器输入和输出信号的分析，整车控制器应满足以下技术要求。

1）设计硬件电路时，应该充分考虑电动汽车的行驶环境，注重电磁兼容性，提高抗干扰能力。整车控制器在软硬件上都应该具备一定的自保护能力，以防止极端情况的发生。

2）整车控制器需要有足够多的 I/O 接口，能够快速、准确地采集各种输入信息，至少具备两路 A/D 转换通道用于采集加速踏板信号和制动踏板信号，应该具有多个开关量输入通道，用于采集汽车档位信号，同时应该具有多个用于驱动车载继电器的功率驱动信号输出通道。

3）整车控制器应该具备多种通信接口，CAN 通信接口用于与电机控制器、电池管理系统和车载信息显示系统通信，RS232 通信接口用于与上位机通信，同时预留了一个 RS-485/422 通信接口，这可以将不支持 CAN 通信的设备兼容，例如某些车载触摸屏。

4）不同路况条件下，汽车会遇到不同的冲击和振动，整车控制器应该具备良好的抗冲击性，才能保证汽车的可靠性和安全性。

本章小结

1. 电动汽车整车控制系统根据驾驶人操控要求，综合、协调控制整车所有控制器的动作。它主要由整车控制器、电机控制器、电池管理系统、电动汽车组合仪表、车载网络系统等组成。

2. 整车控制器是整车控制系统核心部件，主要功能包括对汽车行驶控制、制动能量回馈控制、整车能量管理和优化、故障诊断与处理、整车的网络管理、车辆状态的检测与显示、外接充电管理、诊断设备的在线诊断和下线检测。其主要组成有微控制器、模拟量调理、开关量调理、继电器驱动、高速 CAN 总线接口和电源等模块。

3. 动力蓄电池管理系统的主要功能有电池状态检测、电池安全保护、电池状态估计及分析、能量控制管理、电池信息管理、在线故障诊断和热管理。其主要组成有数据采集、中央处理器（CPU）、均衡控制、热管理、充电控制和数据通信等模块等硬件和软件。

思考题

1. 描述电动汽车整车控制系统的基本组成和工作原理？
2. 描述电动汽车整车控制器的功能、基本结构和工作原理？
3. 概述动力蓄电池管理系统的主要功能、基本结构和工作原理？

参 考 文 献

［1］ XU J, ZHANG C, WAN Z, et al. Progress and perspectives of integrated thermal management systems in PEM fuel cell vehicles：Areview ［J］. Renewable and Sustainable Energy Reviews, 2022, 155：111908.

［2］ PENG J, HUANG J, WU X, et al. Solid oxide fuel cell (SOFC) performance evaluation, fault diagnosis and health control：Areview ［J］. Journal of Power Sources, 2021, 505：230058.

［3］ TANER T. The novel and innovative design with using H_2 fuel of PEM fuel cell：Efficiency of thermodynamic analyze ［J］. Fuel, 2021, 302：121109.

［4］ 田丰源, 刘江. 固体氧化物燃料电池的制备工艺 ［J］. 硅酸盐学报, 2021, 49 (1)：136-152.

［5］ 卢兰光, 李建秋, 华剑锋, 等. 电动汽车锂离子电池管理系统的关键技术 ［J］. 科技导报, 2016, 34 (6)：13.

［6］ 江境宏, 明志茂, 赵可沦, 等. 动力蓄电池系统检测评价标准体系探讨与检测关键技术分析 ［J］. 电子测量技术, 2022, 1-8.

［7］ 田振芳. 浅析纯电动汽车驱动电机控制系统的控制过程 ［J］. 内燃机与配件, 2020 (6)：2.

［8］ 王章杰, 黄鹏超. 新能源汽车驱动系统 ［M］. 北京：机械工业出版社, 2021.

［9］ 凌永成. 车载网络技术 ［M］. 2版. 北京：机械工业出版社, 2021.

［10］ 于海东. 电动汽车结构原理与维修 ［M］. 北京：北京理工大学出版社, 2019.

［11］ 杨光明, 陈忠明. 电动汽车动力蓄电池及管理系统原理与检修 ［M］. 北京：化学工业出版社, 2019.

［12］ 孙伟, 蒋世杰, 陈闯, 等. 纯电动汽车轻量化现状及趋势分析 ［C］. //河南省汽车工程学会. 第十六届河南省汽车工程科技学术研讨会论文集. 郑州：河南省汽车工程学会, 2019：17-18.

［13］ 孙仁云, 付百学. 汽车电器与电子技术 ［M］. 3版. 北京：机械工业出版社, 2019.

［14］ 李仲奎, 夏卫群, 樊树军, 等. 纯电动汽车车身结构特点分析与研究 ［J］. 汽车工程学报, 2019, 9 (05)：385- 390.

［15］ 刘春晖, 贺红岩, 柳学军. 图解电动汽车结构原理 ［M］. 北京：化学工业出版社. 2018.

［16］ 张秋. 轮毂电机技术进入成熟期 ［J］. 新能源汽车报, 2017, 04 (16).

［17］ 吴伟斌, 蔡兴旺. 汽车构造与原理：下册：电气设备 新能源汽车 ［M］. 4版. 北京：机械工业出版社, 2019.

［18］ 蔡兴旺. 新能源汽车结构与维修 ［M］. 2版. 北京：机械工业出版社, 2019.

［19］ 段敏. 电动汽车技术 ［M］. 北京：北京理工大学出版社, 2015.

［20］ 周华英, 陈晓宝. 纯电动汽车结构与原理 ［M］. 北京：北京理工大学出版社, 2016.

［21］ LU L, HAN X, LI J, et al. A review on the key issues for lithium-ionbattery management in electricvehicles ［J］. Journal of Power Sources, 2013, 226：272-288.

［22］ 熊田忠. 运动控制技术与应用 ［M］. 北京：中国轻工业出版社, 2012.